Volker Gru
André Köh
Torsten Kresse

Elektronische Signaturen
in modernen Geschäftsprozessen

Aus dem Bereich IT erfolgreich gestalten

Praxis des IT-Rechts
von Horst Speichert

IT-Sicherheit mit System
von Klaus-Rainer Müller

Elektronische Signaturen in modernen Geschäftsprozessen
von Volker Gruhn, Vincent Wolff-Marting,
André Köhler, Christian Haase und
Torsten Kresse

www.vieweg.de

Volker Gruhn/Vincent Wolff-Marting
André Köhler/Christian Haase
Torsten Kresse

Elektronische Signaturen in modernen Geschäftsprozessen

Schlanke und effiziente Prozesse mit der eigenhändigen elektronischen Unterschrift realisieren

Mit 25 Abbildungen

Bibliografische Information Der Deutschen Nationalbibliothek
Die Deutsche Nationalbibliothek verzeichnet diese Publikation in der
Deutschen Nationalbibliografie; detaillierte bibliografische Daten sind im Internet über
<http://dnb.d-nb.de> abrufbar.

Das in diesem Werk enthaltene Programm-Material ist mit keiner Verpflichtung oder Garantie irgendeiner Art verbunden. Der Autor übernimmt infolgedessen keine Verantwortung und wird keine daraus
folgende oder sonstige Haftung übernehmen, die auf irgendeine Art aus der Benutzung dieses Pro-
gramm-Materials oder Teilen davon entsteht.

Die Wiedergabe von Gebrauchsnamen, Handelsnamen, Warenbezeichnungen usw. in diesem Werk
berechtigt auch ohne besondere Kennzeichnung nicht zu der Annahme, dass solche Namen im Sinne
von Warenzeichen- und Markenschutz-Gesetzgebung als frei zu betrachten wären und daher von
jedermann benutzt werden dürfen.

Höchste inhaltliche und technische Qualität unserer Produkte ist unser Ziel. Bei der Produktion und
Auslieferung unserer Bücher wollen wir die Umwelt schonen: Dieses Buch ist auf säurefreiem und
chlorfrei gebleichtem Papier gedruckt. Die Einschweißfolie besteht aus Polyäthylen und damit aus
organischen Grundstoffen, die weder bei der Herstellung noch bei der Verbrennung Schadstoffe
freisetzen.

1. Auflage März 2007

Alle Rechte vorbehalten
© Friedr. Vieweg & Sohn Verlag | GWV Fachverlage GmbH, Wiesbaden 2007
Lektorat: Günter Schulz / Andrea Broßler

Der Vieweg Verlag ist ein Unternehmen von Springer Science+Business Media.
www.vieweg.de

Umschlaggestaltung: Ulrike Weigel, www.CorporateDesignGroup.de
Umschlagbild: Nina Faber de.sign, Wiesbaden
Druck- und buchbinderische Verarbeitung: MercedesDruck, Berlin

ISBN 978-3-8348-0268-2

Vorwort

Kostensenkungen, Effizienzsteigerungen und die Erhöhung der Flexibilität hinsichtlich zukünftiger Anforderungen ist ein allgegenwärtiges und wichtiges Thema bei der Gestaltung und Verbesserung von Geschäftsprozessen. Um diese Ziele zu erreichen, sind viele verschiedene Maßnahmen denkbar, die in Abhängigkeit von der jeweiligen Beschaffenheit des Unternehmens und der Situation in den relevanten Märkten ausgewählt und gestaltet werden können.

Die Vermeidung von Papierdokumenten in geschäftlichen Abläufen kann dazu einen wichtigen Beitrag leisten. Dies wird vielfach schon erfolgreich durchgeführt. Jedoch müssen bestimmte Dokumente aus rechtlichen oder organisatorischen Gründen mit Unterschriften versehen sein. In diesen Fällen ist die Verwendung eines elektronischen Äquivalents nicht ohne weiteres möglich. Für den Druck, die Bereitstellung, den Transport, die Auswertung und die Archivierung solcher Dokumente entstehen oft erhebliche Kosten. Die Potenziale moderner Informationstechnologie können in solchen Fällen nicht oder nur sehr begrenzt genutzt werden.

Um solche unterschriftsbehafteten Dokumente, statt in Papierform, in elektronischer Form zu verwenden, sind vier wesentliche Komponenten nötig. Es werden zunächst ausreichende rechtliche Grundlagen für eine solche Substitution benötigt, es werden technische Voraussetzungen zur Realisierung der Substitution gebraucht, es müssen organisatorische Veränderungen in den Geschäftsprozessen stattfinden und es muss sichergestellt werden, dass die beteiligten Personen die geschaffene technische Lösung akzeptieren und benutzen.

Die rechtlichen Grundlagen und die technischen Voraussetzungen wurden in den vergangenen Jahren geschaffen. Damit ist nun eine wichtige Basis vorhanden, auf der Unternehmen aufbauen können. Die bisherige händische Unterschrift kann durch eine elektronische Signatur ersetzt werden. Das so erzeugte elektronische Dokument hat (unter bestimmten Voraussetzungen) die gleiche Beweiskraft wie ein unterschriebenes Papierdokument.

Jedoch ist zu beobachten, dass die Umsetzung elektronischer Signaturen in Unternehmensprozessen nur zögerlich erfolgt. Entscheider sehen sich in diesem Thema mit einer ganzen Reihe von Unsicherheiten konfrontiert. Dazu gehören Fragen zu den nötigen Umgestaltungen der Geschäftsprozesse, zu den nötigen Investitionssummen, zu den zu erwartenden Vorteilen, zu Wirtschaftlichkeitsberechnungen, zur Akzeptanz der Technologie durch Mitarbeiter und Kunden und vieles mehr. Das nötige Know-How zur Beantwortung dieser Fragen ist in den Unternehmen oft nicht vorhanden. Gleichzeitig handelt es sich um ein sehr komplexes Thema, das sehr viele rechtliche und technische Varianten zulässt, aus denen eine Auswahl erfolgen muss.

Das vorliegende Buch soll in diesen und vergleichbaren Situationen eine Unterstützung bieten. Dazu wird der aktuelle Stand der rechtlichen und technischen Grundlagen und Möglichkeiten anschaulich erläutert. Darüber hinaus wird gezeigt, welche Besonderheiten sich aus den betroffenen Geschäftsprozessen heraus ergeben können und wie Lösungsmöglichkeiten dafür aussehen. Dieses Buch ist deshalb als Praxishandbuch für Entscheider, Projektmanager, Prozessdesigner, aber durchaus auch für Studenten geeignet, die sich aus einer praxisnahen Sicht dem Thema der elektronischen Signatur nähern wollen.

Die Autoren Prof. Dr. Volker Gruhn, Vincent Wolff-Marting, André Köhler, Christian Haase und Torsten Kresse waren gemeinsam in verschiedenen Projekten bei deutschen Versicherern und Finanzdienstleistern zur Einführung der elektronischen Signatur beratend beteiligt. Die Kenntnis der Probleme, der aufgetretenen Schwierigkeiten, der relevanten Geschäftsprozesse uvm. aus diesen Projekten haben entscheidend zum Aufbau und zur inhaltlichen Gestaltung des vorliegenden Buches beigetragen.

Leipzig, im Januar 2007

Prof. Dr. Volker Gruhn

Vincent Wolff-Marting

André Köhler

Christian Haase

Torsten Kresse

Inhaltsverzeichnis

1 Einführung und Überblick   1

    1.1   Ziel des Buches   1

    1.2   Wer soll dieses Buch lesen?   1

    1.3   Aufbau des Buches   2

2 Rechtliche Grundlagen der elektronischen Signatur   5

    2.1   Die Unterschrift als Teil gesetzlicher Formvorschriften   5

    2.2   Kategorien der Sicherheit mit elektronischen Signaturen   7

       2.2.1   Die einfache elektronische Signatur   7

       2.2.2   Die fortgeschrittene elektronische Signatur   7

       2.2.3   Die qualifizierte elektronische Signatur   8

       2.2.4   Akkreditierte Zertifizierungsdienstanbieter   10

       2.2.5   Akkreditierung und Zertifizierung von Systemen   10

       2.2.6   Elektronische Zeitstempel   11

    2.3   Das deutsche Recht im internationalen Vergleich   12

    2.4   Die manuelle Unterschrift im Vergleich zu elektronischen Signaturen   13

       2.4.1   Funktionen einer Unterschrift   13

       2.4.2   Ersatz der manuellen Unterschrift durch die elektronische Signatur   17

    2.5   Beweisqualität elektronisch signierter Dokumente   18

       2.5.1   Beweiskraft einfacher und fortgeschrittener Signaturen . .   18

       2.5.2   Beweiskraft qualifizierter Signaturen   19

       2.5.3   Staatlich geprüfte Algorithmen   20

       2.5.4   Beweisqualität des biometrischen Merkmales „Unterschrift"   21

       2.5.5   Schutz der biometrischen Daten   22

    2.6   Zusammenfassung der rechtlichen Situation für elektronische Signaturen   23

3 Technische Realisierung elektronischer Signaturen   **27**

   3.1   Informationstechnische Grundlagen 27

       3.1.1   Verfahren zur Verschlüsselung 27

       3.1.2   Hashverfahren 29

       3.1.3   Elektronisch signierte Zeitstempel 32

   3.2   Ablauf des elektronischen Signierens und Verifizierens 33

       3.2.1   Austausch mit fortgeschrittener Signatur 33

       3.2.2   Austausch mit fortgeschrittener Signatur und Zertifikaten 36

       3.2.3   Austausch mit qualifizierter Signatur 38

   3.3   Schutz der Signaturschlüssel 40

       3.3.1   Passwörter – Schutz durch Wissen 40

       3.3.2   Sichere Verwahrung – Schutz durch Besitz 41

       3.3.3   Untrennbare Eigenschaften – Schutz durch Biometrie . . . 42

   3.4   Biometrische Merkmale in elektronischen Signaturen 44

       3.4.1   Die Einbeziehung biometrischer Merkmale in elektronische Signaturen 44

       3.4.2   Biometrische Merkmale in fortgeschrittenen elektronischen Signaturen 47

       3.4.3   Automatische Verifikation einer Unterschrift 50

       3.4.4   Verifikation einer Unterschrift durch einen Schriftsachverständigen 52

       3.4.5   Biometrische Merkmale in einfachen und qualifizierten Signaturen 52

4 Die elektronische Signatur in Geschäftsprozessen   **55**

   4.1   Nutzenpotenziale elektronischer Signaturen in Geschäftsprozessen 55

   4.2   Einsatzszenarien in der Unternehmenskommunikation 56

       4.2.1   Unternehmensexterne Kommunikation 56

       4.2.2   Unternehmensinterne Kommunikation 59

   4.3   Ausgewählte Realisierungsaspekte 60

       4.3.1   Mehrfache Signatur 61

       4.3.2   Gemeinsame Signatur 61

       4.3.3   Zeitstempelsignatur 63

4.3.4   Zeitspannensignatur 66

4.3.5   Loginersatz 69

4.3.6   Automatisierte Massensignaturen 69

4.3.7   Bestimmter Verifizierer 71

4.3.8   Signatur von Datenströmen 73

4.4   Archivierung elektronisch signierter Dokumente 75

4.4.1   Dokumentations- und Aufbewahrungsvorschriften 76

4.4.2   Verlust der Sicherheitseignung von Algorithmen 79

4.4.3   Gesetzliche Anforderungen an die Langzeitarchivierung elektronischer Signaturen 80

4.4.4   ArchiSig - Konzept zur Langzeitarchivierung elektronisch signierter Dokumente 82

4.4.5   Nutzdatenformate 83

4.4.6   Archivierung erforderlicher Verifikationsdaten 85

4.4.7   Signaturerneuerung 87

4.4.8   Transformation elektronisch signierter Dokumente 90

4.4.9   Erneuerung der Datenträger in einem Archivsystem . . . 91

5   Fallstudie   **95**

5.1   Rechtliche Grundlagen 95

5.1.1   Gesetzliche Schriftformerfordernisse für Versicherungsverträge 95

5.1.2   Pragmatische Anforderungen an die Form von Anträgen   98

5.1.3   Eignung von biometrischen Merkmalen in elektronisch signierten Dokumenten 99

5.2   Fachliche und technische Realisierung 100

5.2.1   Ausgangszustand, Zielstellung und Voraussetzungen . . . 100

5.2.2   Anforderungen an den elektronischen Antragsprozess . . 101

5.2.3   Modell des elektronischen Antragsprozesses mit elektronischen Unterschriften 103

5.2.4   Hardware-Komponenten zur Erfassung der Unterschrift . 106

5.2.5   Übermittlung elektronisch signierter Dokumente an den Kunden 108

5.3   Angriffsszenarien 109

5.3.1   Technische Angriffsszenarien im Überblick 109

5.3.2   Der Kunde als Angreifer im Versicherungsantragsprozess 114

5.3.3   Der Vermittler als Angreifer im Versicherungsantrags-
         prozess 116

5.3.4   Die   Vertriebsorganisation   als   Angreifer   im
         Versicherungsantragsprozess 118

5.3.5   Das   Versicherungsunternehmen   als   Angreifer   des
         Versicherungsantragsprozesses 119

5.3.6   Außenstehende als Angreifer des Versicherungsantrags-
         prozesses 121

5.4   Maßnahmen zum Schutz des Antrags 121

5.4.1   Schutz durch Kryptographie 121

5.4.2   Starke Kryptographie und staatlich geprüfte Algorithmen 122

5.4.3   Schutz durch das Signieren strukturierter Daten 123

5.4.4   Zusätzlicher Schutz durch den Einsatz von Biometrie . . . 124

5.4.5   Vergleich symmetrischer und asymmetrischer Verfahren . 125

5.4.6   Schutz durch Gegenzeichnung des Vermittlers 128

5.4.7   Schutz durch sichere Hardware 129

5.4.8   Schutz durch einen Zeitstempel 131

5.4.9   Einbindung der biometrischen Daten in eine Referenz-
         datenbank 133

5.4.10   Das Zusammenwirken der Maßnahmen zum umfassen-
         den Schutz des Prozesses 133

6 Zusammenfassung und Ausblick   141

Glossar   143

Abkürzungsverzeichnis   147

Abbildungs- und Tabellenverzeichnis   149

Literatur   151

Autorenverzeichnis   165

Index   167

X

1 Einführung und Überblick

1.1 Ziel des Buches

Elektronische Signaturen sind ein wichtiges Thema in der deutschen Wirtschaft und der Verwaltung. Die enormen Nutzenpotenziale sind erkannt, jedoch bereitet deren Erschließung noch Schwierigkeiten. Die Gründe dafür liegen neben dem oft noch fehlenden Know-How in den Unternehmen und Behörden vor allem in der Notwendigkeit, traditionelle Geschäftsprozesse zu überdenken und ggf. neu zu erarbeiten. Dennoch ist absehbar, dass schon in naher Zukunft der Einsatz elektronischer Signaturen zu einem Standard in der deutschen Wirtschaft heranwachsen wird.

Viele Unternehmen starten auf diesem Gebiet bereits die ersten Pilotprojekte, andere haben dies für die nahe Zukunft geplant. Die Motivation dafür ist das hohe Einsparungspotenzial durch automatisierte und beschleunigte Geschäftsprozesse, das der Einsatz elektronischer Signaturen nach der Überwindung aller rechtlichen, technischen und organisatorischen Hürden verspricht. Der standardisierte, rechtssichere Austausch elektronischer Information zwischen den Unternehmen, Institutionen und Kunden wird damit ebenso möglich, wie die Umstellung auf vollständig elektronische Geschäftsprozesse und das weitgehend papierlose Büro.

Dieses Buch gibt Antworten auf viele Fragen, die bei der Einführung elektronischer Signaturen und der Weiterverarbeitung elektronisch signierter Dokumente auftreten können. Dabei werden neben fachlichen und technischen Lösungsvorschlägen auch rechtliche Hinweise gegeben. Darüber hinaus werden spezifische Prozesse bei der Erstellung und Weiterverarbeitung elektronischer Signaturen und elektronisch signierter Dokumente betrachtet. Die Ergebnisse werden so aufbereitet, dass die Erkenntnisse sofort in eigene Projekte übertragen werden können.

1.2 Wer soll dieses Buch lesen?

Dieses Buch wendet sich vorrangig an Praktiker, Entscheidungsträger und IT-Planer, die in oder für Unternehmen an Projekten zur Einführung der elektronischen Signatur arbeiten oder arbeiten werden. Das Buch ist so aufgebaut, dass kaum Vorkenntnisse vorausgesetzt werden. Neben einer kurzen Einführung in die Thematik und einem rechtlichen und technischen Überblick werden gezielt Aspekte vorgestellt, die bei der Einführung der elektronischen Signatur in Geschäftsprozesse eine Rolle spielen.

Durch seine modulare Struktur bietet das Buch die Möglichkeit, die vorgestellten Aspekte schnell und einfach in die Planung und Durchführung eigener Projekte einfließen zu lassen. Indem es die Anforderungen aller betroffenen Entscheidungsträger betrachtet, kann es zu einer besseren Kommunikation zwischen Geschäftsführung, IT-Abteilung und Mitarbeitern beitragen.

1.3 Aufbau des Buches

Zunächst werden in Kapitel 2 die rechtlichen Grundlagen beschrieben, die in der Vergangenheit für den Einsatz der elektronischen Signatur geschaffen wurden. Dazu werden zunächst die gesetzlichen Formvorschriften erläutert, die eine Unterschrift ggf. nötig machen. Es werden weiterhin die Kategorien der Sicherheit erläutert, die mit elektronischen Signaturen realisiert werden können. Dazu gehören die einfache, die fortgeschrittene und die qualifizierte Signatur. Darüber hinaus wird das deutsche Recht mit der internationalen rechtlichen Situation verglichen. Im Anschluss daran werden die Funktionen einer Unterschrift erläutert. Weiterhin wird gezeigt, welche Beweisqualität elektronisch signierte Dokumente im Vergleich zu Papierdokumenten haben.

Im Kapitel 3 werden die informationstechnischen Grundlagen beschrieben, mit denen sich elektronische Signaturen realisieren lassen. Dazu werden zunächst zentrale Themen wie verschiedene Verschlüsselungsverfahren, Hashverfahren, Zertifikate und Zeitstempel erläutert. Im Anschluss daran wird der typische Ablauf des elektronischen Signierens und Verifizierens dargelegt. Der Schwerpunkt der Betrachtung liegt dabei auf den fortgeschrittenen Signaturen, auf fortgeschrittenen zertifikatsbasierten Signaturen und auf qualifizierten Signaturen. Weiterhin wird gezeigt, welche Verfahren zur Anwendung kommen können, um den Signaturschlüssel zu schützen. Dabei werden insbesondere die biometrischen Verfahren erläutert. Der letzte Teil dieses Kapitels ist der Verwendung von biometrischen Merkmalen innerhalb von Signaturen gewidmet. Es wird beschrieben, wie solche Merkmale in Signaturen integriert und später verifiziert werden können.

Die Umsetzung der elektronischen Signaturen in Geschäftsprozessen ist Gegenstand des Kapitels 4. Dazu werden zunächst die Nutzenpotenziale elektronischer Signaturen für unternehmerische Zwecke erläutert. Anschließend erfolgt eine Betrachtung der Einsatzszenarien in der unternehmensexternen und -internen Kommunikation. Weiterhin werden ausgewählte Realisierungsaspekte dargelegt, die besonders in geschäftlichen Situationen von Bedeutung sind. Dazu gehören Mehrfachsignaturen, gemeinsame Signaturen, Zeitstempelsignaturen, Zeitspannensignaturen, automatisierte Massensignaturen, bestimmte Verifizierer sowie die Signatur von Datenströmen. Der letzte Teil dieses Kapitels ist der Archivierung elektronisch signierter Dokumente gewidmet, da dies ein sehr wichtiges Thema für unternehmerische Belange ist, das jedoch oft vernachlässigt wird. Es werden dazu zunächst die wichtigsten Dokumentations- und Aufbewahrungsvorschriften für Unternehmen erläutert. Es wird anschließend erklärt, wann Algorithmen zur Erstellung von Signaturen ihre Sicherheitseignung verlieren können und welche Auswirkungen dies auf bereits signierte Dokumente hat. Weiterhin werden die gesetzlichen Anforderungen an die Langzeitarchivierung solcher Dokumente beschrieben. Schließlich wird ein Konzept zur Realisierung einer derartigen Archivierung vorgestellt und in einzelnen Aspekten erläutert. Dazu gehört die Auswahl geeigneter Nutzdatenformate, die Archivierung von Verifikationsdaten, die Erneuerung von Signaturen, die Transformation elektronischer Dokumente sowie die Erneuerung der Datenträger in einem Archivsystem.

Gegenstand des Kapitels 5 ist eine Fallstudie, anhand derer gezeigt wird, wie die konkrete Ausgestaltung und Umsetzung der elektronischen Signatur in einem Geschäftsprozess erfolgen kann. Als Anwendungsbeispiel wurde dazu die Erstellung von elektronisch signierten Versicherungsanträgen am Point of Sale ausgewählt. Die Vorgehensweise, die der Realisierung dieses Szenarios zu Grunde liegt, sowie die gewonnenen Erkenntnisse daraus können auch auf andere Prozesse übertragen werden. Zunächst werden die rechtlichen Grundlagen des Prozesses erläutert. Anschließend wird gezeigt, wie die fachliche Anforderungsanalyse und Prozessmodellierung vorgenommen werden kann. Schließlich erfolgt die Beschreibung der technischen Realisierung entsprechend der zuvor formulierten fachlichen Anforderungen. Darüber hinaus wird gezeigt, welche Angriffsszenarien innerhalb dieses Prozesses denkbar sind, die auf eine Kompromittierung der Dokumente oder Systeme abzielen könnte und wie die dazu passenden Schutzmechanismen aussehen.

Das Buch schließt durch Kapitel 6 mit einer Zusammenfassung und gibt einen kurzen Ausblick über die zukünftig zu erwartenden Entwicklungen.

2 Rechtliche Grundlagen der elektronischen Signatur

Dieses Buch behandelt die Frage, wie elektronische Signaturen manuelle Unterschriften ersetzen können. Bevor jedoch die elektronische Signatur untersucht wird, soll an dieser Stelle zunächst die Anwendung der Unterschriften im Rechtsverkehr analysiert werden.

2.1 Die Unterschrift als Teil gesetzlicher Formvorschriften

Die meisten Willenserklärungen und Verträge unterliegen der *Formfreiheit*, das heißt, es steht den Handelnden völlig frei, sich auf eine geeignete Form zu einigen – sei sie nun handschriftlich, gedruckt, elektronisch, mündlich, telefonisch oder auch durch Handschlag. Nur in wenigen Fällen ist gesetzlich eine besondere Form vorgeschrieben. Das bürgerliche Gesetzbuch unterscheidet folgende gesetzliche Formen:

Formzwang und Formfreiheit

- Textform [Bunc, § 126b]
- Schriftform [Bunc, § 126]
- elektronische Form [Bunc, § 126a]
- notarielle Beurkundung [Bunc, § 128]
- öffentliche Beglaubigung [Bunc, § 129]

Die *Textform* verlangt eine Urkunde oder eine andere „zur dauerhaften Wiedergabe in Schriftzeichen" [Bunc, § 126b] geeignete Erklärung. Die *Person des Erklärenden* muss genannt sein und der Abschluss der Erklärung erkennbar gemacht werden. Eine Unterschrift wird nicht verlangt. Neben der Papierurkunde kommen auch elektronische Dateien oder ähnliches in Frage. Flüchtige Formen, insbesondere (fern-)mündliche Erklärungen sind ausgeschlossen. Als flüchtig sind in diesem Zusammenhang auch Computermeldungen zu sehen, die zwar vom Benutzer gelesen, nicht aber gedruckt und gespeichert werden können. Durch den Verzicht auf eine Unterschrift fehlt eine Identifikationsmöglichkeit des Erklärenden und ein klarer räumlicher Abschluss des Dokumentes. Die Identifikation wird üblicherweise durch Nennung des Namens gewährleistet sein. Der Dokumentenabschluss kann durch das Bild einer Unterschrift oder durch eine Floskel wie „*Diese Erklärung ist ohne Unterschrift gültig*", „*gez. Name*", eine Grußformel, das Wort *Ende* oder ähnliches erreicht werden [Nis01, S. 56ff], [HKJ+04, § 126b Rn 31f].

Textform

Zur Erfüllung der *Schriftform* wird eine eigenhändige Namensunterschrift unter einem Dokument verlangt [Bunc, § 126]. Dazu muss das Dokument physisch vorliegen. Elektronische Dokumente wären dafür ungeeignet, auch eine telekommunikative Übertragung des unterschriebenen Dokumentes wäre nicht möglich. Bis auf wenige Ausnahmen darf die Schriftform allerdings durch die *elektronische Form* ersetzt werden, die diese Einschränkungen

Schriftform

überwindet. Ausdrücklich ausgenommen sind beispielsweise Verbraucherdarlehensverträge, Kündigungen und Aufhebungen eines Arbeitsverhältnisses, Bürgschaftserklärungen, abstrakte Schuldversprechen sowie Schuldanerkenntnisse [HKJ+04, § 126 Rn 166]. Nach herrschender Meinung muss ferner der Empfänger mit dem Ersatz einverstanden sein [HKJ+04, § 126 Rn 167]. Eine *notarielle Beurkundung* ist als Ersatz immer möglich [HKJ+04, § 126 Rn 3].

elektronische Form

Die *elektronische Form* erfordert „eine qualifizierte elektronische Signatur nach dem Signaturgesetz" [Bunc, § 126a]. Eine Erläuterung der qualifizierten Signatur erfolgt in Kapitel 2.2.3. Wie schon bei der Textform muss auch hier der Aussteller der Erklärung seinen Namen angeben.

notarielle Beurkundung und öffentliche Beglaubigung

Notarielle Beurkundung und *öffentliche Beglaubigung* werden von Notaren vorgenommen [Bunc, §§ 128f]. Dieses komplexe Feld ist für die weiteren Ausführungen dieses Buchs nicht von Belang und wird daher nicht tiefer behandelt.

vereinbarte Formen

Ob für einen konkreten Anwendungsfall eine besondere Form notwendig ist, ist im Einzelfall zu untersuchen. Eine Übersicht über die Situationen, in denen die Textform vorgeschrieben ist, findet sich beispielsweise bei Nissel [Nis01, S. 66-79]. Neben den gesetzlich vorgeschriebenen Formen können Vertragsparteien freiwillig untereinander für Nachrichten oder Erklärungen bestimmte Formen verbindlich vereinbaren. Das Bürgerliche Gesetzbuch definiert drei Ausprägungen der sogenannten *vereinbarten Form* [Nis01, S. 33]:

- Die *vereinbarte Textform* [Bunc, § 127 Abs. 1] entspricht der Textform.
- Die *vereinbarte Schriftform* [Bunc, § 127 Abs. 1 und 2] entspricht der Schriftform, erlaubt auch eine telekommunikative Übermittlung ohne Unterschrift, beispielsweise per Telefax.
- Die *vereinbarte elektronische Form* [Bunc, § 127 Abs. 1 und 3] entspricht der elektronischen Form, erlaubt darüber hinaus auch einfache und fortgeschrittene Signaturen (siehe Kapitel 2.2.1 und 2.2.2).

Im Vergleich zu den jeweils entsprechenden gesetzlichen Formen sind die Bestimmungen gelockert, „soweit nicht ein anderer Wille [einer Vertragspartei] anzunehmen ist" [Bunc, § 128 Abs. 2 sowie 3]. Allerdings steht es den Vertragsparteien frei, auch völlig andere Formen zu vereinbaren, soweit dem nicht eine Rechtsvorschrift entgegensteht. Unzulässig werden im Zweifel alle Formvereinbarungen sein, die die schwächere Partei benachteiligen (vgl. z. B. [Bunc, § 574b] siehe weiterführend [HKJ+04, § 127 Rn 9ff]).

Konkrete Anforderungen an elektronische Signaturen sind im Signaturgesetz [Bunk] und der Signaturverordnung [Bunl] festgelegt. Der Gesetzgeber hat unterschiedliche, aufeinander aufbauende Kategorien für elektronische Signaturen vorgesehen: die einfache, die fortgeschrittene und die qualifizierte Signatur. Zusätzliche Sicherheit kann durch Akkreditierung der Aussteller qualifizierter Signaturen erreicht werden. In Kapitel 2.2 wird konkret dargestellt, wie mit steigenden technischen Anforderungen an die Signaturen auch ihre

Anwendungsmöglichkeiten wachsen. Der Beweiskraft einer elektronischen Signatur kommt eine besondere Bedeutung zu. Sie muss ausreichend hoch sein, um nötigenfalls auch vor Gericht die Gültigkeit einer Willenserklärung sicherstellen zu können.

2.2 Kategorien der Sicherheit mit elektronischen Signaturen

2.2.1 Die einfache elektronische Signatur

Elektronische Signaturen im Sinne des Gesetzes sind „Daten in elektronischer Form, die anderen elektronischen Daten beigefügt oder logisch mit ihnen verknüpft sind und die zur Authentifizierung dienen" [Bunk, § 2 Nr. 3]. Für einfache elektronische Signaturen bestehen keine Anforderungen bezüglich der Fälschungssicherheit oder der nachvollziehbaren Zuordnung einer Signatur zu einer Person. Es werden insbesondere auch keine Mechanismen verlangt, die ein nachträgliches Verändern des unterzeichneten Dokuments verhindern. Unterschriften, die als Bild eingescannt unter ein Dokument gesetzt werden, fallen beispielsweise in diese Kategorie [Nis01, S. 45]. Aber auch die „bloße Absenderangabe in einem E-Mail" [HKJ+04, § 126a Rn 20] kann eine einfache Signatur sein.

Definition

Allerdings können einfache Signaturen durchaus sicher sein. Es ist selbstverständlich möglich, auch in dieser Kategorie Verschlüsselungen einzusetzen, die das Sicherheitsniveau steigern. Unabhängig von den möglichen Schwächen einfacher elektronischer Signaturen sind sie grundsätzlich als Beweismittel geeignet (siehe [Das00, Art. 5 Abs. 2]) und rechtsgültig. Sofern der Erklärende namentlich benannt ist, erfüllen Dokumente mit einer einfachen elektronischen Signatur die Anforderungen der *Textform*.

2.2.2 Die fortgeschrittene elektronische Signatur

Fortgeschrittene elektronische Signaturen sind einfache Signaturen mit einigen Erweiterungen. Sie müssen untrennbar mit dem Dokument, auf das sie sich beziehen, verknüpft sein. Nachträgliche Änderungen des Dokumentes müssen nachweisbar sein und es darf nicht möglich sein, eine vorhandene Signatur einfach auf ein anderes Dokument zu übertragen. Fortgeschrittene Signaturen müssen eine Identifizierung des Unterzeichners ermöglichen. Dazu sollen die Mittel, die zur Erstellung einer fortgeschrittenen elektronischen Signatur erforderlich sind, unter der alleinigen Kontrolle des Unterzeichners stehen [Bunk, § 2 Nr. 2].

Definition

Fortgeschrittene elektronische Signaturen können mit wenig Aufwand durch handelsübliche Personalcomputer erstellt werden. Geeignete Softwareproduk-

Produkte

te sind zum Beispiel *GNU Privacy Guard* oder *Pretty Good Privacy*[1] [Gei03, S. 17]. Diese und ähnliche Produkte erzeugen die Signatur mittels eines kryptografischen Schlüssels, der im Besitz des Unterzeichners ist. Solche Schlüssel sind lange Bitfolgen, die auf einer Festplatte, einer Diskette oder einer Smartcard gespeichert sind. Anders als bei der im folgenden Kapitel beschriebenen qualifizierten elektronischen Signatur, hat der Gesetzgeber keinerlei Vorschriften bezüglich des Schlüssels oder seiner Speicherung erlassen.

Biometrische Merkmale in fortgeschrittenen Signaturen

Alternativ zur Authentifizierung des Unterzeichners durch den Besitz eines Schlüssels können auch biometrische Merkmale in die Signatur einfließen. So können auch digitalisierte eigenhändige Unterschriften fortgeschrittene elektronische Signaturen sein. Eine eigenhändige Unterschrift identifiziert den Unterzeichner, da nur er zu ihrer Erzeugung fähig ist. Die biometrischen Merkmale müssen untrennbar mit dem Dokument verknüpft werden. Eine Übertragung der Unterschrift auf andere Dokumente darf nicht möglich sein, ferner müssen Manipulationen am Dokument die Unterschrift ungültig machen [LS04, S. 94].

Anwendungsfelder

Die Beweisqualität fortgeschrittener elektronischer Signaturen ist stärker ausgeprägt, als jene einfacher Signaturen, trotzdem sind die Anwendungsfelder grundsätzlich ähnlich: Für alle formfreien Rechtsgeschäfte sind fortgeschrittene elektronische Signaturen einsetzbar, die in besonderen Fällen verlangte Schriftform wird allerdings nicht erfüllt.

2.2.3   Die qualifizierte elektronische Signatur

Definition

Qualifizierte elektronische Signaturen erfüllen zuvorderst alle Eigenschaften und Anforderungen fortgeschrittener (und damit auch einfacher) Signaturen. Bei der Erzeugung einer qualifizierten elektronischen Signatur müssen sichere Signaturerstellungseinheiten verwendet werden und die Signaturen müssen auf qualifizierten Zertifikaten beruhen [Bunk, § 2 Nr. 2].

Signaturerstellungseinheit

Die *sichere Signaturerstellungseinheit* enthält den Signaturschlüssel. In der Praxis erfüllen *Smartcards* diesen Zweck. Um den Schlüssel nutzen zu können, muss sich der Unterzeichner zunächst wahlweise durch Wissen (z. B. Pin oder Passwort) und den Besitz eines Gegenstandes (meist ist die Signaturerstellungseinheit selber dieser Gegenstand) oder durch biometrische Merkmale (z. B. Fingerabdruck, Unterschrift) und den Besitz eines Gegenstandes legitimieren [Bunl, § 15 Abs. 1]. Nach erfolgter Legitimation nimmt die Signaturerstellungseinheit die eigentliche Signierung vor, ohne dabei den Schlüssel preiszugeben. Der Unterzeichner muss erkennen können, was er signieren wird. Fälschung der Signaturen oder Verfälschung signierter Daten müssen zuverlässig nachvollziehbar sein [Bunk, § 17], [Bunl, § 15].

---

[1]   Pretty Good Privacy (PGP) ist eine Produkt der PGP Corporation; weitere Informationen unter [PGP]. GNU Privacy Guard (GnuPP) ist eine Open Source Alternative mit vergleichbarem Funktionsumfang; Informationen unter [Fre]. Siehe auch [Bun04a, S. 2531f].

Das Konzept qualifizierter elektronischer Signaturen sieht eine unabhängige Stelle vor, der sowohl der Unterzeichner, als auch alle, die sich auf die Signatur verlassen oder berufen wollen, vertrauen müssen. Diese Funktion erfüllen private Dienstleister, die als *Zertifizierungsstellen, Zertifizierungsdienstanbieter, certification authority (CA)* oder auch *Public Key Infrastructure (PKI)* bezeichnet werden. In der kryptografischen Forschung werden solche Stellen auch einfach als *vertraute Dritte (Trusted Third Party)* bezeichnet [MOV96, S. 30].

Zertifizierungsstellen

Diese Zertifizierungsstellen sind für die Vergabe *qualifizierter Zertifikate* zuständig. Ein Zertifikat muss bestimmte Angaben enthalten – beispielsweise den Namen des Inhabers, Angaben zum Signaturschlüssel und zum Gültigkeitszeitraum des Zertifikates [Bunk, § 7]. Vor der Erstellung eines Zertifikates wird die Identität des künftigen Zertifikatinhabers anhand von Ausweispapieren geprüft. Einmal ausgestellte Zertifikate müssen jederzeit und für jedermann über öffentliche Kommunikationskanäle auf ihre Echtheit geprüft werden können. Diese Möglichkeit muss die Zertifizierungsstelle für mindestens fünf Jahre über die Gültigkeitsdauer des Zertifikates hinaus sicherstellen [Bunl, § 4] – in besonderen Fällen sogar 30 Jahre (siehe hierzu Kapitel 2.2.4).

Zertifikate

Die qualifizierte elektronische Signatur hat „im Rechtsverkehr die gleiche Wirkung [...] wie eine eigenhändige Unterschrift" [Bunk, § 6 Abs. 2]. Insbesondere kann sie die Schriftform ersetzen, die für besondere Rechtsgeschäfte vorgeschrieben ist [Bunc, § 126]. Der Beweiswert einer qualifizierten Signatur ist deutlich höher als der einer Unterschrift auf Papier: Sofern nicht das Gegenteil glaubhaft gemacht werden kann, gilt eine qualifiziert signierte Willenserklärung im Zivilrecht als authentisch [Bung, §§ 371a, 440] (vormals auch [Bunh, § 292a]). Eine herkömmliche Unterschrift dagegen kann jederzeit angefochten werden, solange ihre Echtheit nicht in vollem Umfang nachgewiesen ist [Nis01, S. 34], [Bung, § 439].

Anwendungsfeld

Die *Bundesnetzagentur* (vormals *Regulierungsbehörde für Telekommunikation und Post, RegTP*) prüft fortlaufend die Eignung von Signaturalgorithmen und veröffentlicht mindestens einmal jährlich eine Studie mit den Ergebnissen (siehe [Bun06b]). Der Gesetzgeber geht davon aus, dass nur für einen begrenzten Zeitraum Prognosen über die Zuverlässigkeit von Signaturalgorithmen möglich sind. Für qualifizierte elektronische Signaturen sind nur solche Algorithmen zugelassen, deren Eignung für die kommenden sechs Jahre als gesichert gilt. Qualifizierte Zertifikate dürfen maximal fünf Jahre gültig sein [Bunk, § 14 Abs. 3]. Unabhängig davon bleiben einmal getätigte qualifizierte elektronische Signaturen auch über diesen Zeitraum hinaus gültig. Es kann allerdings sein, dass ihre Beweiskraft durch einen erfolgreichen Angriff gegen die verwendeten Algorithmen in Frage gestellt wird. Im Abschnitt 5.4.8 wird diese Herausforderung aufgegriffen. Die technischen Forderungen für qualifizierte elektronische Signaturen sind im Anhang der Signaturverordnung [Bunl] festgehalten.

Zugelassene Algorithmen

2.2.4 Akkreditierte Zertifizierungsdienstanbieter

Definition Anbieter qualifizierter Zertifikate haben die Möglichkeit, sich freiwillig akkreditieren zu lassen. Eine unabhängige Stelle – das kann die *Bundesnetzagentur* oder ein durch sie anerkanntes Unternehmen sein – prüft dazu vor Betriebsaufnahme umfassend, ob der Dienstanbieter die gesetzlichen Anforderungen erfüllt; die Prüfung wird im laufenden Betrieb regelmäßig wiederholt [Bunk, §§ 15, 16]. Akkreditierte Zertifizierungsdienstanbieter dürfen ein spezielles Gütesiegel tragen „und sich im Rechts- und Geschäftsverkehr auf die nachgewiesene Sicherheit berufen" [Bunk, § 15]. Die Akkreditierung ist in Einzelfällen mit höheren Anforderungen verbunden. So müssen beispielsweise abgelaufene Zertifikate über einen Zeitraum von 30 Jahren öffentlich abrufbar gehalten werden, für nicht akkreditierte Anbieter genügen fünf Jahre [Bunl, § 4].

Akkreditierung nicht-qualifizierter Anbieter? Zertifikate können auch für einfache oder fortgeschrittene elektronische Signaturen genutzt werden (Siehe auch Abschnitt 3.2.2). Das Signaturgesetz [Bunk] enthält keine Bestimmungen für Dienstanbieter, die solche nicht-qualifizierten Zertifikate ausstellen. Folgerichtig ist die Akkreditierung für solche Dienstleister nicht möglich, sie ist ausschließlich für Anbieter qualifizierter Zertifikate vorgesehen.

Akkreditierte Signatur? Vereinzelt wird vor diesem Hintergrund fälschlich von *akkreditierten Signaturen* gesprochen. Etwas Derartiges ist jedoch im Signaturgesetz nicht definiert. Die Zertifikate eines akkreditierten Anbieters sind nicht automatisch besser oder sicherer als jene seiner nicht-akkreditierten Wettbewerber. Alle Anbieter unterliegen einer dauerhaften Aufsicht durch die Bundesnetzagentur, für alle gelten dieselben Vorschriften in Hinblick auf Haftung und Deckungsvorsorge und allen drohen die gleichen Bußgelder [Bunk, §§ 19, 20, 11, 12, 21]. Der verschiedentlich vertretenen Auffassung, ohne Akkreditierung läge lediglich eine *behauptete Sicherheit* vor, können sich die Autoren nicht anschließen (vergl. [Nis01, S. 46ff], [Gei03, S. 34f]).

2.2.5 Akkreditierung und Zertifizierung von Systemen

Prüfstelle und -richtlinie Nicht nur Zertifizierungsdienstanbieter, sondern auch die zum Einsatz kommenden Geräte und Systeme können einer staatlichen Funktions- und Zuverlässigkeitsprüfung unterzogen werden. Dafür zuständig ist das *Bundesamt für Sicherheit in der Informationstechnik (BSI)* oder eine von diesem zugelassene, unabhängige Prüfstelle [Bun05b]. Die Prüfungen werden nach den *Gemeinsamen Kriterien für die Prüfung und Bewertung der Sicherheit von Informationstechnik (Common Criteria for Information Technology Security Evaluation*, ISO/IEC 15408, [Bun99]) oder den *Kriterien für die Bewertung der Sicherheit von Systemen der Informationstechnik* (ITSEC, [Bun91]) durchgeführt. Das sind beides Richtlinien zur Bewertung von Vertrauenswürdigkeit und Funktionalität elektronischer Systeme. Sie entstanden in internationaler Zusammenarbeit, Deutschland wurde durch das Bundesamt für Sicherheit in der Informationstechnik vertreten. Die Common Criteria stellen eine ISO-normierte Weiterentwicklung der ITSEC dar.

Konkrete Anforderungen an Funktionalität und Vertrauenswürdigkeit einzelner Produkttypen sind in so genannten *Schutzprofilen* zusammengefasst, die jedoch noch nicht für alle Produkttypen existieren.

Die Prüfung durch eine unabhängige Stelle ist für einige technische Komponenten der qualifizierten elektronischen Signatur vorgeschrieben, bei anderen genügt es, wenn der Hersteller die Konformität seines Produktes bestätigt [Bunl, Anl. 1]. Da dies in den Verantwortungsbereich des Signaturdienstanbieters fällt und keinerlei Prüfung durch die Nutzer der Signatur bedarf, soll an dieser Stelle nicht weiter darauf eingegangen werden. **Anwendungsbereich**

Zur Erstellung oder Prüfung einfacher oder fortgeschrittener elektronischer Signaturen brauchen keine zertifizierten Geräte oder Systeme eingesetzt werden. Auf freiwilliger Basis können natürlich auch solche Systeme zertifiziert werden.

2.2.6   Elektronische Zeitstempel

Mit einem *Zeitstempel* wird bestätigt, dass „bestimmte elektronische Daten zu einem bestimmten Zeitpunkt vorgelegen haben" [Bunk, § 2 Nr. 14]. Zeitstempel können in Form von *„qualifizierten Zeitstempeln"* von Zertifizierungsdienstanbietern ausgestellt werden. Der Anbieter versieht dazu das betroffene elektronische Dokument mit der aktuellen Uhrzeit und dem aktuellen Datum. Anschließend wird das so ergänzte Dokument qualifiziert signiert. Die Anforderungen an einen qualifizierten Zeitstempel sind denen der qualifizierten Signatur sehr ähnlich. **Definition**

Alternativ kann ein elektronischer Zeitstempel auch auf andere Art – also ohne einen Zertifizierungsdienstanbieter einzuschalten – erstellt werden. Solche ‚nicht-qualifizierten' Varianten sind rechtlich nicht definiert. Im Folgenden werden sie in Anlehnung an die Nomenklatur für Signaturen als *einfache Zeitstempel* bezeichnet. **einfache Zeitstempel**

Zeitstempel können unabhängig von anderen Signaturen existieren – in der physischen Welt vergleichbar sind beispielsweise Eingangsstempel. Genauso können Zeitstempel auch Teil einer elektronischen Signatur sein – grundsätzlich vergleichbar mit den Datumsangaben, die oft vor manuelle Unterschriften gesetzt werden. **Zeitstempel und Signaturen**

Qualifizierte Zeitstempel haben eine sehr hohe Beweiskraft. Die Beweiskraft einfacher Zeitstempel ist deutlich schlechter. Genau wie Eingangsstempel oder manuelle Datumsangaben vor Unterschriften auf Papier können sie absichtlich gefälscht oder durch einen Irrtum falsch sein. Um die Beweisqualität einfacher Zeitstempel zu erhöhen, kann sichergestellt werden, dass kein Benutzer die **Beweiskraft von Zeitstempeln**

Möglichkeit hat, Einfluss auf die signierte Zeit zu nehmen. Das kann durch nicht wartbare und nicht verstellbare interne Uhren ermöglicht werden. Die auf der Systemplatine eingebaute, mit wenigen Handgriffen verstellbare Uhr eines herkömmlichen Computers liefert höchstens einen Hinweis, für einen rechtswirksamen Nachweis ist sie indes kaum geeignet [Gas03, S. 60f].

Zweck   Die Verwendung eines Zeitstempels ist dann sinnvoll, wenn ein exakter Zeitpunkt für Beweiszwecke festgehalten werden muss. Anhand von Zeitstempeln können auch verschiedene Plausibilitätsüberlegungen angestellt werden. So ist es höchst unwahrscheinlich, dass eine Person mehrere Unterschriften zum exakt selben Zeitpunkt tätigt.

Langzeit-archivierung   Ein besonderer Anwendungsfall von qualifizierten Zeitstempeln ist die Sicherung signierter Dokumente über die Wirksamkeitsdauer der ursprünglichen Signaturalgorithmen hinaus. Dazu werden die betroffenen Dokumente inklusive bereits getätigter Signaturen mit einem neueren Algorithmus signiert. Die erneute Signatur muss vor Ablauf der Eignung bereits vorhandener Signaturen erfolgen, was durch einen qualifizierten Zeitstempel bestätigt wird (siehe Abschnitt 4.4).

2.3 Das deutsche Recht im internationalen Vergleich

Das deutsche Signaturgesetz wurde im Jahr 2001 grundlegend überarbeitet und in Einklang mit der Richtlinie des europäischen Parlaments und des Rates über gemeinschaftliche Rahmenbedingungen für elektronische Signaturen (*Signaturrichtlinie* [Das00]) gebracht.

EU-Richtlinie   Ein wesentliches Ziel der Richtlinie ist es, eine grenzüberschreitende Anerkennung für elektronische Signaturen innerhalb der gesamten Europäischen Union zu erreichen. Insbesondere qualifizierte Signaturen – in der Richtlinie werden sie als „fortgeschrittene Signaturen, die auf qualifizierten Zertifikaten beruhen" bezeichnet – sollen handschriftlichen Unterschriften auf Papier weitgehend gleichgestellt werden [Das00, Artikel 5]. Das bedeutet einerseits, dass Signaturprodukte und -dienstleistungen grenzüberschreitend angeboten und genutzt werden dürfen. Es bedeutet weiter, dass auch über Landesgrenzen hinweg Rechtsgeschäfte mit Hilfe von elektronischen Signaturen abgeschlossen werden können [Das00, Artikel 4, 7], [Bunk, § 23].

Alle anderen Formen einer einfachen oder fortgeschrittenen elektronischen Signatur müssen zumindest grundsätzlich als Beweismittel vor Gericht zugelassen sein [Das00, Artikel 5 Ziffer 2]. Ob sie allerdings den Formerfordernissen des betreffenden Landes für ein konkretes Geschäft entsprechen, muss im Einzelfall geprüft werden.

UN-Modellgesetz   Die Anwendung elektronischer Signaturen ist dabei keineswegs auf den Raum der Europäischen Union beschränkt. Bereits 1996 wurde von der Generalversammlung der Vereinten Nationen das *UNCITRAL Model Law on Electronic Commerce* [UNC98] verabschiedet, in dem elektronische Signaturen als Ersatz für herkömmliche Unterschriften empfohlen werden. Das *Model Law on Electronic Signatures* aus dem Jahr 2001 konkretisiert den Begriff der Signatur [UNC02]. Es ist grundsätzlich mit dem deutschen Signaturgesetz und der europäischen Signaturrichtlinie kompatibel [Nis01, S. 29]. Das Mustergesetz lässt allerdings noch viel Ausgestaltungs- und Auslegungsraum.

Konsequent sind in Signaturrichtlinie (Artikel 7) und -gesetz (§ 23) Bedingungen genannt, die Signaturlösungen aus Drittländern erfüllen müssen, um den europäischen respektive deutschen Signaturen rechtlich gleichgestellt zu sein. Abschließend sei betont, dass für Unternehmen und Privatpersonen allein das jeweilige nationale Recht bindend ist.

2.4 Die manuelle Unterschrift im Vergleich zu elektronischen Signaturen

Formvorschriften, so wie sie im Kapitel 2.1 vorgestellt wurden, existieren nicht zum Selbstzweck, sondern sie erfüllen traditionell verschiedene Funktionen. Wann immer durch ein Gesetz oder eine privatrechtliche Absprache eine Unterschrift verlangt wird, sind es diese Funktionen, die die Verantwortlichen erfüllt wissen wollen. Wenn an die Stelle bedruckten Papiers und manueller Unterschriften digitale Dateien und elektronische Signaturen treten, müssen diese Funktionen weiterhin geboten werden. Denn nur dann ist zu erwarten, dass Signaturen als äquivalent anerkannt und gleichermaßen vorbehaltlos von Erklärenden abgegeben sowie von Erklärungsempfängern akzeptiert werden. Folgende Funktionen werden einer manuellen Unterschrift zuerkannt:

- – Anerkennungsfunktion
- – Beweisfunktion
- – Dokumentabschlussfunktion
- – Perpetuierungsfunktion
- – Übereilungsschutz- und Warnfunktion
- – Verhandlungsabschlussfunktion
- – Kontrollfunktion
- – Informations- und Inhaltsklarheitfunktion

2.4.1 Funktionen einer Unterschrift

Durch Unterzeichnung werden Verträge und vergleichbare Dokumente anerkannt (*Anerkennungsfunktion*). Der Unterzeichner erklärt, mit vorstehendem Inhalt einverstanden zu sein. Grundsätzlich ist das auch durch eine elektronische Signatur möglich, jedoch fehlt den meisten potenziellen Nutzern noch jegliche

Anerkennung

Erfahrung mit dieser Art der Willensäußerung. Es kann nicht davon ausgegangen werden, dass dem Akt des elektronischen Signierens die gleiche (subjektive) Bedeutung zugemessen wird wie einer Handunterschrift. Wohl auch aus diesem Grund hat der Gesetzgeber die elektronische Form für bestimmte Rechtsgeschäfte ausgeschlossen [HKJ⁺04, § 126a Rn 36] (siehe Kapitel 2.1). Um Missverständnisse zu vermeiden, sollte der Unterzeichnende auf die bindende Wirkung explizit hingewiesen werden. Für Aussteller qualifizierter Zertifikate ist dieser Hinweis in Form einer schriftlichen Belehrung sogar obligatorisch [Bunk, § 6 Abs. 2 und 3]. Einige Juristen [Biz92, S. 172] fordern auch für einfache und fortgeschrittene Signaturen spezielle Softwarefunktionen, die den Unterzeichnenden explizit auf die möglichen Folgen seines Handelns hinweist. Ob Softwarefunktionen diesen Zweck wirklich erfüllen, ist nicht unumstritten – computergenerierte Hinweisdialoge werden erfahrungsgemäß oft ungelesen weggeklickt [Sch02, S. 226]. Weiterhin ist nachträglich nicht prüfbar, ob der Dialog auch wirklich durch den Unterzeichner und nicht durch eine andere Person bestätigt wurde.

Beweis Eine Unterschrift kann die Echtheit eines Dokumentes beweisen (*Beweisfunktion*). Sie kann beweisen, dass der Unterzeichner von dem Dokument Kenntnis hatte. Eine unterschriebene Willenserklärung bezeugt den Willen ihres Verfassers [HKJ⁺04, § 126 Rn 125 sowie weitergehend 74f]. Gerade diese Funktion kann von elektronischen Signaturen in besonderem Maße erfüllt werden, denn elektronische Signaturen können zuverlässig auch umfangreiche Dokumente vor Manipulationen schützen. Manuelle Unterschriften können nicht verhindern, dass nachträgliche Änderungen am vorstehenden Text vorgenommen werden – mitunter können unbemerkt ganze Seiten vertauscht werden.

Dokument-abschluss Eine Unterschrift schließt eine Willenserklärung auch räumlich ab (*Dokumentabschlussfunktion*)[Sch02, S. 227]. Folgt der Handunterschrift weiterer Text, so wird er im Zweifel nicht als Teil der unterschriebenen Urkunde gewertet [HKJ⁺04, § 126 Rn 127ff]. Für elektronische Signaturen hat das mehrere Folgen. Zunächst muss der Unterzeichnende die Möglichkeit haben, das Dokument vor der Unterzeichnung vollständig durchsehen zu können. [HB93, S. 691, 696] Sofern eine Unterschrift sich nur auf Teile des Dokumentes bezieht, muss klar erkennbar sein, auf welche. Das ist besonders wichtig, wenn die Unterschrift nicht direkt auf dem Dokument, sondern in einem gesonderten Fenster oder auf einem externen Pad geleistet wird. Die Abbildung der Signatur im elektronischen Dokument sollte an der Stelle erfolgen, an der sie auch bei einer Papierurkunde zu erwarten wäre – also unterhalb, gegebenenfalls rechts der Willenserklärung. Bei fortgeschrittenen und qualifizierten Signaturen müssen darüber hinaus die jeweils unterzeichneten Bereiche untrennbar mit der Signatur verknüpft werden [Bunk, § 2 Nr. 2 und 3].

Perpetuierung Durch Schriftform wird eine Willenserklärung langfristig dokumentiert (*Perpetuierungsfunktion*). Elektronische Dokumente können diesen Zweck auch erfüllen. Voraussetzung dafür ist, dass der Empfänger die Erklärung „nicht auf immer, aber auf unbestimmte Zeit" [HKJ⁺04, § 126a Rn 42] sowohl speichern als auch ausdrucken kann. Ein Text, der nur begrenzt betrachtet werden kann – z. B. in einem Browserfenster ohne Speicherfunktion – oder ein Dokument, das für den Ausdruck gesperrt ist, erfüllt diese Funktion nicht.

Gegen elektronisch signierte Dokumente kann eingewendet werden, dass allen im Einsatz befindlichen Signaturverfahren nur eine zeitlich begrenzte Wirksamkeit prognostiziert wird [FS03, S. 18, 36, 57]. Damit ein Dokument seinen Beweiswert nicht verliert, muss eine regelmäßige Nachsignierung erfolgen. Der erforderliche organisatorische Aufwand sollte von Anfang an eingeplant werden, wenn eine längerfristige Beweissicherheit benötigt wird.

Das Problem der nachlassenden Beweiskraft ist nicht auf elektronische Dokumente beschränkt. Persönliche Unterschriften ändern sich im Laufe der Zeit. Erklärungen auf Papier können unleserlich werden. Thermopapier, wie es bei vielen Kassen und Faxgeräten eingesetzt wird, ist hiervon besonders betroffen. Hier liegt es, genau wie bei elektronischen Dokumenten, im Verantwortungsbereich des Besitzers der Erklärung, geeignete Maßnahmen zur Konservierung zu treffen oder eben darauf zu verzichten [Nis01, S. 41].

Die prognostizierte Wirksamkeit des Verschlüsselungsverfahrens ist im Übrigen nur als Richtwert zu sehen. Tatsächlich kann eine Signatur auch weit über diesen Zeitraum hinaus ihre Wirksamkeit behalten [Nis01, S. 42]. Umgekehrt kann ein überraschend eintretender technologischer Durchbruch auch schon früher die Wirksamkeit in Frage stellen. Zertifizierungsdienstanbieter sind verpflichtet, ihre Kunden auf derartige Entwicklungen hinzuweisen [Bunk, § 6].

Zerfall von Dokumenten und Datenträgern

Wird auf eine Nachsignierung verzichtet, so verliert ein elektronisches Dokument möglicherweise an Beweiskraft. Grundsätzlich bleibt es jedoch ein gültig unterschriebenes Dokument. Anders als eine unleserlich gewordene Erklärung, beispielsweise auf Thermopapier, bleibt die Erklärung dauerhaft nachvollziehbar. Schwerwiegender wäre die Zerstörung des Datenträgers. Heute handelsübliche optische und magnetische Datenträger haben nur eine begrenzte Lebensdauer. Jedoch ist innerhalb dieser Lebensspanne jederzeit ein verlustfreies Kopieren der vollständigen Daten möglich. Die Signaturen behalten dabei ihre volle Wirksamkeit. Die Lebensdauer eines Papierdokumentes hingegen kann durch Vervielfältigung nicht verlustfrei verlängert werden. Unterschriften müssen aufwändig einzeln beglaubigt werden, um ihre Beweiskraft zu erhalten. Dabei ist der beglaubigende Notar, Pfarrer oder Ortsvorsteher kein Schriftsachverständiger. Ihm liegen auch nicht immer Referenzunterschriften vor. Ein beglaubigtes Papierdokument könnte mit der Begründung angefochten werden, dass schon das beglaubigte Original nur eine Fälschung war.

Übereilungsschutz und Warnung

Die Notwendigkeit einer Unterschrift weist auf die besondere Bedeutung eines Geschäftes hin (*Übereilungsschutz-* und *Warnfunktion*, siehe auch [HKJ⁺04,

§ 126 RN 66ff]). Wird ein Vertrag ausformuliert oder gelesen, verschafft dies dem Unterzeichner eine zusätzliche Bedenkzeit [Sch02, S. 225ff]. Grundsätzlich könnte für elektronische Signaturen dasselbe gelten – mit den bereits bei der Anerkennung und dem Dokumentenabschluss genannten Einschränkungen in Bezug auf die fehlende Erfahrung auf der Anwenderseite. Gerade hier herrschen noch beachtliche Vorbehalte. So kommt beispielsweise Römer in seinem Kommentar zum Versicherungsvertragsgesetz wiederholt zu dem Ergebnis, dass auch qualifizierte Signaturen die für den Verbraucherschutz notwendige Warnfunktion nicht erfüllen können [RL03, § 8 Rdn 60, § 159 Rdn 15 sowie § 179 Rdn 31], obwohl die Inhaber qualifizierter Zertifikate Kenntnis von der bindenden Wirkung ihrer qualifizierten Signaturen haben müssen [Bunk, § 6 Abs. 2 und 3].

Verhandlungsabschluss Durch eine Unterschrift wird deutlich, dass es sich um eine abgeschlossene Erklärung handelt und nicht länger um einen unverbindlichen Entwurf (*Verhandlungsabschlussfunktion*) [Sch02, S. 227], [HKJ+04, § 126 Rn 126]. Bezogen auf elektronische Signaturen ist das nicht ganz unproblematisch. Es kann durchaus vernünftig sein, auch einen Entwurf elektronisch zu signieren, um ihn vor Übertragungsfehlern oder Verfälschung zu sichern. Dabei wird aber zumeist nicht nur die Erklärung signiert, sondern die ganze Sendung samt einem Begleittext, der über das Entwurfsstadium der Erklärung informiert [Sch02, S. 227]. Der Gesetzgeber verlangt für die Textform [Bunc, § 126b], dass der Abschluss der Erklärung erkennbar gemacht ist. Dadurch können Missverständnisse vermieden werden „und der Wille zu einem rechtsgeschäftlichen Handeln in der Erklärung [wird] betont" [Nis01, S. 64].

Kontrolle Formvorschriften können auch zur Erleichterung staatlicher Kontrollen erlassen sein (*Kontrollfunktion*). Solche Vorschriften sind beispielsweise aus dem Waffenrecht und dem Kartellrecht bekannt [Sch02, S. 228], [HKJ+04, § 126 Rn 76f]. Wenn hierbei die Dokumentation eines Vorgangs im Vordergrund steht, ist eine elektronische Signatur nicht hinderlich. Sofern es jedoch um strafrechtlich relevante Fragen geht, schaffen elektronische Signaturen eine Unsicherheit. Denn anders als im Zivilrecht haben qualifizierte elektronische Signaturen im Strafrecht nicht den Anschein der Echtheit auf ihrer Seite, sondern es gilt die Unschuldsvermutung: Der Unterzeichner gilt als unschuldig, solange nichts anderes nachgewiesen ist [Sch02, S. 228]. Da die Kontrollfunktion für die in diesem Buch behandelten Themen keine Bedeutung hat, soll an dieser Stelle nicht näher darauf eingegangen werden.

Information und Inhaltsklarheit Geschriebene Texte dienen zur Information über bestimmte Sachverhalte (*Informationsfunktion*). Missverständnisse und Unklarheiten können durch die Ausformulierung und schriftliche Fixierung vermieden werden (*Inhaltsklarheitsfunktion*). Mündliche Absprachen sind in dieser Beziehung anfälliger. Vor diesem Hintergrund existieren Formvorschriften zum Schutz der Vertragspar-

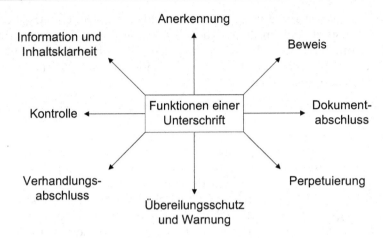

Abbildung 1: Die Funktionen einer Unterschrift

teien. Vor allem die schwächere Seite soll in nicht-flüchtiger Form über ihre Rechte informiert werden [Sch02, S. 230] (siehe auch [HKJ+04, § 126 Rn 69ff]).

Für die Erfüllung der Informations- und Inhaltsklarheitsfunktion bringt eine eigenhändige Unterschrift keinen Mehrwert [Nis01, S. 59]. Folglich ist die Substitution durch elektronische Signaturen unproblematisch. Der deutsche Gesetzgeber hat für Rechtsgeschäfte, bei denen diese Funktionen im Vordergrund stehen, die sogenannte Textform [Bunc, § 126b] eingeführt, bei der völlig auf eine Unterschrift verzichtet werden kann (siehe dazu Kapitel 2.1 sowie [Nis01, S. 56ff]).

2.4.2   Ersatz der manuellen Unterschrift durch die elektronische Signatur

Zumindest gesetzliche Formvorschriften sind in jedem Fall zu beachten, selbst wenn die zu Grunde liegenden Ziele vollständig auch auf anderem Wege erreicht werden könnten [Sch02, S. 219]. Die Auslegung gesetzlicher Formvorschriften ist nicht immer einfach, wie einige Beispiele aus dem Versicherungsvertragsgesetz ([Bund]) zeigen mögen.

Nach herrschender Meinung [RL03, § 5a Rdn 36, § 8 Rdn 51] bedeutet „Schriftform" in Paragraph 5a und „schriftlich" in Paragraph 8 VVG nicht *Schriftform* im Sinne des bürgerlichen Gesetzbuchs [Bunc, § 126], weil die *Textform* – also ein gedrucktes oder elektronisches Dokument ohne Unterschrift – für den Beweiszweck reiche. Lediglich mündliche Mitteilungen oder konkludentes Handeln seien ausgeschlossen. „Andere Zwecke, wie Warn-, Beratungs- und Kontrollfunktion scheiden aus" [RL03, § 5a Rdn 36 mit Bezug zu BGH Urteilen]. Das ist nach Ansicht der Verfasser problematisch, da gerade die Beweiszwecke

„schriftlich" bedeutet „Textform"?

durch die Textform nicht optimal erfüllt werden können. Der Gesetzgeber hat mittlerweile reagiert und im angesprochenen Paragraphen 5a „Schriftform" durch „Textform" ersetzt, nicht jedoch in Paragraph 8 [Bun01a, Art. 29]. Die Vorschriften beziehen sich auf die Form einer Widerrufs- und Rücktrittserklärung des Versicherungskunden.

„schriftlich" bedeutet „Schriftform"?

Andererseits seien die Formulierungen „mit Unterschrift" [RL03, § 8 Rdn 60] und „schriftlich" [RL03, § 159 Rdn 15 sowie § 179 Rdn 31] deutlich strenger auszulegen und verböten insbesondere den Einsatz der *elektronischen Form* [Bunc, § 126a] als gleichwertigen Ersatz für die schriftliche Form. Auch hier vertreten die Autoren eine andere Meinung. Die Formulierung „mit Unterschrift" – gemeint ist die Unterschrift des Kunden unter der Belehrung über das Rücktritts- oder Widerrufsrecht – deutet an, dass der Warnfunktion und dem Übereilungsschutz besondere Bedeutung zukommen. Beides wird auch von der elektronischen Form geboten. Die dingliche Verkörperung ist eine notwendige, aber zweitrangige Bedingung, um überhaupt eine Unterschrift leisten zu können. „Schriftlich" – die Paragraphen definieren die Form von Einverständniserklärungen für Lebens- und Unfallversicherungen auf fremde Rechnung – kann auch sprachlich als Gegenteil von „mündlich" (oder konkludentem Handeln, etc.) verstanden werden. Dann stünde die dauerhafte Verkörperung, gleich ob auf Papier oder anderswo, im Vordergrund. Inhaltsklarheit, Perpetuierung und spätere Nachweisbarkeit sind der vorrangige Zweck, den auch elektronisch signierte Dokumente erfüllen können. Die unterschiedliche Auslegung von „schriftlich" in Paragraph 8 und „schriftlich" in den Paragraphen 159 sowie 179 ist schwer nachzuvollziehen.

Der Gesetzgeber ist bemüht, Unklarheiten und Ungleichbehandlungen zu beheben. Die hier angesprochenen Beispiele werden nach der aktuell anstehenden Reform des Versicherungsvertragsgesetzes (siehe [Bun06a]) voraussichtlich behoben sein.

2.5 Beweisqualität elektronisch signierter Dokumente

2.5.1 Beweiskraft einfacher und fortgeschrittener Signaturen

Einfache und *fortgeschrittene Signaturen* unterliegen in einem Rechtsstreit der „freien richterlichen Beweiswürdigung" [Bung, § 286]. Es gilt, das Gericht davon zu überzeugen, dass die strittige Signatur von dem Unterzeichner wissentlich und willentlich unter ein danach nicht mehr verändertes Dokument gesetzt wurde. Technische Fragen, wie die Zuverlässigkeit der verwendeten Algorithmen, sollten einen maßgeblichen Einfluss auf die Bewertung haben [LS04, S. 91]. Neben der Auswahl eines zuverlässigen Algorithmus ist auch die sorgfältige Implementierung desselben sehr wichtig. Oft genug war in der

Vergangenheit nicht die zugrundeliegende Mathematik, sondern die schlechte Umsetzung Grund für unsichere Programme [Sch04c].

Naturgemäß wird eine fortgeschrittene Signatur für Beweiszwecke besser geeignet sein als eine einfache, da sie den Unterzeichner eindeutig identifiziert und Manipulationen des Dokumentes nach Unterzeichnung nachweisen kann [Gei03, S. 39f]. Wichtiger als die Frage, ob eine konkrete Signatur nun einfach oder fortgeschritten ist, bleibt immer die Frage, ob sie echt ist oder nicht und wer sie gesetzt hat. Die Verbindung zwischen einer Person und einer elektronischen Signatur oder einem Signaturschlüssel ist bei nicht-qualifizierten Signaturen oft nicht besonders ausgeprägt. Der Empfänger einer elektronisch signierten Erklärung sollte frühzeitig sicherstellen, das der Absender und Unterzeichner auch wirklich die Person ist, die sie vorgibt zu sein. Optimal wäre es, diesen Schritt – die *Authentifizierung* – so zu gestalten, dass er nachträglich bewiesen werden kann.

In der Fallstudie (Kapitel 5) werden Methoden vorgestellt, durch die auch einfache und fortgeschrittene Signaturen eine gute Beweiskraft erhalten können.

2.5.2 Beweiskraft qualifizierter Signaturen

Für *qualifizierte elektronische Signaturen* wurde die Beweislast umgekehrt. Die Signatur gilt vor Gericht als authentisch, wenn keine ernstlichen Zweifel an ihrer Echtheit begründet werden können [Bung, § 371a] (vormals [Bunh, § 292a]). Der mutmaßliche Unterzeichner muss beweisen, dass er die Signatur nicht willentlich abgegeben hat oder dass ein anderer die Möglichkeit hatte, eine Fälschung zu erstellen. Dieser *Echtheitsanschein* hebt eine qualifizierte elektronische Signatur sogar über eine manuelle Unterschrift. Deren Echtheit müsste – sofern der mutmaßliche Unterzeichner sie nicht anerkennt – erst bewiesen werden [Bung, § 440].

Echtheitsanschein qualifizierter Signaturen

Die Position des Unterzeichners ist bei einer qualifizierten Signatur, verglichen mit einer manuellen Unterschrift, durch die Echtheitsvermutung deutlich verschlechtert. Gelingt es ihm nicht, eine Fälschung seiner Signatur als solche zu entlarven, so muss er die Konsequenzen tragen. Für eine versehentlich gesetzte Signatur „kann der Empfänger Ersatz seines Vertrauensschadens analog § 122 [Bunc] verlangen" [HKJ+04, § 126a Rn 48]. Der Zertifikatinhaber sollte daher eine besondere Sorgfalt im Umgang mit der Signatur walten lassen. Werden technische Unzulänglichkeiten des eingesetzten Signaturverfahrens bekannt, so kann der Zertifikatinhaber bereits getätigte Signaturen anfechten. Bleiben die Unzulänglichkeiten jedoch vor der Öffentlichkeit verborgen und werden dennoch von Betrügern ausgenutzt, so muss der Zertifikatinhaber die Folgen tragen. [Gei03, S. 41].

Rechtsfolgen

In der wissenschaftlichen Diskussion um elektronische Signaturen herrscht zum Teil die Auffassung, der Echtheitsanschein könne nur für Signaturen in

„akkreditierte Signaturen"?

19

Anspruch genommen werden, die auf dem qualifizierten Zertifikat eines akkreditierten Anbieters beruhen, da sich nur solche Anbieter auf eine nachgewiesene Sicherheit berufen dürften [Gei03, S. 40f]. Dieser Auffassung folgen die Autoren nicht. Eine derartige, für den Empfänger einer qualifiziert signierten Erklärung keinesfalls transparente Herabsetzung nicht-akkreditierter Anbieter ist ungerechtfertigt. Nach dem Wortlaut des bürgerlichen Gesetzbuchs, auf das die Zivilprozessordnung Bezug nimmt, genügen alle qualifizierten Signaturen den Anforderungen.

2.5.3 Staatlich geprüfte Algorithmen

Um später beweisen zu können, auf welches (unveränderte) Dokument sich eine Signatur bezieht, ist eine untrennbare Verknüpfung von Dokument und Signatur notwendig. Das ist uneingeschränkt für alle Anwendungsfälle empfehlenswert, für fortgeschrittene und qualifizierte Signaturen sogar obligatorisch.

Die *Bundesnetzagentur* [Bun05d] veröffentlicht mindestens einmal im Jahr eine Studie mit den für qualifizierte Signaturen ausschließlich zugelassenen *Algorithmen* (siehe [Bun05d], aktuell: [Bun06b]).

Hashverfahren Derzeit werden die *Hashverfahren* (siehe Abschnitt 3.1.2) für die kommenden sechs Jahre *SHA-224*, *SHA-256*, *SHA-384* sowie *SHA-512* als sicher bewertet, für kürzere Zwecke sind auch *RIPEMD-160* (bis Ende 2010) oder *SHA-1*(bis Ende 2009) zugelassen.

Asymmetrische Signaturverfahren Als *Signaturverfahren* (siehe Abschnitt 3.1.1) werden *RSA* und *DSA* vorgeschlagen:

- Für RSA wird eine Bitlänge von 2048 für den Parameter n empfohlen, kürzere Bitlängen werden jedoch für eine Übergangszeit akzeptiert (z. B. 1280 bis Ende 2008).
- Für DSA werden die Parameter p 2048 Bit und q 224 Bit langfristig empfohlen, jedoch sind auch hier übergangsweise kürzere Werte zulässig.
- Für auf *elliptischen Kurven* basierende DSA Varianten wird bis mindestens Ende 2011 eine Länge des Parameters q von 224 Bit als sicher erachtet. Bis Ende 2009 genügt auch ein q der Länge 180 Bit, sofern bei Varianten basierend auf Gruppen $E(F_p)$ der Parameter p 192 Bit bzw. bei Varianten basierend auf Gruppen $E(F_{2^m})$ der Parameter m 191 Bit umfasst.

Zufallsgeneratoren Zur Generierung von Zufallszahlen werden grundsätzlich physikalische Zufallszahlengeneratoren (Rauschquellen) empfohlen. Im Bezug auf Pseudozufallszahlengeneratoren wird auf ein anderes Dokument des *Bundesamtes für Sicherheit in der Informationstechnik* (*BSI*) verwiesen [Inf99].

Da die Empfehlungen nur für einen begrenzten Zeitraum ausgesprochen werden, erscheint es zweckmäßig, einen späteren Austausch der Algorithmen bereits bei der Entwicklung des Systems einzuplanen. Der Wechsel sollte nötigenfalls schnell und ohne großen Aufwand zu bewerkstelligen sein.

An dieser Stelle muss noch einmal betont werden, dass diese Angaben für einfache und fortgeschrittene Signaturen nicht bindend sind. Es mag Gründe geben, von ihnen abzuweichen. Insbesondere werden keine Algorithmen für symmetrische Verschlüsselungen genannt. Es ist jedoch möglich und auch zulässig, mit symmetrischen Verfahren eine Lösung zu gestalten. Grundlos sollte hingegen auch beim Einsatz von einfachen und fortgeschrittenen Signaturen nicht von den Empfehlungen abgewichen werden.

2.5.4 Beweisqualität des biometrischen Merkmales „Unterschrift"

Für gewöhnlich ist ein Signaturschlüssel eine zufällig generierte Zahlenfolge. Einige Anbieter von Signaturlösungen beziehen zusätzlich auch biometrische Merkmale des Schlüsselinhabers in Signaturen ein (siehe Kapitel 3.4 für den technischen Hintergrund). In diesem Kapitel wird die rechtliche Bedeutung solcher Verfahren untersucht. Exemplarisch wird dabei die digitalisierte eigenhändige Unterschrift betrachtet. Die Unterschrift ist ein aktives biometrisches Merkmal, das bedeutet, sie wird nur absichtlich abgegeben. Passive Merkmale, wie beispielsweise Fingerabdrücke oder das Netzhautmuster könnten jederzeit, teilweise unbemerkt, aufgenommen werden. Passive Merkmale sind daher zur Bestätigung von Willenserklärungen eher ungeeignet. Auch auf Grund des traditionellen Einsatzes von Unterschriften wird diesen eine höhere Akzeptanz auf Nutzerseite prognostiziert als anderen Merkmalen wie Fingerabdrücken, Sitzverhalten, Stimmerkennung und dergleichen. Die Nutzung der Unterschrift ist derzeit in Signaturprodukten weit verbreitet und die technischen Voraussetzungen zu ihrer Realisierung existieren. *(Biometrie in Signaturen)*

Biometrische Merkmale können in allen Formen der Signatur genutzt werden. Das Gesetz sieht für die qualifizierte Signatur biometrische Merkmale zur Identifikation des Benutzers gegenüber der Signaturerstellungseinheit vor [Bunl, § 15 Abs. 1]. Das biometrische Merkmal schützt dabei den eigentlichen Signaturschlüssel, wird jedoch nicht Teil der Signatur. Der Hintergrund dieser Verfahren wird im Abschnitt 3.3.3 beschrieben. *(Biometrie in qualifizierten Signaturen)*

Die Kriterien einer einfachen Signatur werden schon durch das Abbild einer gescannten Unterschrift erfüllt. Hierbei besteht allerdings kein wirkungsvoller Schutz vor Fälschungen, so dass ein Beweiswert fast nicht vorhanden ist. *(Biometrie in einfachen Signaturen)*

Sicherer und interessanter sind Verfahren, die möglichst viele Merkmale der Unterschrift mit einer Prüfsumme des Dokumentes verknüpfen, und so erstens Manipulationen am Dokument vorbeugen und zweitens das Herauskopieren der Unterschrift in ein anderes Dokument verhindern. Solche Verfahren fallen *(Biometrie in fortgeschrittenen Signaturen)* in der Regel in die Kategorie der fortgeschrittenen Signatur, denn die Unterschrift identifiziert ihren Autor und unterliegt seiner alleinigen Kontrolle.

Qualität der Daten Im Interesse aller Beteiligten sollte sichergestellt sein, dass sowohl die Echtheit der Unterschrift als auch die Unversehrtheit des Dokumentes zweifelsfrei bewiesen werden kann. Konkrete Anforderungen hat der Gesetzgeber jedoch nicht erlassen, auch existieren diesbezüglich noch keinerlei Grundsatzurteile. Bei den im Folgenden genannten Empfehlungen handelt es sich deshalb nur um unverbindliche Vorschläge, die sich aus der Literatur und den im Einsatz befindlichen Geräten ergeben. Geräte zur Erfassung der Unterschrift für fortgeschrittene Signaturen sollten folgende grundlegende Anforderungen erfüllen [LS04, S. 170]:

- Das statische Bild der Unterschrift muss mit einer ausreichenden Auflösung erfasst werden, damit ein optischer Vergleich möglich ist. Wird die *Auflösung* zu gering gewählt, erscheint das Bild grobkörnig.
- Der *Schreibdruck* sollte mit einer möglichst hohen Genauigkeit erfasst werden. Er ist ein wichtiges Vergleichsmerkmal, dem auch bei der Analyse papiergebundener Unterschriften durch Sachverständige eine herausragende Rolle zukommt.
- Die Anzahl der Signale, die pro Sekunde erfasst und weitergeleitet werden (*Signaldichte*), muss ausreichend hoch sein. Werden zu wenige Signale erfasst, so wird das Bild unscharf, und es können keine verlässlichen Vergleiche von Schreibgeschwindigkeit und -beschleunigung durchgeführt werden. Gerade die Erfassung solcher dynamischen Merkmale stellt einen großen Vorteil der digitalen Unterschrift gegenüber ihrem papiergebundenen Pendant dar.

Die Unversehrtheit eines mit digitaler eigenhändiger Unterschrift gesicherten Dokuments kann in der Regel jederzeit durch die Berechnung von Prüfsummen getestet werden. Um die Urheberschaft nachzuweisen, ist eine *Referenzunterschrift* erforderlich. Der Vergleich beider Unterschriften kann entweder automatisiert oder durch einen Schriftsachverständigen vollzogen werden.

Auch ein automatisierter Vergleich wird im Zweifel durch einen Gutachter zu bestätigen sein, wenn nicht das Gericht selber über die erforderliche Ausstattung und Sachkenntnis verfügt. Die Technikausstattung des Sachverständigen oder des Gerichts muss sicher vor Manipulationen durch die streitenden Parteien sein [HB93, S. 692]. Weitere Informationen zur Verifikation von Unterschriften finden sich in den Kapiteln 3.4.3 und 3.4.4.

2.5.5   Schutz der biometrischen Daten

Replay Attacken Besondere Umsicht muss beim Umgang mit biometrischen Daten erfolgen. Solche Daten sollten das Signatursystem nicht unverschlüsselt verlassen, außer natürlich an einen vom Gericht bestimmten Gutachter. Ein Angreifer könnte sonst versuchen, mit abgefangenen Daten eine weitere Signatur zu setzen. Solche Angriffe werden *Replay Attacken* genannt. Sofern möglich, sollte die Übertragung auch zwischen Teilsystemen verschlüsselt erfolgen (siehe auch [Eck04, S. 491f]). Wichtig ist es, nach Abschluss des Signaturvorgangs alle sicherheitsrelevanten Daten aus den Zwischenspeichern zu entfernen [BT04, S. 24, 33, 52].

Die höchste Sicherheit bieten Systeme, bei denen die Verschlüsselung vollständig in einem in sich geschlossenen, externen Gerät stattfindet. Systeme, die für die digitalisierte eigenhändige Unterschrift eingesetzt werden, gehen bisher nicht so weit. Einige verschlüsseln immerhin die Übertragung zwischen dem Erfassungsgerät und dem Computer. Allerdings wäre es ein Fehler, deswegen zu vermuten, allein durch die Verwendung eines externen Erfassungsgerätes würde der Gesamtprozess sicherer. Auch die fertige Signatur muss so beschaffen sein, dass Unbefugte daraus keine biometrischen Daten für eine Replay Attacke extrahieren können.

Manipulationshemmende Hardware

Illegal wäre es, die gewonnenen biometrischen Daten zu einem weiteren Zweck neben der Identifikation und Authentifizierung zu verwenden. So dürfen beispielsweise aus den biometrischen Daten keinerlei Rückschlüsse auf den gesundheitlichen Zustand des Unterzeichners gezogen werden [Eck04, S. 490] – sofern das überhaupt möglich ist, bedarf es der ausdrücklichen Zustimmung des Betroffenen [Tel02, S. 32], [Bunk, § 14].

Datenmissbrauch

2.6 Zusammenfassung der rechtlichen Situation für elektronische Signaturen

Durch elektronische Signaturen ist rechtsgeschäftliches Handeln auf Basis von elektronischen Dokumenten möglich. Für die Mehrzahl der Geschäfte genügen einfache und fortgeschrittene elektronische Signaturen, ihre technische Ausgestaltung ist weitestgehend den Bedürfnissen und Wünschen ihrer Anwender überlassen. Geschäfte, die vormals der Schriftform bedurften, können infolge zahlreicher Gesetzesänderungen – mit wenigen Ausnahmen (siehe Kapitel 2.1) – durch qualifizierte elektronische Signaturen getätigt werden. Dabei ist es allerdings erforderlich, dass der Erklärende im Vorfeld durch einen Zertifizierungsdienstanbieter identifiziert und mit der benötigten Ausrüstung (in der Regel eine Chipkarte) versehen wurde.

Die Beweiskraft qualifizierter elektronischer Signaturen ist im Zivilverfahren sehr hoch, sie haben den Anschein der Echtheit auf ihrer Seite. Die Beweiskraft einfacher und fortgeschrittener Signaturen ist abhängig von der technischen Umsetzung. Es gilt, einen Kompromiss zwischen einfacher und günstiger Implementierung auf der einen und hoher Beweiskraft auf der anderen Seite zu finden. Die technischen Anforderungen an eine qualifizierte Signatur können

	einfache Signatur	fortgeschrittene Signatur	qualifizierte Signatur
Dokument und Unterschrift			
Untrennbare Verknüpfung von Signatur und Dokument	o	+	+
Nachweisbarkeit von späteren Änderungen am Dokument	o	+	+
Schutz vor Signaturübertragung auf anderes Dokument	o	+	+
Identifikation des Autors durch spezifische Merkmale	o	+	+
Biometrische Merkmale			
Einsatz biometrischer Merkmale als Signatur	o	o	−
Einsatz biometrischer Merkmale zur Identifikation	o	o	o
Zertifikateinsatz			
nicht-qualifizierte Zertifikate	o	o	−
qualifizierte Zertifikate	−	−	+
Verwendung akkreditierter Zertifizierungsdienstanbieter	−	−	o
Algorithmen			
Einsatz gesetzlich definierter Signaturalgorithmen	o	o	+
Einsatz gesetzlich definierter Hashalgorithmen	o	o	+
Zeitstempel (zusätzlich zur Signatur)			
Verwendung einfacher elektronischer Zeitstempel	o	o	o
Verwendung qualifizierter elektronischer Zeitstempel	o	o	o
Hard- und Software			
Verwendung zertifizierter Hard- und Software	o	o	o
Verwendung sicherer Signaturerstellungseinheiten	o	o	+

[o] Einsatz möglich, [+] Einsatz gesetzlich vorgeschrieben, [−] Einsatz gesetzlich untersagt

Tabelle 1: Überblick über die Anforderungen und Variationsmöglichkeiten für verschiedene Signaturklassen

hier als Richtlinie dienen, jedoch kann ein Abweichen davon technisch oder wirtschaftlich zweckmäßig oder sogar unvermeidbar sein.

Umsichtige Prüfung bedarf die Frage, wie viel Sicherheit für ein bestimmtes Geschäft erforderlich ist. Hierbei kann ein Vergleich mit der Sicherheit, die manuelle Unterschriften und andere, herkömmliche Sicherungen bieten, Anregungen geben.

3 Technische Realisierung elektronischer Signaturen

3.1 Informationstechnische Grundlagen

3.1.1 Verfahren zur Verschlüsselung

Die elektronische Signatur beruht auf kryptografischen Verfahren, deren Kern die Verschlüsselung ist [MOV96, S. 4]. Verschlüsselung wandelt anhand bestimmter Verfahren (*Verschlüsselungsalgorithmen*) eine Klartext-Nachricht in einen *Geheimtext* (*Chiffrat*) um [Bun04b, S. 15]. In die Berechnung fließt ein geheimer Parameter, der *Schlüssel*, ein. Die Entschlüsselung als Umkehrung des Verfahrens ist wiederum nur unter Verwendung eines Schlüssels möglich. Ohne Kenntnis des Schlüssels sollte der Geheimtext für einen Betrachter keine Rückschlüsse auf den Klartext zulassen. Ferner ist es ohne Schlüssel unmöglich, die verschlüsselte Nachricht zielgerichtet zu verändern. Ungerichtete Veränderungen, die darauf abzielen, die Kommunikation zu stören, werden für gewöhnlich nicht unterbunden.

Viele historische Verschlüsselungsverfahren erforderten eine Geheimhaltung des Verfahrens selber. Wenn sichere Kommunikation mit einem offenen und wechselnden Kreis von Personen möglich sein soll, kann es nicht zweckmäßig sein, für jeden Kommunikationspfad ein eigenes Verfahren zu entwerfen, auszuhandeln und für den späteren Einsatz bereitzuhalten. Der Philologe Auguste Kerckhoffs von Nieuwenhof formulierte bereits 1883, dass die Veröffentlichung des Verfahrens für dessen Verlässlichkeit nicht hinderlich sein darf [Jun02, S. 8]. Die Sicherheit moderner Verschlüsselungsalgorithmen wird daher nicht durch ihre Geheimhaltung gewährleistet. Im Gegenteil: Viele Verfahren sind offengelegt. So kann sich jedermann von ihrer Wirkungsweise überzeugen. Schwachstellen können gefunden werden. Diese ständige Kontrolle ist notwendig und sinnvoll, da es bisher nicht gelungen ist, ein Verfahren zu entwickeln, dass praktikabel genutzt werden kann und dessen Sicherheit mathematisch bewiesen werden kann [MOV96, S. 9] [Sch01a, S. 82].[2]

Die Sicherheit dieser Verfahren hängt folglich wesentlich von der Geheimhaltung der verwendeten Schlüssel ab. Sie dürfen von Unbefugten weder errechnet, noch erraten werden können. Allgemein bieten kürzere Schlüssel einen schlechteren Schutz als längere [MOV96, S. 21], jedoch darf nicht davon ausgegangen werden, dass ein Verfahren sicher ist, nur weil es komplexe Schlüssel verwendet. Spezielle mathematische Verfahren können mit kürzeren Schlüsseln ein ähnliches Sicherheitsniveau erreichen wie andere Verfahren mit deut-

Krypto-
graphie

Kerckhoffs-
Prinzip

---

[2] Der Beweis gelang bisher nur bei dem Vernam-Verfahren. Bei diesem symmetrischen Verfahren muss der Schlüssel mindestens so viele Zeichen umfassen, wie der zu verschlüsselnde Text. Der Schlüssel darf auch nur ein einziges Mal verwendet werden und muss absolut zufällig sein. Vgl. [MOV96, S. 21], [Mil03, S. 84ff].

lich längeren Schlüsseln [Sch01a, S. 93]. Aktuelle Anwendungen verwenden als Schlüssel Zeichen- oder Zahlenfolgen, die einige hundert bis mehrere tausend Stellen umfassen.

Verschlüsselte Nachrichten können über unsichere Kanäle übermittelt werden, ohne *Vertraulichkeit* und *Integrität* der Nachrichten zu gefährden [MOV96, S. 4]. Sofern der verwendete Schlüssel eindeutig einem Absender zugeordnet werden kann, dient die Verschlüsselung dem Empfänger ferner zur *Identifikation* und *Authentifikation* des Absenders. Um die *Urheberschaft* der Nachricht zweifelsfrei beweisen zu können, darf auch der Empfänger keine Kenntnis des Absenderschlüssels haben.

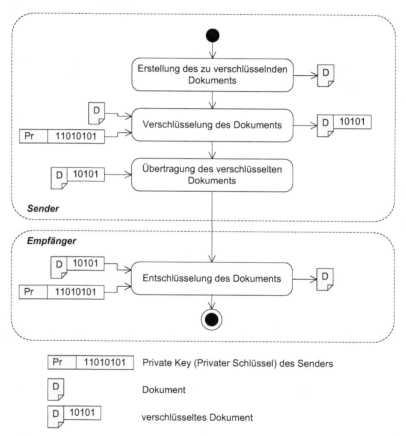

Abbildung 2: Ablauf der symmetrischen Ver- und Entschlüsselung

Symmetrische Verschlüsselung

In Abbildung 3.1.1 ist *Symmetrische Verschlüsselung* schematisch dargestellt. Dieser Vorgang zeichnet sich dadurch aus, dass zum Ver- und Entschlüsseln jeweils derselbe Schlüssel erforderlich ist. Das ist für bilaterale Kommunikation gewöhnlich nicht hinderlich, birgt aber gewisse Einschränkungen, sofern mehr als zwei Parteien beteiligt sind. Die Urheberschaft kann nicht eindeutig nachgewiesen werden, da alle legitimen Empfänger auch Sender sein können. Der tatsächliche Sender kann seine Urheberschaft leugnen (*Nichtanerkennung*), andere können sie für sich beanspruchen. Die Kommunikationspartner müssen sich außerdem vor Beginn der eigentlichen Kommunikation auf einen gemeinsamen Schlüssel einigen. Dafür benötigen sie bereits einen geschützten Kanal. Für eine Signatur sind solche Verfahren nur eingeschränkt geeignet.

Asymmetrische Verschlüsselung

Durch die Entwicklung *asymmetrischer Verschlüsselungsverfahren* wurde versucht, diesen Hindernissen zu begegnen. Dabei kommt ein Schlüsselpaar, bestehend aus einem *öffentlichen* und einem *privaten Schlüssel*, zum Einsatz. Mit dem öffentlichen Schlüssel können Nachrichten verschlüsselt werden, so dass nur der Inhaber des privaten Schlüssels sie wieder entschlüsseln kann. Mit dem privaten Schlüssel können Signaturen erzeugt werden, die wiederum von allen Inhabern des öffentlichen Schlüssels geprüft werden können. Der öffentliche Schlüssel kann über unsichere Kanäle publiziert werden, ohne die Sicherheit einzuschränken. Bei Verwendung eines symmetrischen Verfahrens wird mindestens einen Schlüssel pro Kommunikationspfad benötigt. Kommunizieren beispielsweise sechs Personen miteinander, so existieren bereits 15 mögliche Kommunikationspfade, es werden also 15 symmetrische Schlüssel benötigt ($\binom{n}{2}$ Schlüssel für n Personen). Dagegen genügt bei asymmetrischen Verfahren ein Schlüsselpaar je Kommunikationsendpunkt – also sechs Schlüsselpaare für sechs Personen. Da nur der Inhaber des privaten Schlüssels signieren kann, sind asymmetrische Verfahren gut zur Identifikation, Authentifikation und zum Urheberschaftsnachweis geeignet [Eck04, S. 374].

Um eine Nachricht zu signieren, könnte sie vollständig mit dem privaten Schlüssel verschlüsselt werden. Jeder, der über das öffentliche Gegenstück verfügt, könnte so eine Nachricht wieder entschlüsseln. Wenn das gelingt, sind Herkunft und Unversehrtheit der Nachricht sichergestellt. Wenn die Nachricht manipuliert worden wäre oder nicht vom angegebenen Absender stammen würde, so ließe sie sich nicht fehlerfrei entschlüsseln. Diese Variante hat allerdings wieder einige Nachteile, so dass noch ein weiterer Schritt notwendig wird, der Einsatz von so genannten Hashverfahren.

3.1.2 Hashverfahren

Als Signatur ein mit einem privaten Schlüssel vollständig verschlüsseltes Dokument zu verwenden ist aus mehreren Gründen nicht sinnvoll. Eine solche Signatur ist mindestens so umfangreich wie das ursprüngliche Dokument. Wenn sie zusammen mit dem Dokument verschickt oder archiviert werden soll, verdoppelt sich der Speicherbedarf. Wird stattdessen nur das verschlüsselte Dokument verschickt oder gespeichert, ist es ohne den öffentlichen Schlüssel nicht zu lesen. Geht der Schlüssel verloren, ist die Nachricht ebenso verloren.

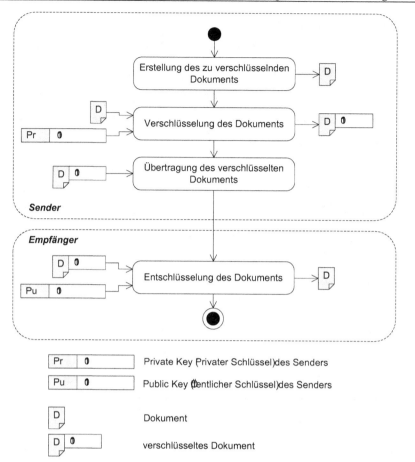

Abbildung 3: Ablauf der asymmetrischen Ver- und Entschlüsselung

Wenn eine Nachricht mehrere Signaturen erfordert, so vervielfacht sich entweder der Speicherbedarf oder der Text wird mehrfach verschlüsselt. Dabei können sich die Verfasser der nachfolgenden Signaturen nie ganz sicher sein, was sie eigentlich signieren. Soll das Dokument später geprüft oder gelesen werden, müssen alle Signaturen in einer festen Reihenfolge entfernt werden. Fehlt nur ein einziger Schlüssel, so ist das Dokument nicht lesbar. Weiterhin sind asymmetrische Verschlüsselungsverfahren sehr rechenintensiv. Der Aufwand steigt dabei mit der Länge des zu signierenden Dokumentes. Das gilt sowohl für das Ver- als auch für das Entschlüsseln und besonders für mehrfach verschlüsselte Dokumente. Schließlich existieren in einigen Ländern strenge gesetzliche Restriktionen in Bezug auf die Nutzung von Kryptographie zur Verschlüsselung [Eck04, S. 347ff].

Statt einer Verschlüsselung des gesamten Dokumentes wird zum Zweck einer Signatur meist nur eine Prüfsumme des Dokumentes berechnet und verschlüsselt. Diese *Prüfsummen* werden mit sogenannten *Einwegfunktionen* berechnet. „Eine Einwegfunktion ist eine Funktion, die einfach auszuführen, aber schwer – praktisch unmöglich – zu invertieren [umzukehren] ist" [BSW04, S. 12]. Ein einfaches Beispiel für eine Einwegfunktion ist die Quersumme, das ist die Summe aller einzelnen Ziffern einer Zahl. Die Quersumme von 23 ist beispielsweise $Q(23) = 2 + 3 = 5$. Eine Umkehrfunktion (*Inversion*) für diese Funktion existiert nicht, für eine gegebene Quersumme kann nicht festgestellt werden, aus welcher Zahl sie ursprünglich berechnet wurde: Die Quersumme 5 kann aus $14, 41, 401, 1004, 23, 32, 3020, 5000$ und unendlich vielen weiteren Zahlen berechnet werden.

Einweg-
funktionen

Nun kann es passieren, dass die Prüfsummenberechnung für zwei unterschiedliche Dokumente zu dem selben Ergebnis führt – so wie in dem Beispiel mit der Quersumme. Dieses Phänomen wird als *Kollision* bezeichnet. Tritt eine solche Kollision auf, so sind nicht nur die Prüfsummen der Dokumente, sondern auch alle Signaturen, die mit der Prüfsumme erstellt werden, gleich. Ein Angreifer kann unbemerkt ein signiertes Dokument durch ein anderes, mit der gleichen Prüfsumme aber anderem Inhalt, austauschen. Um diese Situation zu vermeiden werden *kollisionsfreie* Einwegfunktionen eingesetzt, bei denen es extrem unwahrscheinlich ist, zwei unterschiedliche Dokumente mit derselben Prüfsumme zu finden. Aus praktischen Gründen werden bevorzugt Funktionen verwendet, deren Ergebnis eine feste Länge hat, unabhängig vom Umfang des Eingabetextes. Funktionen, die diese Eigenschaften erfüllen, heißen *Hashfunktionen*, ihr Ergebnis *Hashwert* oder einfach Hash [BSW04, S. 13].

Kollisions-
freiheit

Durch die Verschlüsselung der Hashwerte anstelle des gesamten Dokumentes werden viele Probleme gelöst: Die Berechnung der Hashwerte ist auch für umfangreiche Dokumente schnell durchführbar, die Ver- und Entschlüsselung der im Vergleich zum Dokument sehr kurzen Hashwerte ebenso. Der Speicherbedarf der Signatur ist gering, das Dokument bleibt dennoch jederzeit auch ohne Schlüssel lesbar und es kann schnell durchsucht werden. Mehrere Signaturen können problemlos zu einem Dokument hinzugefügt werden. Spätere Signaturen können bereits vorhandene mit einschließen (z. B. bei Beglaubigungen). Neue Signaturen können auch nur das eigentliche Dokument betreffen und unabhängig neben bereits vorhandenen Signaturen stehen. Alle Signaturen können unabhängig voneinander geprüft werden. Es ist sogar möglich, Signaturen vom Dokument getrennt aufzubewahren, beispielsweise um den Speicherbedarf einer operativ genutzten Datenbank gering zu halten. Schließlich gelten für das Signieren, also das Verschlüsseln von Hashwerten, in einigen Ländern andere Gesetze als für das Verschlüsseln von ganzen Dokumenten. So schränkt zum Beispiel das Wassenaar-Abkommen, das zwischen 33 Industrienationen (darunter Deutschland) abgeschlossen wurde, den Export von kryptografischen Produkten ein. Produkte zur elektronischen Si-

Hashwerte in
Signaturen

gnierung sind ausdrücklich ausgenommen, für sie gelten die Einschränkungen nicht [Eck04, S. 350].

3.1.3 Elektronisch signierte Zeitstempel

In bestimmten Situationen ist es notwendig, nachzuweisen, dass eine bestimmte Information zu einem bestimmten Zeitpunkt vorlag. Zum Beispiel um zu zeigen, dass eine bestimmte Erfindung bereits genutzt wurde, bevor ein anderer sie zum Patent eingereicht hat oder, dass eine vertraglich vereinbarte Leistung fristgerecht erbracht wurde. In derartigen Situationen ist es möglich, einen elektronisch signierten *Zeitstempel* einzusetzen. Dafür genügt es, das Dokument mit dem aktuellen Datum und der aktuellen Uhrzeit zu versehen und anschließend elektronisch zu signieren. Im Grunde entspricht der Vorgang der weit verbreiteten Praxis, vor eine manuelle Unterschrift das aktuelle Datum zu setzen. Der ebenfalls verbreitete Brauch, auch den Ort der Unterschrift anzugeben, hat bisher keine analoge Entsprechung bei elektronischen Signaturen gefunden, ist aber genauso möglich, falls ein bestimmter Einsatzzweck es erfordert.

Vertrauen steigern   Technisch kann nicht verhindert werden, dass dabei ein falsches Datum signiert wird. Um einen dahingehenden Verdacht auszuräumen bietet es sich an, die Signatur durch eine Person vornehmen zu lassen, die das Vertrauen aller Adressaten des fraglichen Dokumentes genießt. Dafür existieren spezielle *Zeitstempeldienstanbieter*. Weiterhin wurden verschiedene Mechanismen entwickelt, die einen Betrug mit falschen Zeitstempeln noch weiter erschweren. Dazu können in einen aktuellen Zeitstempel Angaben zu den zuvor signierten Dokumenten gemacht werden [Sch96, S. 76ff]. Damit ist die Reihenfolge, in der die Signaturen getätigt wurden, festgehalten. Die Inhaber der später signierten Dokumente können als Zeugen für die früher signierten auftreten. Denkbar wäre auch die Veröffentlichung von Zeitstempeln in Tageszeitungen oder ähnliches.

Vertraulichkeit bewahren   Gerade die letzten beiden Vorschläge zeigen, dass es nicht immer sinnvoll ist, dem Zeitstempeldienstanbieter das zu beglaubigende Dokument vollständig zur Verfügung zu stellen. Es genügt jedoch vollkommen, einen Hashwert über das Dokument zu bilden und diesen mit einem Zeitstempel versehen zu lassen. So können auch streng geheime Dokumente problemlos mit einem Zeitstempel versehen werden, und der Zeitstempel kann beliebig veröffentlicht werden, da der Hashwert keinen Rückschluss auf den Inhalt des Dokumentes zulässt. Weiterhin hat dieses Verfahren bei umfangreichen Dokumenten auch Performance Vorteile, da nicht das ganze Dokument, sondern nur der wesentlich kürzere Hashwert zwischen Dokumentinhaber und Zeitstempeldienstanbieter ausgetauscht werden muss.

3.2 Ablauf des elektronischen Signierens und Verifizierens

3.2.1 Austausch mit fortgeschrittener Signatur

Der grundsätzliche Ablauf des Dokumentenaustausches unter Verwendung einer fortgeschrittenen Signatur ist in Abbildung 4 dargestellt. Darüber hinaus sind auch Varianten dieses Prozesses möglich, die zum Beispiel durch die eingesetzte Software oder durch Verschlüsselung des gesamten Dokuments entstehen können.

Zunächst erstellt der Sender bzw. Autor das zu signierende Dokument. Für dieses Dokument wird mit Hilfe einer Software ein Hashwert gebildet. Dabei handelt es sich um eine Art Prüfsumme, die durch einen Algorithmus berechnet wird. Solche Algorithmen sind darauf spezialisiert, Hashwerte erzeugen, die nach Möglichkeit sehr viel kürzer als das eigentliche Dokument sind und die darüber hinaus auch möglichst eindeutig sind, so dass es kein zweites Dokument gibt, für das der Algorithmus den gleichen Hashwert berechnen würde.

Die tatsächliche Verschlüsselung, und damit gewissermaßen die Erstellung der elektronischen Unterschrift, erfolgt nicht für das eigentliche Dokument selbst, sondern für den daraus generierten Hashwert. Dazu ist der private Schlüssel des Senders bzw. Autors sowie eine Software für die Durchführung der Verschlüsselung nötig. Das Ergebnis ist der verschlüsselte Hashwert, der auch als Signatur bezeichnet wird.

Die Erzeugung der Signatur kann auch direkt aus dem Dokument heraus erfolgen. Damit wird gleichzeitig das gesamte Dokument verschlüsselt und nicht nur elektronisch unterschrieben. Es ist in diesem Fall für andere Personen außerhalb der Signaturprozesses auch nicht mehr lesbar. Die Verwendung von Hashwerten hat jedoch den Vorteil, dass die Ver- sowie die spätere Entschlüsselung nur für eine wesentlich kleinere Datenmenge durchgeführt werden muss und damit deutlich schneller abläuft.

Das Dokument sowie die Signatur können nun vom Sender bzw. Autor an den Empfänger geschickt werden. An dieser Stelle tritt ein deutlicher Unterschied zum herkömmlichen papiergebundenen Prozess hervor. Die elektronische Unterschrift kann separat vom signierten Dokument transportiert werden. Dies ist möglich, weil durch die Erzeugung des Hashwerts nahezu vollständig sichergestellt ist, dass diese Unterschrift auch nur zu genau diesem Dokument passt. Unabhängig davon kann das unterzeichnete Dokument sowie die dazugehörige Signatur aber auch physisch in einer Datei gespeichert werden (z. B. PDF-Format).

Der Empfänger von Dokument und Signatur kann nun prüfen, ob die erhaltene Signatur auch tatsächlich zu dem erhaltenen Dokument passt. Dazu benötigt er eine Software zur Entschlüsselung der Signatur, den öffentlichen

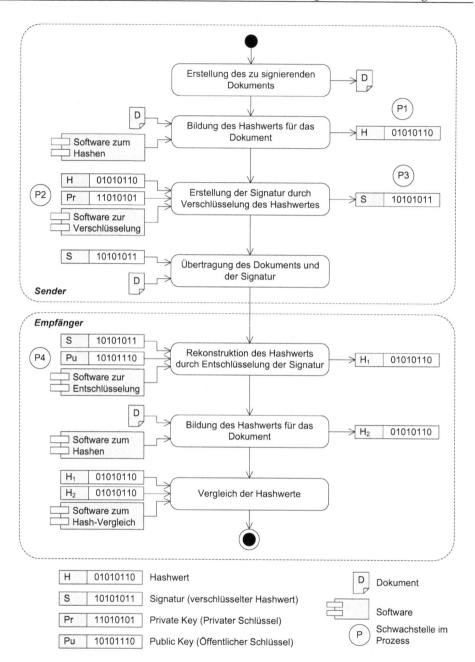

Abbildung 4: Prozessmodell für die Verwendung der fortgeschrittenen Signatur

Schlüssel des Senders bzw. Autors sowie die erhaltene Signatur. Das Ergebnis der Entschlüsselung ist ein Hashwert, im positiven Fall der gleiche, wie der vom Sender bzw. Autor erzeugte. Um dies zu überprüfen, benötigt der Empfänger ebenfalls eine Software, die den Hashwert des erhaltenen Dokuments mit Hilfe des gleichen Algorithmus' wie dem vom Autor bzw. Sender verwendeten berechnet. Das Ergebnis ist ein zweiter Hashwert. Im letzten Schritt des Prozesses werden die beiden ermittelten Hashwerte miteinander verglichen. Sind diese identisch, so kann der Empfänger davon ausgehen, dass das ihm vorliegende Dokument von der mit dem öffentlichen Schlüssel assoziierten Person, also dem Autor bzw. Sender, elektronisch unterschrieben wurde.

Der in Abbildung 4 dargestellte Ablauf birgt mehrere Schwachstellen (P1-P4), an denen dieser kompromittiert werden kann. Diese führen dazu, dass der Empfänger nicht völlig sicher sein kann, dass das ihm vorliegende Dokument auch tatsächlich von der vermeintlichen, durch die Signatur repräsentierten, Person unterzeichnet wurde. Es gibt darüber hinaus noch weitere Schwachstellen, die allerdings nur unter ganz bestimmten Voraussetzungen von Bedeutung sind.

Die erste Schwachstelle liegt in dem durch den Sender bzw. Empfänger erzeugten Hashwert (siehe Abbildung 4, P1). Für die Hashwertbildung existieren eine ganze Reihe verschiedener Algorithmen, die unterschiedliche Ergebnisse erzeugen. Für Hashwerte, die mit einigen älteren Algorithmen erzeugt wurden, konnte z. B. gezeigt werden, dass mit ausreichendem Rechenaufwand andere bzw. modifizierte Dokumente erstellt werden können, die den gleichen Hashwert besitzen. Für den Empfänger bedeutet dies, dass es Dokumente geben kann, die mittels einer vom Sender bzw. Autor erzeugten Signatur verifiziert werden können, aber gar nicht von diesem unterzeichnet wurden. Dies wird als Kollision bezeichnet.

Die zweite Schwachstelle ist der private Schlüssel des Senders bzw. Autors (siehe Abbildung 4, P2). Dieser muss von einer Software oder einer Organisation einmalig erzeugt und in den alleinigen Verfügungsbereich des Senders bzw. Autors transportiert werden. Auf diesem Weg kann es durchaus vorkommen, dass der Schlüssel gestohlen oder kopiert wird. Doch selbst wenn der Schlüssel im alleinigen Verfügungsbereich des Senders bzw. Autors angekommen ist, muss dieser vor Missbrauch geschützt werden. Da es sich letztlich um eine auf einem Datenträger gespeicherte Bitfolge handelt, kann diese grundsätzlich auch kopiert werden. Darüber hinaus kann eine dritte Person den privaten Schlüssel auch durch unerlaubte Verwendung der Hard- bzw. Software des Besitzers des Schlüssels missbrauchen.

Die dritte Schwachstelle ist die vom Autor bzw. Sender erzeugte Signatur (siehe Abbildung 4, P3). Auch hier gibt es, ähnlich wie bei der Erzeugung des Hashwerts, unterschiedliche Algorithmen, die unterschiedlich gute Ergebnisse erzeugen. Bei der Verwendung eines älteren Algorithmus' besteht die Möglichkeit, dass ein Angreifer unter Einsatz genügender Rechenkapazitäten die Signatur derart entschlüsselt, dass er im Ergebnis den privaten Schlüssel des Autors bzw. Senders erhält.

Die vierte Schwachstelle ist der öffentliche Schlüssel des Autors bzw. Senders (siehe Abbildung 4, P4). Der Empfänger muss vor der Prüfung des Dokuments in den Besitz des öffentlichen Schlüssels gelangen. Dies kann auf vielen verschiedenen Wegen geschehen. Letztlich muss der Empfänger aber darauf vertrauen, dass der erhaltene Schlüssel auch tatsächlich zum angegebenen Autor bzw. Sender gehört.

Auch wenn es durchaus noch andere Schwachstellen in diesem Prozess gibt, so handelt es sich bei diesen vier um die wichtigsten und schwerwiegendsten. Einige der genannten Probleme können zum Teil durch den Einsatz von Zertifikaten behoben werden. Darüber hinaus kann auch eine qualifizierte Signatur zum Einsatz kommen, die ebenfalls auf Zertifikaten basiert aber noch weitere, strengere Vorgaben für den Signaturprozess macht, um die aufgezeigten Schwachstellen zu vermeiden. Sowohl der zertifikatsbasierte Prozess als auch die darauf aufbauende qualifizierte Signatur werden im Folgenden beschrieben.

3.2.2 Austausch mit fortgeschrittener Signatur und Zertifikaten

Durch die Verwendung von Zertifikaten wird das zuvor als P4 beschriebene Problem adressiert (siehe Abbildung 4, P4). Ein Zertifikat liegt in der Regel als Datei vor, die den öffentlichen Schlüssel des Autors bzw. Senders sowie weitere Angaben zu diesem enthält (siehe Abbildung 6). Dazu gehören eindeutige Identifikationsmerkmale, z. B. der Name des Autors bzw. Senders und eine Seriennummer. Im Grunde genommen ist ein Zertifikat so etwas wie ein elektronischer Personalausweis, der die Unterschrift einer Person in Form des öffentlichen Schlüssels enthält. Damit der Empfänger sicher sein kann, dass die Angaben im Zertifikat auch wirklich korrekt sind, wird das Zertifikat von einer vertrauenswürdigen Organisation ausgestellt und ist durch diese ebenfalls elektronisch signiert. Durch die Überprüfung dieser Signatur kann der Empfänger feststellen, ob das vorliegende Zertifikat auch wirklich von der angegebenen Organisation stammt.

Ein typischer Ablauf eines zertifikatsbasierten Dokumentenaustausches ist in Abbildung 5 dargestellt. Der Unterschied zu dem zuvor beschriebenen Prozess besteht darin, dass der Autor bzw. Sender sein Zertifikat zusammen mit dem Dokument und der Signatur übermittelt. Der Empfänger überprüft dieses Zertifikat und erhält im positiven Fall den aus seiner Sicht vertrauenswürdigen öffentlichen Schlüssel des Autors bzw. Senders.

Ein möglicher Ablauf für die Überprüfung des Zertifikats ist in Abbildung 7 dargestellt. Zunächst erhält der Empfänger das Dokument, die Signatur für

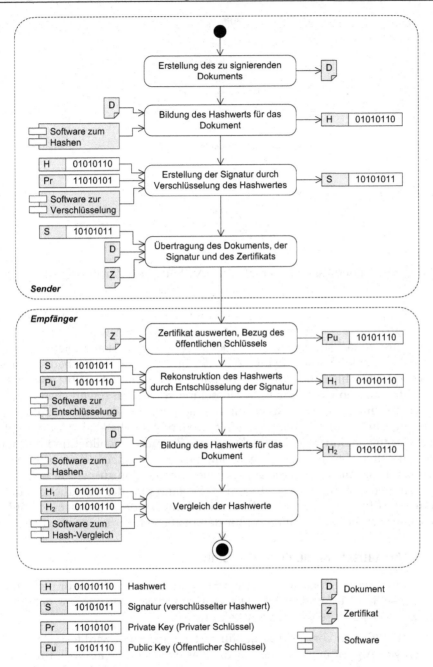

Abbildung 5: Prozessmodell für die Verwendung von Zertifikaten (fortgeschrittene und qualifizierte Signatur)

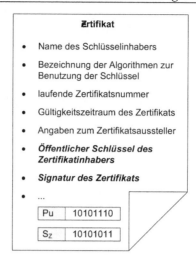

Abbildung 6: Schematischer Aufbau eines Zertifikats

das Dokument und das Zertifikat des Autors bzw. Senders. Für die Überprüfung des Zertifikats wird in den meisten Fällen eines Software nötig sein. Mit dieser wird zunächst der öffentliche Schlüssel des Zertifikatausstellers ermittelt, z. B. in dem die Software diesen an der im Zertifikat angegebenen Adresse besorgt. Anschließend wird die Signatur des Zertifikats selbst extrahiert. Mit Hilfe einer Software zur Entschlüsselung sowie den öffentlichen Schlüssel des Zertifikatausstellers kann nun die Signatur des Zertifikates zu dessen ursprünglichem Hashwert entschlüsselt werden. Anschließend wird mit Hilfe einer geeigneten Software der Hashwert des Zertifikats gebildet und mit dem entschlüsselten Hashwert verglichen. Sind beide Werte gleich, dann wurde das Zertifikat tatsächlich durch die angegebene Organisation ausgestellt und kann als vertrauenswürdig eingestuft werden. Es kann nun der öffentliche Schlüssel des Zertifikatinhabers (also des Autors bzw. Senders) aus dem Zertifikat extrahiert werden und steht damit für den restlichen Prozess zur Verfügung.

3.2.3   Austausch mit qualifizierter Signatur

Durch den Einsatz einer qualifizierten Signatur werden alle zuvor genannten Schwachstellen P1-P4 adressiert. Der zu Grunde liegende Prozess entspricht dem zuvor beschriebenen (siehe Abbildung 5).

In den gesetzlichen Vorgaben zu qualifizierten Signaturen wird festgelegt, welche Art von Algorithmen sowohl für die Hashwertbildung als auch für Erstellung der Signatur zu verwenden sind, um eine möglichst hohe Sicherheit gegen Angriffe an diesen Stellen zu erlangen. Damit sind die Schwachstellen P1 und P3 weitgehend behoben.

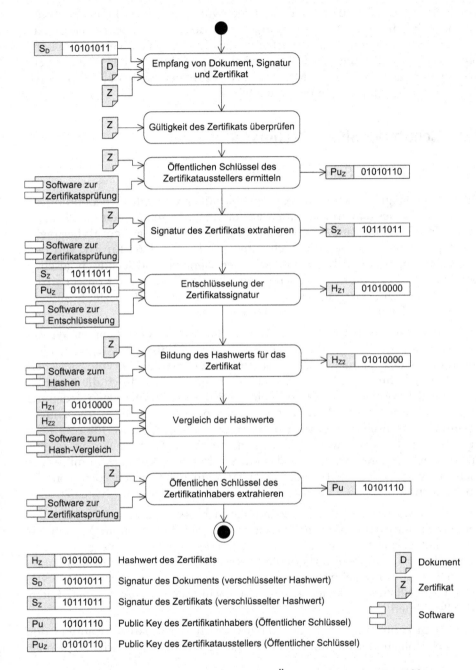

Abbildung 7: Prozessmodell für die Überprüfung des Zertifikats

Darüber hinaus wird durch die gesetzlichen Vorgaben eine sichere Signaturerstellungseinheit verlangt. Diese ermöglicht es, den privaten Schlüssel des Autors bzw. Senders einigermaßen sicher zu verwahren (z. B. auf einer Chipkarte ohne Kopiermöglichkeit). Dadurch wird auch die Schwachstelle P2 adressiert, auch wenn nach wie vor ein Missbrauch des privaten Schlüssels, z. B. durch Entwendung der Signatureinheit, möglich ist.

3.3   Schutz der Signaturschlüssel

3.3.1   Passwörter – Schutz durch Wissen

Bedeutung des Signatur- schlüssels

Persönlichen Signaturschlüsseln kommt eine außergewöhnliche Bedeutung zu. Wer im Besitz des Signaturschlüssels ist, kann Signaturen tätigen – auch wenn es der Schlüssel eines anderen ist. Solche Signaturen sind, anders als beispielsweise physische Unterschriftsfälschungen [HKJ+04, § 126a Rn 34], von den legitimen Originalen nicht zu unterscheiden, denn es sind technisch gesehen Originale. Der Eigentümer des Schlüssels wird im Zweifel die Konsequenzen der so signierten Erklärung tragen müssen. Die Geheimhaltung der Schlüsseldaten sollte daher besondere Sorgfalt genießen.

Die erste Strategie zum Schutz des Schlüssels basiert auf geheimen Wissen [Eck04, S. 440-465]. Optimal wäre es, den Signaturschlüssel auswendig zu lernen und ihn nie bekannt zu geben, sondern alle notwendigen kryptografischen Berechnungen im Kopf durchzuführen. Allerdings ist das durch die Komplexität der Schlüssel und Verfahren kein realistischer Ansatz. Denn geeignete Signaturschlüssel sind relativ lange Zeichen oder Zahlenfolgen, die zudem bestimmte Eigenschaften erfüllen müssen. Zum Beispiel wäre für eine RSA Signatur das Produkt zweier Primzahlen mit einem Umfang von insgesamt 2048 Bit einzuprägen [Bun06b] – das entspricht einer Dezimalzahl mit etwas mehr als vierhundert Stellen oder einer zusammenhangslosen Folge von 158 Buchstaben[3].

Schutz durch Passwort

Ein Grund, warum die Schlüssel so „unhandlich" sein müssen, liegt in der Besonderheit der asymmetrischen Verschlüsselung (siehe Abschnitt 3.1.1). Symmetrische Verfahren können auch mit einfacheren Schlüsseln eine gute Sicherheit bieten. Ein gängiges Verfahren besteht daher darin, den langen, unhandlichen Signaturschlüssel mit einem kürzeren Passwort zu verschlüsseln [FS03, S. 348]. Angriffsmöglichkeiten gegen diesen Schutz sind das Ausspähen, Raten oder Berechnen.

Ausspähen eines Passworts

Ausspähen kann durch einfaches „über die Schulter schauen" während der Eingabe erfolgen, der Einsatz von versteckten Kameras oder auch Spiegeln ist

---

[3]   Wenn Groß- und Kleinbuchstaben unterschieden werden, sind nur noch halb so viele Buchstaben erforderlich, das Auswendiglernen wird dadurch aber nur bedingt einfacher...

denkbar [Rad05]. Sogar eine akustische Analyse der charakteristischen Tastaturgeräusche kann erfolgreich sein [ZZT05]. Sofern der Angreifer Zugriff auf das Eingabegerät hat, kann er durch Manipulation daran ein Mitprotokollieren der Eingabe erreichen. Theoretisch denkbar, wenngleich wohl meist noch ohne praktische Relevanz, ist außerdem das Abhören der elektromagnetischen Schwingungen des Eingabegerätes.

Zum Erraten eines Passwortes können so genannte *Wörterbuchangriffe* zum Einsatz kommen. Dabei werden maschinell lange Listen (Wörterbücher) mit gebräuchlichen Passwörtern ausprobiert. Schutz dagegen bieten Passwörter, die eben nicht in solchen Listen vorkommen – zusammenhangslose Buchstaben-, Ziffern- und Zeichenfolgen. *Brute Force Angriffe* testen schließlich systematisch alle möglichen Passwörter. Lange und ungewöhnliche Passwörter bieten dagegen den meisten Schutz.

Wörterbuchangriffe

Den besten Schutz bieten also wieder sehr lange, zusammenhangslose Zeichenfolgen. Sie brauchen zwar längst nicht so komplex zu sein wie die Signaturschlüssel, die geschützt werden sollen – bereits 128 - 192 Bit beziehungsweise acht zusammenhangslose Groß- und Kleinbuchstaben leisten gute Dienste. Dennoch werden viele Anwender Probleme haben, sie sich zu merken. Sie aufzuschreiben erhöht wiederum die Gefahr des Ausspähens (siehe hierzu und zu weiteren Angriffsmöglichkeiten gegen Passwörter auch [Sch01a, S. 129 ff.] und [GMP$^+$04, Rdn 36-54]).

3.3.2 Sichere Verwahrung – Schutz durch Besitz

Eine weitere Strategie zum Schutz eines Signaturschlüssels kann die Speicherung des Schlüssels an einem sicheren Ort sein [Sch01a, S. 113 ff.]. Den geringsten Schutz bietet die lokale Festplatte eines Personalcomputers, da sie tendenziell für jeden, der direkt oder über ein Netzwerk Zugriff auf den Computer hat, erreichbar ist. Nur wenig besser sind Wechselspeichermedien wie Disketten, CD-Roms oder USB-Speichersticks. Sie können zwar während der meisten Zeit für Unbefugte unerreichbar verwahrt sein, müssen aber zumindest zur Abgabe einer Signatur wieder vom Computer ausgelesen werden. Ist der Computer bereits kompromittiert, können die Daten in diesem Moment zwischengespeichert und an einen Angreifer weitergeleitet werden. Im Falle eines Verlustes oder Diebstahls des Datenträgers ist der Schlüssel nur noch durch das bereits angesprochene Passwort geschützt.

Verwahrung des Schlüssels

Problematisch bei der Speicherung auf einer Festplatte oder einem gewöhnlichen Wechselspeichermedium ist weiterhin, dass der Anwender sein Passwort in einen Personalcomputer eingeben muss, wenn er etwas signieren möchte, und der Computer den Signaturschlüssel zumindest für kurze Zeit entschlüsseln und im Hauptspeicher halten muss. Ist auf dem Computer ein bösartiges Programm, ein sogenanntes Trojanisches Pferd, installiert, so kann sowohl das

Trojanische Pferde

Manipulationshemmende Hardware

Passwort als auch der Signaturschlüssel durch das Programm abgehört und an Unbefugte weitergegeben werden.

Einen ausgesprochen guten Schutz dagegen bieten Geräte, die über einen eigenen Mikroprozessor verfügen, der den Zugriff auf den Schlüssel regelt. Implementiert wird das z. B. von so genannten Smartcards (siehe vertiefend [SP02], [Eck04, S. 450f, 465-478] sowie [RE03]). Diese Geräte lassen einen Zugriff auf den Schlüssel nur bei richtiger Eingabe der PIN oder des Passwortes zu. Bei wiederholter Falscheingabe können sie den Signaturschlüssel endgültig vernichten, so dass Wörterbuch- und Brute Force Attacken nicht möglich sind und auch kurze Passwörter völlig ausreichen. Diese Schutzmaßnahmen können – wenn überhaupt – nur mit erheblichem Aufwand und Fachwissen durch physische Manipulation am Chip umgangen werden [ABCS06, MMC⁺02]. Die Originalchipkarte muss dafür im Besitz des Angreifers sein. Wird der Verlust der Chipkarte durch den Besitzer bemerkt, kann des Signaturzertifikat gesperrt werden [Gas03, S. 85f.]

Einige Geräte sind zum Teil auch in der Lage, die Berechnungen zur Verschlüsselung und Signierung selber vorzunehmen. Der persönliche Schlüssel wird also nicht an ein möglicherweise kompromittiertes Computersystem weitergegeben und kann daher auch nicht abgehört werden. Allerdings sind auch solche Geräte zumindest theoretisch nicht frei von Angriffspunkten (vgl. [Sch01a, S. 215 ff.]). Diese speziellen manipulationshemmenden Geräte werden auch als *sichere Signaturerstellungseinheiten* bezeichnet.

Unwissenheit und Bequemlichkeit

Eine nicht zu unterschätzende Schwachstelle ist leider viel zu oft der Besitzer selbst. So wurden in Praxisstudien beispielsweise Signaturkarten (samt PIN) „aus Bequemlichkeit oder Zeitnot" [Gas03, S. 88] der Sekretärin überlassen. Gerade besonders lange und komplizierte Passwörter werden oft aufgeschrieben und an unsicheren Orten aufgehoben. Allzu oft erlangt der Angreifer den Zugriff auf sein Ziel auch durch einfaches Fragen – er gibt sich dazu beispielsweise als Administrator, Außendienstmitarbeiter oder Supportmitarbeiter aus und erbittet unter einem Vorwand die benötigte Information. Diese Angriffe werden als Social Hacking oder Social Engineering bezeichnet [GMP⁺04, Rdn 39 ff.]. Solche, vielleicht fahrlässige, leider aber verbreitete und gelegentlich auch verständliche Nachlässigkeiten der Anwender können verhindert werden, wenn anstelle einer PIN oder eines Passwortes biometrische Merkmale des Eigentümers abgefragt werden. Eine andere, vielleicht sogar bessere Strategie mag in organisatorischen Maßnahmen bestehen – so könnte die oben genannte Sekretärin einfach eine eigene Signaturkarte und eine Zeichnungsvollmacht bekommen.

3.3.3 Untrennbare Eigenschaften – Schutz durch Biometrie

Biometrische Merkmale sind Eigenheiten, die direkt mit einer Person verbunden sind, zum Beispiel das Aussehen allgemein, Fingerabdrücke, Handflächengeometrie, Netzhautmuster, die Art zu sitzen, zu schreiben, der Klang der Stimme, sogar Körpergerüche und Ähnliches. Es sind Merkmale, die bei Menschen über lange Zeit nahezu gleich bleiben, die sich aber von Person zu Person deutlich unterscheiden. Sie können nicht wie Gegenstände verloren werden, sie können sich aber durch Einflüsse wie Krankheiten, Verletzungen und natürliches Altern verändern.

Biometrische Merkmale können auch nicht wie Gegenstände unbemerkt gestohlen werden, allerdings ist es möglich, sie auszuspähen und zu kopieren. Je besser ein System zur Erkennung ist, desto weniger leicht wird es sich von Kopien täuschen lassen. Dazu muss es nicht nur die Echtheit der biometrischen Daten testen, sondern auch prüfen, ob sie wirklich von der Person stammen, die ihre Identität nachweisen möchte [GMW05, S. 97]. Zum Beispiel sollte ein Fingerabdruck-Scanner erkennen, ob die Testperson ihren eigenen Finger auflegt oder einen künstlichen Finger und ob sie einen Handschuh mit einem aufgezeichneten, fremden Fingermuster trägt.

Ein Nachteil gegenüber Wissens- und Besitzmerkmalen ist, dass sie nicht oder nur schwer ausgetauscht werden können, falls das nötig wird – ein Mensch hat nur ein Gesicht und zehn Finger. Ein verratenes Passwort kann geändert werden, aber was ist zu tun, wenn eine ideale Kopie einer Hand kursiert (siehe dazu [Eck04, S. 478-493])?

Biometrie und elektronische Signaturen

Es gibt zwei grundsätzlich unterschiedliche Ansätze, wie Biometrie in elektronischen Signaturen eingesetzt werden kann. Einerseits gibt es Versuche, biometrische Merkmale direkt in die Signatur einfließen zu lassen. Diese Möglichkeit wird aus technischer Sicht ausführlich in Kapitel 3.4 diskutiert. Andererseits können biometrische Merkmale von sicheren Signaturerstellungseinheiten abgefragt werden, bevor eine Signatur durch das Gerät durchgeführt wird. Der Benutzer authentifiziert sich dabei gegenüber der Hardware. Das kann zusätzlich zu oder an Stelle einer Passwortabfrage erfolgen, die ebenfalls der Authentifikation des Benutzers dient.

Hervorzuheben ist, dass die in diesem Abschnitt beschriebenen Strategien zum Schutz eines Signaturschlüssel nicht alleine stehen können. Auf Wissen oder Besitz basierende Maßnahmen können auch jeweils für sich genommen ihre Schutzwirkung entfalten, aber die hier beschriebene Einbeziehung der Biometrie funktioniert erst in Kombination mit speziellen Geräten und ist gewissermaßen eine Erweiterung der sicheren Verwahrung.

Unschärfe der Biometrie

Es existieren noch weitere Besonderheiten. Bei Wissens- und Besitzmerkmalen wird im Rahmen einer Authentifizierung eine exakte Übereinstimmung gefordert – ein „ähnlich klingendes Passwort" oder ein „vergleichbarer Benutzerausweis" werden üblicherweise nicht akzeptiert. Das ist bei biometrischen Merkmalen grundlegend anders. Eine exakte Übereinstimmung kann nicht erwartet werden. Die Merkmale selbst unterliegen Schwankungen: Niemand unterschreibt jedes Mal exakt gleich. Heiserkeit und Stress verändern die Stimme. Die Haut zieht sich in Abhängigkeit von der Umgebungstemperatur zusammen oder dehnt sich aus, Krankheiten können zu Schwellungen führen, Schnittwunden verändern die Hautoberfläche. Das sind nur einige Beispiele, die die Mustererkennung behindern. Schließlich ist auch die Erfassung nicht immer exakt, sie wird von Umweltbedingungen wie Umgebungslicht, Hintergrundlärm oder Verschmutzung des Erfassungsgerätes beeinflusst.

Fehlerraten Um Biometrie dennoch zur Authentifizierung einsetzen zu können, ist es nötig, Toleranzschwellen zu definieren [Eck04, S. 484]. Ein Muster wird auch dann noch akzeptiert, wenn es einen bestimmten Grad an Übereinstimmung mit dem Referenzmuster erreicht. Dadurch können zwei verschiedene Fehlertypen auftreten. Einerseits können authentische Muster abgewiesen werden. Die Wahrscheinlichkeit dieses Fehlers wird mit der *false rejection rate (FRR)* gemessen. Andererseits können Muster zu Unrecht vom Erkennungssystem als authentisch akzeptiert werden. Dieses Risiko wird durch die *false acceptance rate (FAR)* quantifiziert. Die beiden Fehler sind antiproportional zueinander. Je nachdem, wie der Schwellenwert gewählt wurde, wird ein Fehlertyp seltener und der andere häufiger auftreten. Der Spezialfall, in dem beide Fehler gleichermaßen wahrscheinlich sind, wird von der *Gleichfehlerquote (equal error rate, EER)* gemessen. Abbildung 8 verdeutlicht den Zusammenhang.

3.4 Biometrische Merkmale in elektronischen Signaturen

3.4.1 Die Einbeziehung biometrischer Merkmale in elektronische Signaturen

In den vorhergehenden Abschnitten wurde Biometrie vor allem als Mittel betrachtet, mit dem der Zugriff auf Signaturschlüssel beschränkt werden kann (vgl. Abschnitt 3.3.3). Einen weiteren Einfluss auf den Verlauf der Signierung oder die Signaturprüfung hat die Biometrie dabei nicht. Daneben gibt es auch Verfahren, die die biometrischen Merkmale direkt in die Signatur einbinden. Solche Verfahren werden in diesem Abschnitt näher betrachtet.

Signatur ohne Vorbereitung? In vielen Situationen ist es erforderlich oder zumindest wünschenswert, dass der Kunde keinerlei Vorbereitungen treffen muss, um eine Signatur leisten zu können. Für ihn sollte das Signieren nicht bedeutend schwieriger sein, als das Leisten einer manuellen Unterschrift. Weder soll er im Vorfeld mit einem Signaturschlüssel ausgestattet worden sein, noch soll er anschließend einen solchen verwahren müssen. Für viele kryptografische Protokolle wird jedoch das Vorhandensein eines Schlüssels zwingend vorausgesetzt (siehe beispielsweise [FS03, S. 112]). Verfahren, die auf biometrischen Daten basieren, können diese Anforderungen erfüllen.

Für Vertragsabschlüsse und Willenserklärungen werden traditionell Unterschriften als biometrische Merkmale genutzt. Sie werden oft nicht gleich bei

44

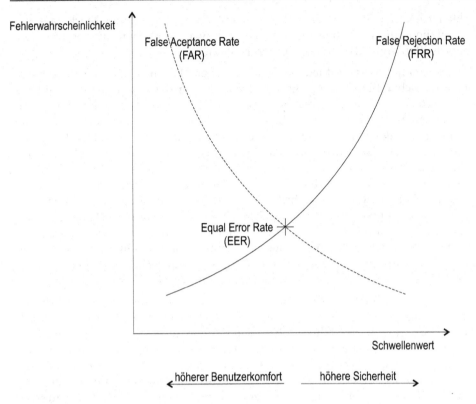

Abbildung 8: Zusammenhang der Fehlerquoten (in Anlehnung an [Eck04, S. 486])

ihrer Abgabe geprüft, sondern der Empfänger einer Willenserklärung vertraut dann darauf, dass er eine Prüfung notwendigerweise auch später vornehmen kann [Sch01a, S. 134]. Sollte der Empfänger schon während der Unterzeichnung Zweifel an der Identität seines Gegenübers haben, so wird er vielleicht die Vorlage eines Ausweises verlangen. Der Ausweis dient dabei einerseits als *Besitzmerkmal* zur *Authentifikation*, andererseits ist darauf ein Muster der Unterschrift. Das begrenzt die Möglichkeit des Unterzeichners, bewusst falsch zu unterzeichnen.

Die eigenhändige Unterschrift ist dabei weit mehr als nur ein „geschriebener Name", sie ist ein biometrisches Merkmal. Durch das regelmäßige „Training", das ein Mensch durch die häufige Benutzung seiner Unterschrift hat, werden die nötigen Hand- und Fingerbewegungen so weit verinnerlicht und automatisiert, dass sich bei mehreren Unterschriften derselben Person nicht nur das Erscheinungsbild des Namenszuges, sondern auch die Kräfte, die auf den Stift wirken stark ähneln. Geschwindigkeit und Beschleunigung des Stiftes sowie der Druck, der auf die Unterlage ausgeübt wird, sind daher Merkmale, die zusätzlich zum optischen Ergebnis genutzt werden können, um legitime Unterschriften von Fälschungen zu unterscheiden.

Unterschrift und andere Merkmale

Wird die Eignung verschiedener biometrischer Merkmale für eine Nutzung in elektronischen Signaturen, letztlich also meist zur Bekräftigung einer Willenserklärung, verglichen, so sprechen vor allem zwei besondere Eigenschaften für die eigenhändige Unterschrift. Erstens handelt es sich bei der Unterschrift um ein sogenanntes aktives Merkmal – eine aktive und bewusste Handlung des Unterzeichners ist erforderlich. Passive Merkmale wie zum Beispiel Aussehen oder Handgeometrie können auch unbemerkt oder sogar mit Gewalt gegen den Willen des Besitzers digitalisiert werden und sind daher schlechter geeignet. Zweitens ist die Unterschrift im westlichen Kulturkreis und Verständnis bereits seit langem eingeführt und in vielen Fällen das einzig akzeptierte Verfahren. Bei anderen Verfahren ist die Gefahr von Irritationen und Wiederstreben der Betroffenen deutlich größer. So erinnert das Digitalisieren von Fingerabdrücken an die polizeiliche Behandlung von Verbrechern, die Verwendung von Netzhaut- oder Irisscannern kann medizinische Bedenken auslösen.

Aus diesen Gründen werden im Folgenden die Verfahren am Beispiel der eigenhändigen Unterschrift vorgestellt. Aus technischer Sicht ist das nicht als Einschränkung zu verstehen; sobald die biometrischen Daten elektronisch erfasst sind, besteht kein bedeutsamer Unterschied zwischen den Daten der verschiedenen Merkmale. Sie können alle in der gleichen Weise weiterverarbeitet werden. Es existieren Unterschiede in Bezug auf die Datenqualität und die Fehlerraten (vgl. Abbildung 8). Einige Merkmale hängen stärker von äußeren Einflüssen ab oder ändern sich im Verlauf der Zeit stärker als andere. Zu diesem Thema existieren leider noch keine umfassenden vergleichenden Daten, daher wird es an dieser Stelle nicht weiter behandelt.

Natürliche Schwankungen sind unvermeidbar

Festzuhalten bleibt, dass alle biometrischen Eigenschaften natürlichen Schwankungen unterliegen. Das erschwert ihre Verwendung in der Kryptographie. Exakte Daten, wie sie auf Ausweiskarten gespeichert sind oder durch Passwörter repräsentiert werden, können direkt als Schlüssel in kryptografische Verfahren einfließen. Sofern die Daten nicht in der für das gewählte Verfahren erforderlichen Form vorliegen, können sie mathematisch leicht umgewandelt werden [FS03, S. 84, 347 ff].

Mit biometrischen Daten geht das nicht. Es kann versucht werden, leichte Variationen zwischen den einzelnen Erfassungen auszugleichen. Dieser Vorgang heißt *Normalisierung* [JBS05]. Dies kann sehr nützlich sein, zum Beispiel um die Eigenheiten verschiedener Erfassungsgeräte zu eliminieren. Dabei können Profile helfen, die eben diese Eigenheiten erfassen. Diese Technik wird bereits eingesetzt.

Normalisierung

Um normalisierte biometrische Daten als Schlüssel nutzen zu können, müssten die Daten in Richtung eines individuellen Durchschnittes verändert werden.

46

Allerdings verwischt diese Umwandlung auch die Unterschiede zwischen Original und Fälschung und zwischen zufällig ähnlichen Mustern. Sie mindert folglich die Eignung des Verfahrens für eine zuverlässige Authentifikation. Es müsste mit einer hohen Wahrscheinlichkeit ($p_1 = 1 - False\ Rejektion\ Rate$, siehe Kapitel 3.3.3) jedes authentische Muster zu exakt einer Zahl konvertiert werden, während jedes nicht authentische Muster zu einer anderen Zahl führen müsste (mit der Wahrscheinlichkeit $p_2 = 1 - False\ Acceptance\ Rate$). Das erscheint nicht praktikabel. Es sind weder unabhängige Untersuchungen zu diesem Ansatz bekannt, noch Systeme, die ihn implementieren.

Selbst wenn es möglich wäre, aus biometrischen Daten zuverlässig Schlüssel zu extrahieren, so wären sie offensichtlich nur für *symmetrische Verschlüsselung* zu nutzen. Zum Signieren ist jedoch ein *asymmetrisches Schlüsselpaar* erforderlich (siehe Kapitel 3.1.1). Zumindest diese Herausforderung kann in gewissem Rahmen gelöst werden: Dazu müsste vor der Unterzeichnung ein asymmetrischer *Sitzungsschlüssel* generiert werden. Der private Schlüssel wird zur Signierung verwandt und anschließend selber symmetrisch verschlüsselt und dem nun signierten Dokument beigefügt. Der öffentliche Schlüssel wird bekannt gegeben und kann jederzeit zur Integritätsprüfung verwandt werden. Um die Identität des Unterzeichners zu prüfen, müsste der private Schlüssel mit einer Referenzunterschrift entschlüsselt werden. Die Idee, asymmetrische Schlüssel durch symmetrische Verschlüsselung zu schützen, wird auch in anderen Zusammenhängen genutzt: Da symmetrische Schlüssel bei gleicher Sicherheit kürzer sein können als asymmetrische, bietet sich diese Technik an, falls zur geschützten Aufbewahrung eines Schlüssels nur ein begrenzter Speicherplatz zur Verfügung steht [FS03, S. 348].

3.4.2   Biometrische Merkmale in fortgeschrittenen elektronischen Signaturen

Biometrie in Signaturen

Da die biometrischen Daten nicht als Signaturschlüssel verwendet werden können, muss ein anderer Schlüssel zur Verfügung stehen. Ein Signaturverfahren könnte dann folgendermaßen ablaufen: Die biometrischen Daten werden erfasst und verschlüsselt. Die verschlüsselten Daten werden dem Dokument beigefügt. Das Dokument wird zusammen mit dem neuen Anhang signiert. Wenn bei einer späteren Prüfung der Signatur keine Fehler auftreten, dann gehören Dokument und Unterschrift zusammen und wurden nicht verändert. Um die Authentizität der Unterschrift prüfen zu können, muss sie zunächst wieder entschlüsselt werden. Danach kann ein Gutachter oder ein Programm die Daten mit einer Referenzunterschrift vergleichen (siehe Abbildung 9, fig:ProzessmodellUnterschriftEmpfänger und fig:ProzessmodellUnterschriftLegende). Auch ein automatisierter Vergleich wird im Zweifel durch einen Gutachter zu bestätigen sein, wenn nicht das Gericht selber über die erforderliche Ausstattung und Sachkenntnis verfügt.

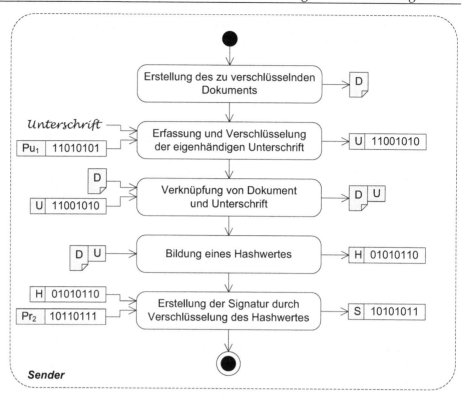

Abbildung 9: Prozessmodell für die Einbeziehung einer eigenhändigen Unterschrift in eine Elektronische Signatur – Prozessschritte des Absenders

Die Technikausstattung des Sachverständigen oder des Gerichtes muss sicher vor Manipulationen durch die streitenden Parteien sein [HB93, S. 692]. Eine derartig gestaltete Signatur erfüllt die Kriterien der fortgeschrittenen elektronischen Signatur, denn die eigenhändige Unterschrift identifiziert ihren Autor und unterliegt seiner alleinigen Kontrolle (siehe Kapitel 2.2.2). Eine entscheidende Rolle für die Sicherheit solcher Methoden kommt dem Schlüssel zu, mit dem die biometrischen Daten verschlüsselt werden.

Signaturen im Wettbewerb Auf dem deutschen Markt sind zur Zeit verschiedene Geräte und Systeme zur Unterschrifterfassung im Einsatz. Die Verfahren der verschiedenen Anbieter weichen gelegentlich von dem hier skizzierten Ablauf ab. Sie berechnen beispielsweise die Hashwerte vor der Verschlüsselung oder nutzen mehrere Hashwerte. Die genaue Funktionsweise der einzelnen Produkte ist nicht in allen Einzelheiten offengelegt, da die Anbieter in der Geheimhaltung einen Wettbewerbsvorteil sehen. Durch fehlende Transparenz können jedoch auch Sicherheitsmängel verdeckt bleiben [Jun02, S. 42]. Viele Kryptoanalytiker be-

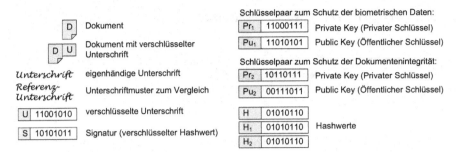

Abbildung 10: Legende zu den Abbildungen 9 und 11

trachten geheim gehaltene Systeme per se als unsicher [FS03, S. 44]. Bei allen Verfahren gleich ist aber die Tatsache, dass ein Angreifer, der sowohl über die Schlüssel zur Signatur und zur Entschlüsselung der biometrischen Daten verfügt, nach Belieben Dokumente fälschen kann. Eine zuverlässige und nachvollziehbare Verwahrung der Schlüssel ist folglich essenziell.

Im Interesse aller Beteiligten sollte sichergestellt sein, dass sowohl die Echtheit der Unterschrift als auch die Unversehrtheit des Dokumentes zweifelsfrei bewiesen werden kann. Konkrete Anforderungen hat der Gesetzgeber jedoch nicht erlassen, auch existieren diesbezüglich noch keinerlei Grundsatzurteile. Bei den im Folgenden genannten Empfehlungen handelt es sich deshalb nur um unverbindliche Vorschläge, die sich aus der Literatur und den im Einsatz befindlichen Geräten ergeben. Geräte zur Erfassung der Unterschrift für fortgeschrittene Signaturen sollten folgende grundlegende Anforderungen erfüllen [LS04, S. 170]:

Technische Anforderungen

- Das statische Bild der Unterschrift muss mit einer ausreichenden *Auflösung* erfasst werden, damit ein optischer Vergleich möglich ist. Wird die Auflösung zu gering gewählt, erscheint das Bild grobkörnig.
- Der *Schreibdruck* sollte mit einer möglichst hohen Genauigkeit erfasst werden. Er ist ein wichtiges Vergleichsmerkmal, dem auch bei der Analyse papiergebundener Unterschriften durch Sachverständige eine herausragende Rolle zukommt.
- Die Anzahl der Signale, die pro Sekunde erfasst und weitergeleitet werden (*Signaldichte*), muss ausreichend hoch sein. Werden zu wenige Signale erfasst, so wird das Bild unscharf und es können keine verlässlichen Vergleiche von Schreibgeschwindigkeit und -beschleunigung durchgeführt werden. Gerade die Erfassung solcher dynamischen Merkmale stellt einen großen Vorteil der digitalen Unterschrift gegenüber ihrem papiergebundenen Pendant dar. Eine hohe Signaldichte ist auch wünschenswert, um eine zeitnahe optische Rückkopplung zu ermögli-

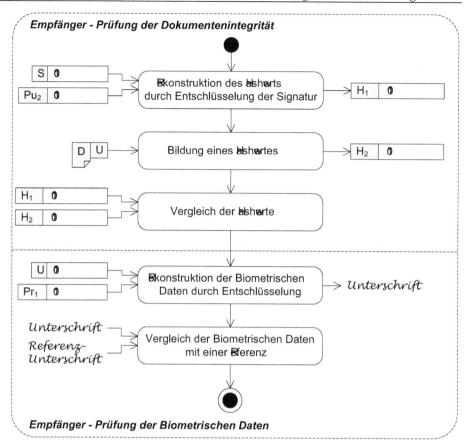

Abbildung 11: Prozessmodell für die Einbeziehung einer eigenhändigen Unterschrift in eine Elektronische Signatur – Prozessschritte des Empfängers

chen; wenn der Unterzeichnende seine Schrift erst mit deutlicher Verzögerung auf dem Display sieht, ist das ‚Schreibgefühl' beeinträchtigt.

3.4.3   Automatische Verifikation einer Unterschrift

Erfassung der Referenzunterschrift

Für die automatisierte Prüfung muss die *Referenzunterschrift* digital vorliegen. Die Methode der Erfassung sollte möglichst geringe Unterschiede zur Erfassung des Originals aufweisen, nach Möglichkeit wird dieselbe Hardware zum Einsatz kommen. Wenn die Prüfung lange Zeit nach der Unterzeichnung stattfindet, wird das nicht immer möglich sein. Bis zu einem gewissen Grad können Unterschiede, die auf der Erfassung beruhen, rechnerisch ausgeglichen werden. Sogar der Vergleich eines gescannten Abbildes mit einer vollständig elektronisch erfassten Unterschrift ist möglich. Aber naturgemäß sinkt die Zuverlässigkeit der Unterschrifterkennung, sobald die erfassungsbedingten Unterschiede steigen [LS04, S. 178ff].

Nur wenn ein System zuverlässig ‚echte' Unterschriften von ‚Fälschungen' unterscheiden kann, erfüllt es seinen Zweck. Einzelmerkmale wie *Auflösung, Signaldichte* oder *Druckstufen* sind eine wichtige Voraussetzung dafür, geben aber nur sehr begrenzt Aufschluss über die absolute Leistungsfähigkeit eines Systems. Daher können an dieser Stelle keine allgemeingültigen Aussagen getroffen werden, welche Auflösung oder Signaldichte ein Gerät unbedingt haben muss oder wie viele Druckstufen unterschieden werden müssen, damit die Erkennung zuverlässig arbeiten kann. Ebenso wenig kann ein verbindlicher Richtwert gegeben werden, wie viele Unterschriftenmerkmale verglichen werden müssen – die einzelnen Systemhersteller haben da sehr unterschiedliche Vorstellungen.

Aussagekraft von Einzelmerkmalen

Benötigt wird vielmehr eine allgemeine Kenngröße, die einen Vergleich der Leistungsfähigkeit gesamter Systeme erlaubt. Das Bundesamt für Sicherheit in der Informationstechnik (BSI) [BT04] empfiehlt als allgemeine Messzahl für die Zuverlässigkeit biometrischer Verfahren die Kennzahlen *false acceptance rate* (FAR) und *false rejection rate* (FRR), sie wurden bereits im Kapitel 3.3.3 beschrieben. Viele Systeme verfügen über einen Schwellenwert, der vorgibt, wie groß die Übereinstimmung zwischen Muster und Original sein muss, damit das System von einer Gleichheit ausgeht. Die Verschiebung dieses Grenzwertes wirkt sich immer auf beide Messgrößen aus. Sinkt die False Acceptance Rate, so steigt die False Rejection Rate und umgekehrt: Die beiden Kennzahlen sind umgekehrt proportional zueinander.

FAR und FRR

Es liegt nahe, Systemen den Vorzug zu geben, bei denen sowohl eine falsche Annahme als auch eine falsche Ablehnung selten sind. Das BSI unterstellt bei einer False Acceptance Rate von 0,01 (eins zu hundert) eine grundlegende, bei 0,000 1 (eins zu zehntausend) eine mittlere, und bei 0,000 001 (eins zu einer Million) eine hohe Wirksamkeit der eingesetzten Schutzmechanismen im Sinne der Common Criteria [BT04, S. 64]. Für biometrische Merkmale in qualifizierten elektronischen Signaturen verlangt die Signaturverordnung eine mittlere Wirksamkeit, so dass eine False Acceptance Rate von eins zu zehntausend ein guter Richtwert ist, der jedoch für einfache oder fortgeschrittene elektronische Signaturen nicht zwingend erfüllt werden muss.

Allerdings fehlt bislang ein Standard, der festlegt, wie diese Kennzahlen zu erfassen sind. Unklar sind unter anderem die Zahl der Probanden, die Zahl der Referenzunterschriften sowie die notwendigen Rahmenbedingungen (z. B. unterschiedliche Erfassungsgeräte, zeitlicher Abstand). Aus dieser Unsicherheit heraus verzichten einige Hersteller auf die Erfassung oder die Angabe der Kennzahlen und verweisen stattdessen auf ihre positive Erfahrung aus dem laufenden Betrieb [Eck04, S. 485f].

3.4.4 Verifikation einer Unterschrift durch einen Schriftsachverständigen

Unterschrifterfassungssysteme erfassen die gleichen Merkmale, die auch bei einem Vergleich von manuellen Unterschriften untersucht werden. Wenn diese Merkmale in geeigneter Form präsentiert werden, ist ein *Schriftsachverständiger* in der Lage, eine Beurteilung vorzunehmen. Als Referenzmuster genügt dabei eine Unterschrift auf Papier. Die Beurteilung, ob ein System für diesen Zweck geeignet ist, sollte ebenfalls durch einen Schriftsachverständigen erfolgen (siehe dazu [Sta05]).

Gute Betrugs-erkennung

Wenn es zu einem Rechtsstreit kommt, so ist der mutmaßliche Unterzeichner bei der Abgabe seiner Referenzunterschrift oft wenig kooperativ – möglicherweise verstellt er sich sogar bewusst. Sachverständige trauen sich zu, Manipulationsversuche zu erkennen. Ob sie darin objektiv besser sind als Computer, kann hier nicht abschließend beurteilt werden. Alternativ kann auch eine ältere, unstrittige Unterschrift für den Vergleich herangezogen werden.

Hoher Aufwand

Ein Nachteil der Prüfung durch Sachverständige, verglichen mit automatisierten Verfahren, ist der deutlich höhere Aufwand, der wohl erst ab einem bestimmten Streitwert gerechtfertigt ist. Regelmäßige oder stichprobenartige Vergleiche von Unterschriften – beispielsweise verschiedene Dokumente eines Kunden – mit dem Ziel, Betrugsversuche zu erkennen, sind computergestützt viel günstiger zu realisieren.

3.4.5 Biometrische Merkmale in einfachen und qualifizierten Signaturen

Die Kriterien einer *einfachen Signatur* werden schon durch das Abbild einer gescannten Unterschrift erfüllt. Hierbei besteht allerdings kein wirkungsvoller Schutz vor Fälschungen, sodass ein Beweiswert fast nicht vorhanden ist. Diese einfachste Form einer Signatur mit Biometrie wird daher in diesem Buch nicht weiter behandelt.

Das Gesetz sieht für die *qualifizierte Signatur* biometrische Merkmale als Möglichkeit zur Authentifikation des Benutzers gegenüber der Signaturerstellungseinheit vor [Bunl, § 15 Abs. 1], so wie in Abschnitt 3.3.3 beschrieben. Das biometrische Merkmal schützt dabei den eigentlichen Signaturschlüssel, wird jedoch nicht Teil der Signatur. Qualifizierte Signaturen mit biometrischen Merkmalen unterscheiden sich nach Maßgabe des Gesetzgebers in ihrer Wirkung nicht von anderen qualifizierten Signaturen, die durch Wissenselemente geschützt werden. Sie mögen unter gewissen Umständen praktischer sein, [LS04, S. 131f] da der Zertifikatinhaber sich weder *PIN* noch *Passwort* merken muss. Das wesentliche Hindernis einer qualifizierten Signatur wird dadurch aber nicht behoben: Der Unterzeichner muss im Vorfeld mit einem Zertifikat und einer Signaturerstellungseinheit ausgestattet sein. Sofern im weiteren Verlauf des Buches die Verwendung qualifizierter Signaturen vorgeschlagen wird, ist daher keine Unterscheidung zwischen Authentifikation durch Biometrie und Authentifikation durch Wissen vorgesehen.

4 Die elektronische Signatur in Geschäftsprozessen

Die vorangegangenen Kapitel hatten die rechtlichen und technischen Grundlagen für die Realisierung elektronischer Signaturen zum Gegenstand, auf deren Basis bereits eine ganze Reihe von Hard- und Softwareprodukten entwickelt wurden. Diese sind in zunehmendem Maße auch für den geschäftlichen Einsatz in Unternehmen geeignet. Jedoch steht vor der erfolgreichen Einführung und Nutzung solcher Systeme die Beantwortung einer ganzen Reihe unternehmerischer Fragestellungen. Dazu gehört insbesondere die Betrachtung der nötigen Investitionskosten und des erwarteten Nutzens, der Auswirkungen auf die geschäftlichen Abläufe, der Akzeptanz bei Mitarbeitern, Partnern und Kunden sowie einer ganzen Reihe anderer Aspekte. Die wichtigsten davon behandelt dieses Kapitel.

4.1 Nutzenpotenziale elektronischer Signaturen in Geschäftsprozessen

Einsparungen durch elektronische Signaturen

Eines der häufigsten Ziele, das durch die Veränderung von Geschäftsprozessen angestrebt wird, ist die Erhöhung der Effizienz und die Senkung von Kosten in Arbeitsabläufen. Der geschickte Einsatz elektronischer Signaturen kann ein Mittel sein, diese und ähnliche Ziele zu erreichen. Mit Hilfe von Dokumentenmanagement-Systemen können bereits viele Dokumente elektronisch verarbeitet werden. Leider können diese Systeme nicht verwendet werden, wenn vor der Weitergabe von Dokumenten eine Unterschrift zu leisten ist. Oft wird in einem solchen Fall das Dokument ausgedruckt, unterschrieben und parallel zum elektronischen Datenobjekt als Papierbeleg im Prozess weitergereicht. Genau an diesem Punkt setzen die verschiedenen Verfahren der elektronischen Signatur an. Zu den Potenzialen, die erschlossen werden können, gehören unter anderem die Vermeidung

- der Erstellung von Druckstücken,
- der Bereitstellung von Druckstücken,
- der Archivierung von unterschriebenen Unterlagen,
- der durch notwendige Druckstücke verursachten Vor- und Nachbereitungszeit in Prozessen,
- der mehrfachen Bearbeitung eines Geschäftsfalls,
- der Entsorgung alter Dokumente,
- von Portokosten,
- uvm.

Darüber hinaus können Dokumente ad hoc mit kontextbezogenem Inhalt aus Anwendungen heraus generiert werden. Generell schafft der Einsatz elektroni-

Datenschutz und -sicherheit verbessert

scher Signaturen häufig eine wichtige Voraussetzung dafür, dass Geschäftsprozesse noch enger mit der Unternehmens-IT verzahnt werden können.

Weiterhin ist in vielen Fällen ein Zugewinn an Sicherheit zu beobachten. Eine elektronische Signatur besitzt oft eine stärkere Beweiskraft als die ursprüngliche Handunterschrift, die sie ersetzt. Weitere wichtige Verbesserungen der Datensicherheit und des Datenschutzes ergeben sich als meist ungeplanter, aber sehr positiver Nebeneffekt:

- Der Prozess der Unterschriftenabgabe und -weiterverarbeitung wird erstmals vollständig erfasst und analysiert.
- Die Neugestaltung dieses Prozesses erfolgt ggf. anhand gesetzlicher Vorgaben und weist anschließend deutlich weniger Schwachstellen auf.
- Die Archivierung wichtiger Unterlagen kann mit den großen Vorteilen einer elektronischen Datenhaltung erfolgen (redundante Speicherung, schneller Zugriff, geringer Platzbedarf etc.).
- Durch Zugriffsrechte kann ein umfassender, IT-basierter Datenschutz realisiert werden.

Für die Etablierung eines solchen Prozesses sind jedoch auch einige Investitionen nötig. Dazu kann unter anderem Folgendes gehören:

- Infrastrukturmaßnahmen (Chipkarten, Zertifikatserver, Unterschriften-Pads, Tablet-PCs, etc.)
- Software (Signaturerstellung, Entschlüsselung, etc.)
- Schulungen der Mitarbeiter
- Zertifikate
- Archivsystem

wirtschaftliche Vorteile

Damit auch ein tatsächlicher wirtschaftlicher Vorteil durch den Einsatz elektronischer Signaturen entsteht, kommt deren Anwendung meist nur für Geschäftsprozesse in Frage, in denen eine sehr große Anzahl von Dokumenten erzeugt, signiert, weiterverarbeitet und archiviert werden muss.

Die konkreten Einsatzszenarien für die elektronische Signatur in Geschäftsprozessen können in unternehmensexterne und -interne Kommunikationsvorgängen unterschieden werden. Beide werden nachfolgend erläutert.

4.2 Einsatzszenarien in der Unternehmenskommunikation

4.2.1 Unternehmensexterne Kommunikation

Externe Partner

Der Einsatz der elektronischen Signatur in den Kommunikationsbeziehungen zwischen einem Unternehmen und dessen externen Partnern birgt oft die größten Nutzenpotenziale für das Unternehmen (*unternehmensexterne Kommunikation*). Zu den externen Partnern eines Unternehmens, mit denen Dokumente ausgetauscht werden können, gehören

- Partnerunternehmen,
- Dienstleister,
- Lieferanten,
- Kunden,
- staatliche Aufsichtsorgane
- und viele mehr.

Bei den ausgetauschten Dokumenten handelt es sich oft um Verträge, Rechnungen und andere Dokumente, für die eine oder mehrere Unterschriften obligatorisch sind. Soll in den Prozessen mit diesen Partnern die elektronische Signatur zum Einsatz kommen, so muss im Einzelfall geklärt werden, welche Formvorschrift für das auszutauschende Dokument eingehalten werden muss oder soll. Daraus ergibt sich, welche Arten der Signatur eingesetzt werden können. Dabei kann es hilfreich sein, in der *Prozessanalyse* zwischen der Übermittlung elektronischer Signaturen an externe Partner und der Entgegennahme elektronischer Signaturen von externen Partnern zu unterscheiden.

Einzelfall-prüfung nötig

Der Dokumentenaustausch zwischen Unternehmen unterliegt in vielen Fällen der Formfreiheit, auch in Fällen, in denen für Privatpersonen strengere Formvorschriften gelten (siehe z. B. [Bune, § 350]). In den meisten Situationen, in denen rechtsgültige Dokumente unternehmensübergreifend ausgetauscht werden müssen, reicht deshalb eine einfache oder eine fortgeschrittene elektronische Signatur aus. Eine qualifizierte elektronische Signatur ist in allen verbleibenden Fällen nötig, in denen die Schriftform streng vorgeschrieben ist.

Eine besondere Bedeutung kommt dem Austausch von elektronischen und elektronisch signierten Dokumenten zwischen privatwirtschaftlichen Unternehmen und Ämtern sowie Behörden zu. Dies betrifft z. B. die Beteiligung an öffentlichen Ausschreibungen oder Steuererklärungen gegenüber den Finanzämtern. Letztere müssen seit 2005 auf elektronischem Wege an die Finanzämter übertragen werden, womit neben Kosten- und Laufzeiteinsparungen nicht zuletzt die breite Einführung entsprechender Signatureinheiten gefördert werden soll.

Dokument-austausch mit Behörden

Es gibt jedoch oft Situationen, in denen statt der eigentlich verantwortlichen Person ein Bevollmächtigter in deren Auftrag ein Dokument signiert und dies auch sichtbar werden muss. Bei der traditionellen Unterschrift auf Papier bleibt sichtbar, dass der Stellvertreter an Stelle der verantwortlichen Person unterschrieben hat. Auch ein elektronisches Signatursystem muss eine solche Stellvertreterfunktion ermöglichen. Das einfache Überlassen des privaten Schlüssels und der entsprechenden Signatureinheit könnte sich hier zwar anbieten, ist aber sicherlich nicht wünschenswert. Bei der Erstellung von

Stellvertreter-funktion

Berechtigungs- und Vertretungskonzepten sollten die besonderen Möglichkeiten der elektronischen Signatur deshalb berücksichtigt und unbedingt genutzt werden.

Multiple Signaturen

Viele Dokumente sind erst dann rechtsgültig, wenn mehr als eine Person das Dokument unterzeichnet hat. Dies gilt sowohl für Verträge, die beide Vertragsparteien unterzeichnen müssen, als auch für Dokumente, die von einer Partei an verschiedenen Stellen zu unterzeichnen sind. Ein elektronisches Signaturverfahren sollte es ermöglichen, dass ein Dokument von mehr als einer Person verifizierbar signiert werden kann.

Zeitstempel

Weiterhin kann der Einsatz von Zeitstempeln sinnvoll sein. Bei Angeboten und Rechnungen wird auf diese Weise ein zeitlicher Bezug zum Dokument hergestellt, der später für Kontrollzwecke verwendet werden kann. Damit ließe sich zum Beispiel die Überprüfung von Fristen regeln, in dem der Zeitpunkt der elektronischen Signatur mit den entsprechenden terminlichen Vorgaben verglichen wird. Zudem können Zeitstempel für revisorische Prozesse von Nutzen sein, da der Ein- und Ausgang der Dokumente zeitlich protokolliert wird.

Massensignatur

Bei der Belegerfassung kann eine Massensignatur zum Einsatz kommen. Eingehende Papierdokumente können zum Beispiel durch Einscannen digitalisiert werden, um diese Belege in das elektronische Dokumentensystem zu überführen. Durch das Einscannen der Papierbelege geht in deren elektronischem Äquivalent die Beweiskraft von eventuell vorhandenen Unterschriften verloren. Eine Lösungsmöglichkeit ist die Absicherung der Digitalisierung mit elektronischen Signaturen. Dazu setzt das Scansystem oder ein vertrauenswürdiger Mitarbeiter eigene elektronische Signaturen auf die elektronischen Dokumente und stellt auf diese Weise zumindest die Richtigkeit der Kopien der Dokumente sicher.

Prozessschnittstellen

Darüber hinaus muss die Prozessschnittstelle zum externen Partner berücksichtigt werden. Will dieser die elektronische Signatur nicht einsetzen, so muss ein hybrider Prozess installiert werden, ggf. ist auch Überzeugungsarbeit zu leisten. Nutzt der externe Partner die elektronische Signatur bereits, oder will er diese ebenfalls einführen, dürften die Hürden am geringsten sein. Bei einigen Organisationen, wie zum Beispiel dem Finanzamt, ist der Einsatz der elektronischen Signatur zwingend erforderlich.

Überzeugung des Endkunden

Einige Besonderheiten entstehen in der Kommunikation mit den Kunden des Unternehmens im Sinne einer Business-to-Consumer-Beziehung. Während in den Beziehungen zu den meisten anderen externen Partnern des Unternehmens die Formerfordernisse und deren elektronische Umsetzung im Vorfeld abgesprochen bzw. durch die Marktstellung des Unternehmens diktiert werden können, so gilt dies in der Regel nicht für Beziehungen zu einer großen Zahl an Endkunden. Diese verfügen zum Beispiel in der Regel nicht über die nötigen Mittel zur Abgabe einer qualifizierten Signatur. Die Bereitstellung solcher Mittel durch das Unternehmen oder den Kunden selbst wäre, bezogen auf die abzuwickelnden Geschäftsvorfälle, oft unwirtschaftlich, organisatorisch sehr aufwändig oder würde viel zu lange dauern. In solchen Fällen ist oft nur die Abgabe einer fortgeschrittenen Signatur mit Hilfe biometrischer Merkmale möglich, wodurch der Bereich der denkbaren Signaturanwendungen eingeschränkt wird. Die Infrastruktur dafür kann das Unternehmen jedoch vollständig alleine zur Verfügung stellen. Es gilt aber, den Kunden davon zu überzeugen, dass die Abgabe einer solchen Signatur für ihn nicht unbedenklich, sondern ggf. sogar vorteilhaft ist.

Für viele Dokumente, die in Unternehmensabläufen entstehen, besteht eine gesetzliche Beleg- oder Aufbewahrungsfrist. Solche Belege müssen im Original revisionssicher aufbewahrt werden. Manche Dokumente werden über Jahre oder gar Jahrzehnte archiviert. Papierdokumente lagern gewöhnlich in Akten oder Archiven und können bei Bedarf geprüft werden. Ein elektronisches Archivsystem muss sicherstellen, dass elektronisch signierte Dokumente in ihrer Form rechtsgültig und beweiskräftig auch über einen langen Zeitraum erhalten bleiben. Im Gegensatz zu Papierdokumenten, deren Unterschrift im Regelfall ihre Rechtsgültigkeit behält, kann es jedoch bei elektronisch signierten Dokumenten passieren, dass die elektronischen Signaturen zerstört werden. Dies liegt zum einen daran, dass nicht sichergestellt ist, dass für die archivierten Daten in einigen Jahren noch Software und Hardware existiert, mit der man die Dokumente lesbar machen und deren Signaturen verifizieren kann. Zum anderen besteht durch die rasche Entwicklung der Informationstechnologie und den Erfolgen der Kryptoanalyse die Gefahr, dass die den Signaturen zu Grunde liegenden Kryptographiealgorithmen allmählich kompromittiert werden. Sollen elektronisch signierte Dokumente über einen längeren Zeitraum archiviert werden, muss das Unternehmen in der Lage sein, diesem Verfall elektronischer Signaturen entgegenzuwirken. Dies wird gesondert im Kapitel 4.4 behandelt.

Archivierung

4.2.2 Unternehmensinterne Kommunikation

In der *unternehmensinternen Kommunikation* gibt es in der Mehrzahl der Fälle keine gesetzlichen Vorschriften hinsichtlich der Formerfordernisse für bestimmte Vorgänge. Insofern obliegt es dem Unternehmen selbst, zu entscheiden, welche Form der Signatur in welchen Fällen angebracht ist. Wenn es jedoch keine gesetzlichen Vorschriften für bestimmte Vorfälle gibt, so wird in den meisten Fällen eine einfache oder fortgeschrittene Signatur völlig ausreichend sein. Derartige Unterschriften haben oft auch einfach die Bedeutung einer persönlichen Verantwortung, quittieren die zur Kenntnisnahme oder Anerkennung eines Sachverhalts. Eine rechtliche Bedeutung leitet sich daraus aber nicht zwingend ab.

Wenn jedoch einmal eine Infrastruktur für die Abgabe und Prüfung elektronischer Signaturen im Unternehmen geschaffen wurde, so können damit auch

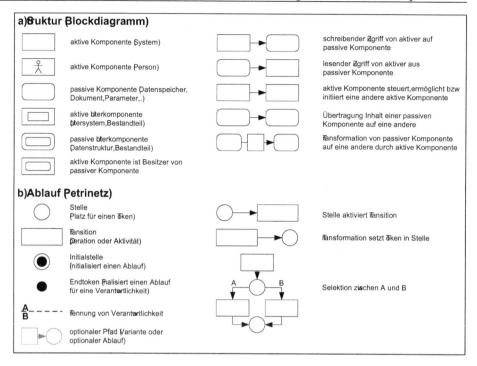

Abbildung 12: Überblick über die FMC-Notation

ganz neue Funktionen realisiert werden, die mit dem eigentlichen Ersatz der Handunterschrift nichts mehr zu tun haben. Dazu gehört zum Beispiel:

- Ersatz der Login/Passwort-Kombination für PCs
- Zugangskontrolle für besondere Unternehmensbereiche
- Authentifizierung bisher ungesicherter elektronischer Post

4.3 Ausgewählte Realisierungsaspekte

Im Folgenden wird erläutert, wie die wichtigsten der zuvor genannten Anwendungsmöglichkeiten der elektronischen Signatur in Unternehmen aus informationstechnischer und organisatorischer Perspektive realisiert werden können. Jeder der vorgestellten Realisierungsaspekte wird mit Hilfe eines Struktur- und eines Ablaufdiagramms entsprechend der FMC-Notation (Fundamental Modeling Concept, [KGT06]) (mit leichten Abwandlungen) illustriert. Die wichtigsten Elemente dieser Notation werden in Abbildung 12 vorgestellt. Alle Ablaufdarstellungen sind Petrinetze.

4.3.1 Mehrfache Signatur

Es ist grundsätzlich möglich, ein Dokument von mehreren Personen elektronisch signieren zu lassen (siehe Abbildung 13). Dazu bildet jede Person, die das Dokument unterschreiben soll, dessen Hashwert und signiert diesen (parallele Signatur). Der Empfänger kann die Signaturen anschließend einzeln prüfen und erfährt, welche Personen das Dokument unterzeichnet haben. Der Empfänger erfährt jedoch nicht, in welcher Reihenfolge die Signaturen erstellt wurden. Er muss auch davon ausgehen, dass jede der Personen, die das Dokument unterzeichnet hat, eventuell keine Kenntnis davon hat, welche anderen Personen das Dokument ebenfalls unterzeichnet haben.

parallele Signatur

Eine zweite Variante ist das sequentielle Signieren. Hierbei spielt die Reihenfolge der Signaturen eine Rolle, da die unterzeichnende Person ihre Signatur unter das Dokument und die ggf. bereits vorhandenen Signaturen setzt. Der erste Unterzeichner bildet einen Hashwert über das Dokument, signiert diesen und sendet beides an den nächsten Unterzeichner. Dieser prüft zunächst die Signatur des vorangegangenen Signierers, bildet dann einen Hashwert über das Dokument und die Signatur des ersten Unterzeichners und signiert diesen neuen Hashwert. Damit setzt er seine Unterschrift im übertragenen Sinne nicht nur unter das Dokument sondern auch unter die Unterschrift des ersten Signierers. Weitere Signierende können in gleicher Weise fortfahren. Sind alle für das Dokument benötigten Unterschriften geleistet worden, prüft der Empfänger die Unterschriften. Durch die Entschlüsselung einer beliebigen mitgeschickten Signatur erfährt er, welche Person das Dokument unterschrieben hat. Weiterhin kann er feststellen, welche Unterschriften zuvor bereits geleistet wurden. Auf diese Weise erfährt er auch, in welcher Reihenfolge die Unterzeichnenden das Dokument unterschrieben haben und kann sicher sein, dass jeder Unterzeichnende Kenntnis über die bereits zuvor geleisteten Unterschriften hatte.

sequentielle Signatur

Spätestens bei der Anwendung solcher Mehrfachsignaturen ist es sinnvoll, ein integrierendes Dokumentenformat (z. B. PDF) bzw. eine unterstützende Software zu verwenden. Einerseits muss sichergestellt sein, dass mit dem Dokument nicht nur die neueste, sondern auch alle vorhergehenden Signaturen mit übertragen werden. Darüber hinaus muss bei Entschlüsselung der verschiedenen Signaturen deren Abhängigkeiten zu den anderen Signaturen bekannt sein. Weiterführende Informationen zu dieser Form der Signatur sind zum Beispiel in [Woh01] zu finden.

4.3.2 Gemeinsame Signatur

Diese Situation ist ähnlich der zuvor beschriebenen, jedoch sollen die beteiligten Personen nur gemeinsam in der Lage sein sollen, eine gültige Signatur zu

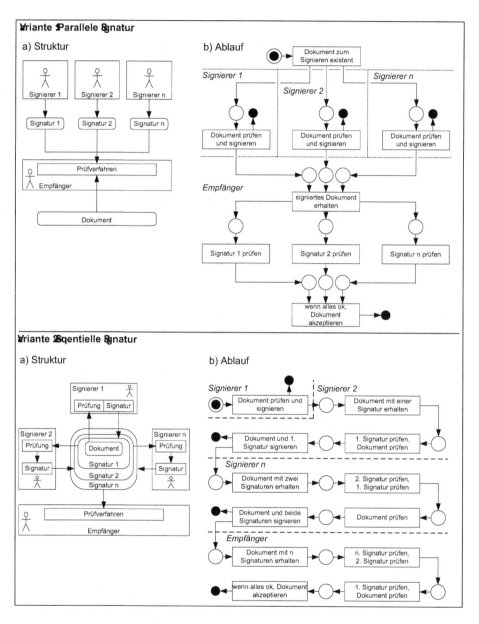

Abbildung 13: Mehrfachsignierung von Dokumenten

erzeugen. Eine Person allein (bzw. eine Teilmenge der Personen) soll nicht in der Lage sein, ein Dokument gültig zu signieren.

Dies kann dadurch realisiert werden, dass die privaten Schlüssel der beteiligten Personen keine eigenständigen Schlüssel, sondern Teilschlüssel eines einzigen gemeinsamen Schlüssels sind. Die Teilsignaturen der einzelnen Personen werden zusammengeführt und ergeben eine verifizierbare Gesamtsignatur. Fehlt ein Schlüssel oder ist eine Teilsignatur inkorrekt, kann keine gültige Signatur erzeugt werden. **Verwendung von Teilschlüsseln**

Der generelle Ablauf eines solchen Signaturprozesses ist in Abbildung 14 dargestellt. Zunächst erzeugt eine vertrauenswürdige Instanz mit Hilfe eines geeigneten mathematischen Verfahrens einen öffentlichen und mehrere dazu passende private Teilschlüssel. Diese Teilschlüssel vergibt sie an die einzelnen Signierer. Wenn diese nun ein Dokument gemeinsam signieren wollen, muss jede Person mit ihrem Teilschlüssel eine Teilsignatur erzeugen. Anschließend werden diese zu einer Gesamtsignatur zusammengefügt. Der Empfänger verifiziert diese Gesamtsignatur mit Hilfe des öffentlichen Schlüssels. Dieses Verfahren lässt sich durch den Einsatz spezialisierter mathematischer Algorithmen (z. B. Schwellenwertverfahren) noch verfeinern. Diese ermöglichen es, bei Bedarf auch nur mit einer Teilmenge aller Teilschlüssel eine gültige Signatur zu erzeugen. **Ablauf**

Aufgrund der Aufteilung des privaten Schlüssels auf mehrere geheime Schlüssel wird dieses Verfahren auch als Multiple-Key-Signatur bezeichnet. Es wird damit möglich, dass mehrere Unterzeichner nur gemeinsam eine gültige Signatur erzeugen können. Damit können zusätzliche Sicherheitsanforderungen in ausgewählten Geschäftsvorfällen modelliert werden. **Multiple-Key-Signatur**

Weiterführende Informationen zu dieser Form der Signatur sind zum Beispiel in [Woh01] und [Buc04] zu finden.

4.3.3 Zeitstempelsignatur

Es gibt Situationen, in denen es von Belang ist, zu welchem Zeitpunkt ein Dokument signiert worden ist, oder ob sich ein elektronisches Dokument zu einem bestimmten Zeitpunkt im Besitz einer Person befunden hat. In traditionellen Geschäftsabläufen erfüllen diese Aufgaben z. B. Zeitangaben an der Unterschrift, Posteingangs- oder Postausgangsstempel und Notare. Für elektronisch signierte Dokumente werden deshalb Verfahren benötigt, die diese Aufgaben ebenfalls erfüllen. **Zeitpunkte**

Softwareseitig generierte Zeitangaben, die z. B. auf der Systemzeit eines Computers beruhen, lassen sich relativ einfach verfälschen (zum Beispiel durch Änderung der Systemzeit vor dem Signieren). Um dies zu vermeiden, können Zeitstempel eingesetzt werden (s. Kapitel 3.1.3). Dazu wird das Dokument nach dem Signieren durch den Absender zusätzlich mit einem Zeitstem- **Einsatz von Zeitstempeln**

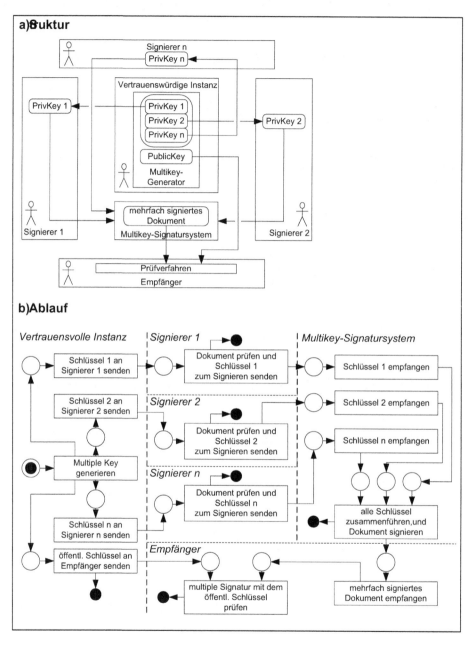

Abbildung 14: Gemeinsame Signatur

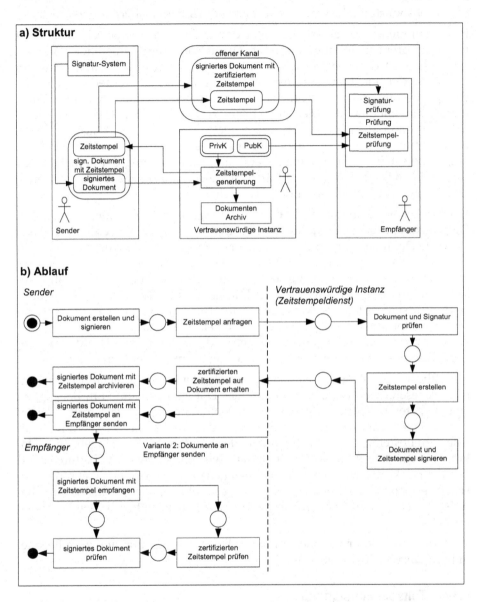

Abbildung 15: Zeitstempel für Dokumente

pel versehen, der zusammen mit dem Dokument abermals signiert wird. Dies kann entweder eine der beteiligten Personen selbst tun oder es wird von einer vertrauenswürdigen Instanz, einem Zeitstempeldienst, übernommen.

qualifizierte Zeitstempel

Eine vertrauenswürdige Instanz setzt durch den Zeitstempel ein Siegel mit nachprüfbarem Erstellungszeitpunkt. Damit kann der Signierende nachweisen, dass das Dokument vor diesem Zeitpunkt signiert wurde und zu diesem Zeitpunkt der unabhängigen Institution vorgelegen hat. Werden an den Zeitstempel besonders hohe rechtliche Anforderungen gestellt, empfiehlt es sich, diesen von einem akkreditierten Anbieter zu beziehen. Ein solcher Zeitstempel wird dann als „qualifiziert" bezeichnet. Dabei handelt es sich im Grunde genommen um die qualifizierte Signatur eines vertrauenswürdigen Dritten, die zusätzlich eine Zeitangabe enthält. Die Ermittlung der aktuellen Zeit durch diesen Dritten darf nur auf Basis des DCF-Funksignals der Physikalisch-Technischen Bundesanstalt in Braunschweig erfolgen.

Ablauf

Ein möglicher Ablauf ist in Abbildung 15 dargestellt. Der Sender signiert sein Dokument und übergibt dieses an einen Zeitstempeldienst. Dieser ergänzt das signierte Dokument mit einem Zeitstempel und signiert Dokument und Zeitstempel mit seinem geheimen Schlüssel. Die Signatur des Zeitstempeldienstes wird dann an den Sender zurückgeschickt. Dieser schickt die Signatur zusammen mit dem Dokument an den Empfänger und bewahrt gegebenenfalls beides für spätere Beweiszwecke selbst auf. Der Empfänger prüft die Signaturen, darunter auch die des Zeitstempelanbieters. Anhand der signierten Zeit kann er zwar nicht erkennen, wann genau das Dokument durch den Sender signiert wurde, aber zumindest vor welchem Zeitpunkt es signiert wurde.

Einsatzmöglichkeiten

Mit Hilfe solcher Zeitstempel können verschiedene geschäftliche Anforderungen umgesetzt werden. Der Besitzer eines Dokuments kann zum Beispiel zu einem späteren Zeitpunkt genau feststellen, wann eine Unterschrift geleistet wurde. Eine weitere interessante Einsatzmöglichkeit ist die Verwendung äquivalent zu Posteingangsstempeln, indem der Empfänger eines eingehenden Dokuments dieses mit einem qualifizierten Zeitstempel versieht. Dadurch wird der Zeitpunkt des Dokumenteneingangs genau dokumentiert. Wenn der Absender seinen Schlüssel später als gestohlen meldet, kann der Zeitstempel beweisen, ob die fragliche Signatur vor oder nach dem mutmaßlichen Diebstahl erfolgt ist.

Weiterführende Informationen zu dieser Form der Signatur sind zum Beispiel in [Ber02], [Sch03b] zu finden.

4.3.4   Zeitspannensignatur

In bestimmten Situationen kann es notwendig sein, dass eine Signatur innerhalb einer festgelegten Zeitspanne geleistet wird. Neben einigen Geschäftsprozessen, in denen solche zeitlichen Aspekte eine Rolle spielen, kann dieses Problem auch bei der Frage auftauchen, ob ein Zertifikat zum Zeitpunkt der Signatur schon oder noch gültig war bzw. ob die Signatur in den Gültigkeitszeitraum des Zertifikates fällt.

Ähnlich wie in der zuvor beschriebenen Situation wird ein vertrauenswürdiger Zeitstempeldienst in den Prozess der Signaturerstellung einbezogen (siehe Abbildung 16). Dieser setzt jedoch zwei Zeitstempel, einen bereits vor der Signatur durch den Signierenden, den zweiten direkt nach dem Signieren. Der Signierende sendet zunächst das unsignierte Dokument an den Zeitstempeldienst, dieser setzt einen Zeitstempel, signiert das Dokument zusammen mit dem Zeitstempel und sendet es zurück an den Signierer. Dieser kann nun das Dokument zusammen mit dem Zeitstempel signieren und sendet es anschließend zurück an den Zeitstempeldienst. Dieser versiegelt das signierte Dokument mit einem zweiten Zeitstempel. Der Empfänger kann nun genau feststellen innerhalb welchen Zeitraumes das Dokument signiert wurde. Der erste Zeitstempel bildet dabei die untere, der zweite die obere Grenze der Zeitspanne. Die Signatur des Signierenden muss innerhalb der Zeitspanne zwischen den beiden Zeitstempeln stattgefunden haben.

Ablauf

Es lässt sich ebenso eine Variante durchführen, in der ohne vertrauenswürdige Instanz gearbeitet werden kann, die jedoch etwas aufwändiger ist. Hierbei setzt der Empfänger des signierten Dokuments die Zeitstempel selbst. Er versieht dazu das unsignierte Dokument mit einem von ihm signierten Zeitstempel. Der Signierer prüft nun den Zeitstempel, signiert das Dokument zusammen mit der Zeitangabe und verhindert somit gleichzeitig, dass der Zeitstempel im Nachhinein noch geändert werden kann. Der Empfänger setzt nun einen zweiten Zeitstempel auf das signierte Dokument und markiert somit die obere Zeitgrenze. Abschließend prüft nun der Signierende den zweiten Zeitstempel und signiert erneut das Dokument, um auch diesen Zeitpunkt für den Empfänger unveränderbar zu machen.

Ablauf ohne vertrauenswürdige Instanz

Durch die Versiegelung des Dokumentes mit zwei Zeitstempeln wird eine eindeutige Zeitspanne festgelegt, innerhalb derer die Signatur erfolgte. Die signierte Zeitspanne stellt einen unabstreitbaren zeitlichen Bezug zum Zeitpunkt der Erstellung der elektronischen Signatur her. Das Dokument kann weder vor dem ersten noch nach dem zweiten Zeitstempel erstellt worden sein. Es ist sogar denkbar, dass der Zeitstempeldienst nur den Hashwert eines elektronischen Dokumentes oder ein Chiffrat des Dokumentes mit einem Zeitstempel signiert. Damit bleibt der vertrauenswürdigen Instanz der Inhalt des Dokumentes verborgen.

Weiterführende Informationen zu dieser Form der Signatur sind zum Beispiel in [Ber02] zu finden.

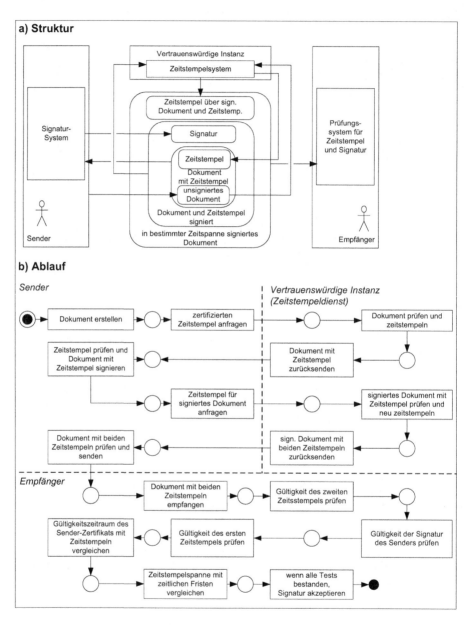

Abbildung 16: Struktur und Ablauf der Zeitspannensignatur

4.3.5 Loginersatz

Wird eine Public-Key-Infrastrukutur etabliert, so kann diese auch für Belange eingesetzt werden, die nicht unmittelbar mit dem Unterschreiben von Dokumenten zu tun haben. Sind zum Beispiel Mitarbeiter mit einer Smartcard ausgestattet und verfügen deren PC-Arbeitsplätze über ein entsprechendes Lesegerät, kann diese Technologie auch zur Anmeldung (Loginersatz) für Computer und Software verwendet werden.

Der Besitz des privaten Schlüssels in Form der Chipkarte kann so das Wissen um Login und Passwort ersetzen. Zusätzlich kann, wenn eine besonders hohe Sicherheit gewünscht ist, trotzdem ein Passwort abgefragt werden, um einen Missbrauch durch Diebstahl der Smartcard zu verhindern. Ähnliche Möglichkeiten bieten Soft- und Hardwareprodukte zur Erfassung von biometrischen Merkmalen, die zu diesem Zweck eingesetzt werden. Diese Produkte setzen häufig eine Zugangsbeschränkung durch Fingerabdruck- oder Unterschriftenanalyse ein.

4.3.6 Automatisierte Massensignaturen

Eines der großen Nutzenpotenziale elektronischer Dokumente ist die Möglichkeit ihrer massenhaften, automatisierten Verarbeitung. Dabei kann auch die maschinelle Signatur großer Dokumentbestände eine Rolle spielen. Dies kann nötig werden, wenn eine große Zahl Dokumente in kurzer Zeit signiert werden muss (zum Beispiel bei der Archivierung und Digitalisierung von Papierbelegen). Das signierende System kann dabei schnell an seine Performancegrenzen stoßen, da die Verschlüsselung sowie der Signierprozess für jedes einzelne Dokument Rechenzeit beansprucht.

Massen-verarbeitung

Um dies zu vermeiden, kann man stattdessen mehrere Dokumente zusammenfassen und diese gemeinsam signieren. Die einfachste Möglichkeit dazu ist es, den Hashwert über alle Dokumente zu bilden und diesen zu signieren. Jedoch hat dieses Verfahren den Nachteil, dass für die Überprüfung der Signatur eines einzelnen Dokuments stets alle mitsignierten Dokumente zur Verfügung stehen müssen. Fehlt nur ein Dokument, so scheitert die Verifizierung aller Dokumente, da der gemeinsame Hashwert nicht mehr rekonstruierbar ist.

eine Signatur für viele Dokumente

Um dieses Risiko zu vermeiden, können Hashbäume eingesetzt werden. Die Blätter eines solchen Baums sind die Hashwerte der zu signierenden Dokumente. Es werden nun immer zwei benachbarte Hashwerte zu einem Knoten zusammengefasst und ein gemeinsamer Hashwert über diese beiden Hashwerte gebildet. Anschließend werden solange benachbarte Knoten zu einem neuen Vaterknoten zusammengefasst und erneut gehasht, bis nur noch ein Wurzelknoten vorhanden ist. Dieser Wurzelhashwert wird nun signiert. Die Hashwertbildung kann dadurch räumlich und zeitlich verteilt erfolgen, was

Hashbaum

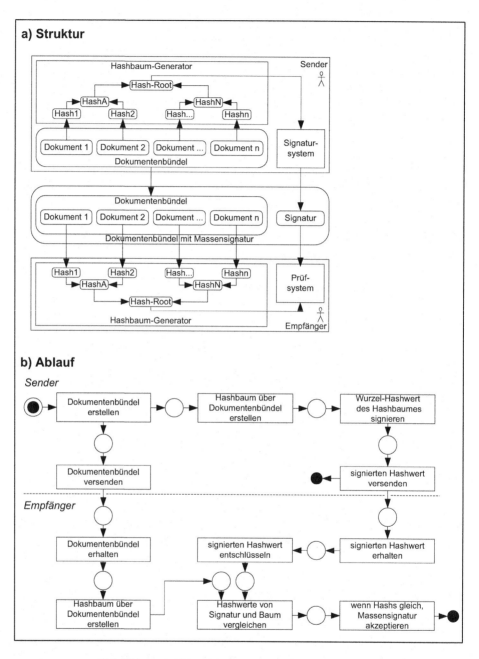

Abbildung 17: Automatisierte Massensignaturen

beispielsweise aus Performancegründen von Vorteil sein kann. Dennoch funktioniert auch dieses Verfahren nur, wenn alle Dokumente bzw. deren Hashwerte zum Zeitpunkt der Verifikation unverändert zur Verfügung stehen.

Um diesen Nachteil zu beheben, wird der Hashbaum derart modifiziert, dass jeder Knoten neben dem neuen Hashwert über seine Kinderknoten zusätzlich eine Kopie der Hashwerte von jedem seiner Kinderknoten enthält. Bei der Verifikation eines Dokumentes entschlüsselt der Empfänger zunächst die Signatur über den Wurzelhash. Anschließend rekonstruiert er selbst den Wurzelhashwert durch Berechnung aller Unterhashwerte entlang des Pfades von seinem Dokument (Hashbaumblatt) zum Wurzelknoten und vergleicht diesen Wert mit der entschlüsselten Signatur. Fehlt bei der Verifikation eines Dokuments nun ein anderes Dokument, so wird aus dem übergeordneten Knoten dessen dort abgelegter Hashwert verwendet. Dies setzt natürlich eine sichere Speicherung des Hashbaums voraus.

Durch das Signieren des Wurzelknotens des Hashbaumes können somit alle Dokumente gleichzeitig mit nur einer elektronischen Unterschrift verifizierbar signiert werden. Das Risiko, dass durch einen Datenverlust die Möglichkeit zur Verifikation aller Dokumente einer betroffenen Tranche verloren geht, wird damit weitgehend vermieden. Darüber hinaus kann die Entfernung von Daten bzw. Löschung von einzelnen Dokumenten auch eine unternehmerische Notwendigkeit sein, zum Beispiel bei personenbezogenen Daten.

Weiterführende Informationen zu dieser Form der Signatur sind zum Beispiel in [BW03], [Sch03b] und [Sch03d] zu finden.

4.3.7 Bestimmter Verifizierer

Es sind Anwendungsfälle denkbar, für die die Authentizität eines elektronisch signierten Dokumentes ausschließlich von einem bestimmten Empfänger oder einer bestimmten Empfängergruppe eindeutig verifiziert werden darf. Andere Empfänger oder unbeteiligte Dritte dagegen sollen die Signatur nicht prüfen können. Der öffentliche Schlüssel des Signierenden einer Nachricht liegt jedoch offen. Somit kann jeder die vom Sender signierten Dokumente verifizieren. Den öffentlichen Schlüssel geheimzuhalten und nur bestimmten Empfängern zugänglich zu machen, könnte zwar funktionieren, widerspricht aber der Idee, die hinter den Public-Key-Verfahren steht.

unerwünschte Signaturprüfung

Eine Lösungsmöglichkeit für diese Situation ist in Abbildung 18 dargestellt. Der Signierende signiert zunächst den Hashwert, den er über das elektronische Dokument gebildet hat. Anschließend verschlüsselt er diese Signatur mit dem öffentlichen Schlüssel des Empfängers (bzw. der Empfängergruppe), der die Signatur verifizieren darf. Damit bleibt jedem, der nicht über den privaten Schlüssel des Empfängers verfügt, die Signatur des Senders verborgen. Somit kann er diese auch nicht verifizieren.

Ablauf

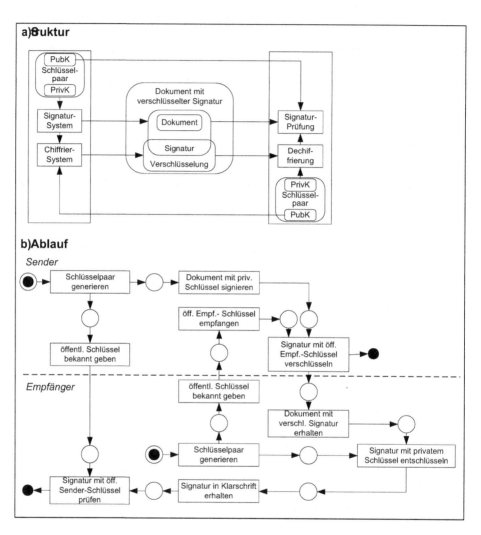

Abbildung 18: Bestimmter Verifizierer

Der Empfänger entschlüsselt dagegen zunächst mit seinem privaten Schlüssel die chiffrierte Signatur und kann diese anschließend wie gewohnt prüfen. In dieser Variante können Dritte zwar nicht die Authentizität eines Dokumentes verifizieren, aber den Inhalt der signierten Nachricht lesen, da dieser in Klarschrift vorliegt und lediglich die Signatur verschlüsselt wurde. Ist dies jedoch nicht beabsichtigt, kann anstatt der Signatur auch das gesamte Dokument inklusive Signatur mit dem öffentlichen Schlüssel des Empfängers verschlüsselt werden.

Dieser Ablauf ist eine weit verbreitete Methode, um mit Public-Key-Verfahren sowohl Authentizität als auch Vertraulichkeit von Dokumenten zu sichern, da es das anschließende Verschlüsseln für Dritte unmöglich macht, Kenntnis über den Inhalt des Dokumentes zu erhalten. Es ist empfehlenswert, für das Signieren und Verifizieren von Daten und für das Ver- und Entschlüsseln von Dokumenten unterschiedliche Schlüsselpaare zu verwenden, da es Angriffsszenarien gibt, bei denen der private Schlüssel aus einer signierten und dann verschlüsselten Nachricht berechnet werden kann.

Weiterführende Informationen zu dieser Form der Signatur sind zum Beispiel in [Kla01] und [CBZ99] zu finden.

4.3.8   Signatur von Datenströmen

In allen bisher beschriebenen Szenarien existiert das zu signierende Dokument bereits vor dem Signieren. Es könnte jedoch auch notwendig sein, einen kontinuierlichen Informationsfluss zu signieren, zum Beispiel bei einer Audio- oder Videoübertragung. Ein solcher in Echtzeit entstehender Datenstrom hat jedoch keine klaren Grenzen, insbesondere ein zunächst nicht definiertes Ende. Mit den bisher beschriebenen Verfahren müsste ein solcher Datenstrom zunächst vollständig aufgezeichnet und anschließend signiert werden. In einer Echtzeitkommunikation ist dies jedoch nicht möglich. Noch während Datenpakete aus dem Datenstrom beim Empfänger ankommen, werden neue Datenpakete durch den Sender generiert.

Signaturen und Datenströme

Herkömmliche Signaturen lassen sich also nicht über Echtzeit-Datenströme bilden, da weder der gesamte Umfang noch der Inhalt zu Beginn der Übertragung bekannt ist. Die Verifikation von Datenströmen kann somit erst dann erfolgen, wenn der gesamte Datenstrom erzeugt, signiert und übertragen wurde. Bei der Übertragung von Datenströmen wie zum Beispiel Video und Audio, kann es durchaus sein, dass einige Datenpakete bei der Übertragung verloren gehen und somit die Signatur nicht korrekt verifiziert werden kann.

Eine Lösung dafür ist in Abbildung 19 dargestellt. Der Datenstrom wird in kleinere Teildatenströme zerlegt, diese werden signiert und übertragen. Der Empfänger muss die Teildatenströme mit ihren Signaturen identifizieren und diese einzeln verifizieren. Um diese Identifikation zu vereinfachen, wird am

Ablauf

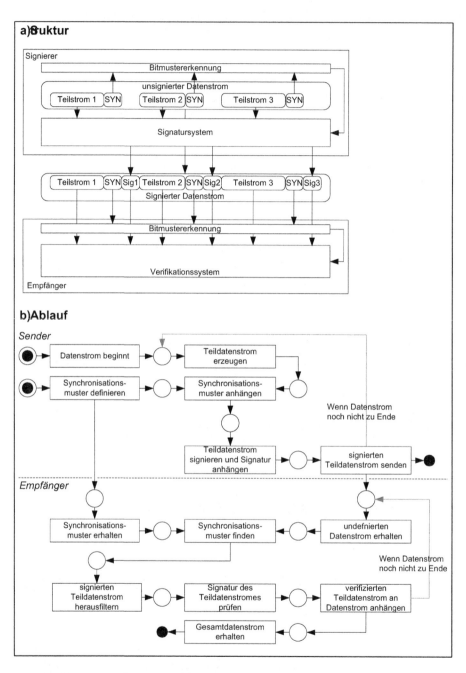

Abbildung 19: Signatur von Datenströmen

Ende eines Teildatenstroms ein Synchronisationsmuster in Form einer vorher vereinbarten Bitfolge eingefügt.

Der Sender zerlegt den Datenstrom fortlaufend in kleine Teildatenströme und trennt diese durch ein Synchronisationsmuster (vorher vereinbarte Bitfolge) voneinander ab. Anschließend hasht und signiert er den gebildeten Teilstrom, hängt die Signatur an diesen Teil an und versendet dieses Paket an den Empfänger. Auf diese Weise wird der Datenstrom fortlaufend bearbeitet und versendet. Der Empfänger muss die Synchronisationsmuster herausfiltern und kann damit die Teildatenströme voneinander trennen. Direkt hinter einem solchen Teildatenstrom befindet sich deren Signatur. Diese hat immer die gleiche Bitlänge, da jeweils durch Hashwerte mit fester Länge signiert wird. Damit können auch die Signaturen von dem Gesamtdatenstrom getrennt und verifiziert werden.

Durch dieses Verfahren können Datenströme signiert und verifiziert werden, deren Gesamtumfang am Beginn der Übertragung noch nicht feststeht. Durch die Verwendung des Synchronisationsmusters ist auch die Länge der einzelnen Teildatenströme variabel. Zudem können die einzelnen Datenstromteile auch noch geprüft werden, wenn einige während der Übertragung verloren gegangen sind oder beschädigt wurden. Eine weitere Verschärfung der Sicherheit wird erreicht, wenn die einzelnen Teildatenströme durch Verkettung miteinander verbunden werden. Dazu kann zum Beispiel die Signatur des vorhergehenden Teildatenstromes im folgenden Teildatenstrom mitsigniert werden. Dadurch wird verhindert, dass Dritte gefälschte Teildatenströme einfügen können, die zwar nicht korrekt signiert aber ohne Verkettung eventuell fälschlicherweise als fehlerhafte (zum Beispiel als Folge von Datenübertragungsfehlern) aber dennoch authentische Teile interpretiert werden könnten.

Neben authentizitätsgesicherten Audio- und Videoübertragungen ist auch eine Kombination mit Verschlüsselungsalgorithmen zur zusätzlichen Sicherung der Vertraulichkeit denkbar. Vor allem bei Multicast-Datenströmen ist dieses Authentifizierungsverfahren über Public-Key-Algorithmen sinnvoll.

Weiterführende Informationen zu dieser Form der Signatur sind zum Beispiel in [Sch03d] zu finden.

4.4 Archivierung elektronisch signierter Dokumente

Viele Dokumente, die in geschäftlichen Situationen entstehen, müssen oft aus verschiedenen Gründen über einen langen Zeitraum hinweg aufbewahrt werden. Während ein signiertes Papierdokument seine Gültigkeit in der Regel bis zu dessen Vernichtung behält, endet die Gültigkeit elektronisch signierter Dokumente häufig schon zu früheren Zeitpunkten. Darüber hinaus besteht das Problem, dass Datei- und Signaturformate in ferner Zukunft unter Umständen nicht mehr ohne weiteres lesbar sind. Die Besonderheiten, die sich hinsichtlich der langfristigen Aufbewahrung elektronisch signierter Dokumente ergeben, werden deshalb im Folgenden erläutert.

4.4.1 Dokumentations- und Aufbewahrungsvorschriften

BGB   Im *Formanpassungsgesetz* aus dem Jahr 2001 wurde im Bürgerlichen Gesetzbuch mit [Bunc, §§ 125, 126a] und in der *Zivilprozessordnung* [Bunh, §§ 130, 292a][4] die rechtliche Basis für den elektronischen Geschäftsverkehr geschaffen [LS04, S. 152ff]. Eine bisher schriftliche Willenserklärung kann entsprechend § 126 BGB in elektronischer Form abgegeben werden, wenn sich aus dem Gesetz keine anderen Formen für den entsprechenden Sachverhalt ableiten lassen.[5] Wird die elektronische Form verwendet, so ist laut § 126a BGB zu beachten, dass neben den Namen der beteiligten Personen das elektronische Dokument um die qualifizierte elektronische Unterschrift ergänzt werden muss [Jun03].

Im Kontext der Langzeitarchivierung ist vor allem § 125 BGB relevant. Damit die *Beweisfunktion* eines Dokumentes erfüllt wird, fordert das BGB die dauerhaft mögliche Wiedergabe des Dokumentes [Säc03, S. 26f]. Weitere Formvorschriften nach § 125 BGB sind [Sch03c, S. 107]:

- „den Erklärenden bei bedeutsamen Geschäften vor unbedachten Willenserklärungen und übereilter Bindung zu schützen (Warnfunktion),
- den Inhalt des Geschäfts zuverlässig beweisbar zu machen (Beweisfunktion),
- im Ausnahmefalle eine Unterrichtung Dritter zu ermöglichen (Informationsfunktion),
- bei notarieller Beurkundung darüber hinaus eine sachkundige Beratung und Belehrung sicherzustellen (Beratungsfunktion) oder auch
- eine wirksame behördliche Kontrolle zu ermöglichen (Kontrollfunktion)".

HGB   Die für alle Unternehmen zwingend zu archivierenden Geschäftsunterlagen werden im *Handelsgesetzbuch* [Bune] aufgeführt. Demnach unterliegen alle Kaufleute der Buchführungspflicht nach § 238 HGB. Die Pflicht zur Dokumentation ergibt sich aus den verschiedenen Funktionen und Prinzipien der Buchführungspflicht. Eine elementare Pflicht ist das Belegprinzip. Danach muss für jede durchgeführte Buchung ein entsprechender Beleg zur Prüfung vorhanden sein und dieser auch archiviert werden [BGK04, S. 12]. Da die meisten Unternehmen rechnergestützte Buchführungssysteme verwenden, müssen die erzeugten Dokumente auch in diesem System revisionssicher gespei-

---

[4]   § 292a wurde mittlerweile überführt nach [Bung, § 371a]
[5]   Für diesen Fall geltende Ausnahmeregelungen wurden vom Gesetzgeber vorgegeben, z. B. § 781 BGB (Schuldanerkenntnis), § 623 BGB (Kündigung des Arbeitnehmers).

chert werden. Daneben müssen die Dokumente eindeutig identifizierbar, unverändert und originalgetreu reproduziert werden können [HKP99, S. 6]. Die gesetzlichen Forderungen aus dem HGB müssen auch Anwendung auf die elektronischen Archive finden. Ziel ist es, im Streitfall den Beweiswert der Handelsbücher vor Gericht glaubwürdig vertreten zu können. In § 238 Abs. 2 HGB wird gefordert, dass der Kaufmann eine „übereinstimmende Wiedergabe" der versendeten beziehungsweise ausgegebenen Dokumente einzubehalten hat [HM06, § 238]. Dieses Zweitdokument ist rechtssicher im elektronischen Dokumentenmanagement- und Archivsystem zu speichern.

Die Rahmenbedingungen für die Führung der Handelsbücher werden in § 239 HGB festgelegt. Absatz 2 des § 239 HGB fordert die vollständige, richtige, zeitgerechte und geordnete Aufzeichnung und Eintragung von Transaktionen in den Büchern. Absatz 3 des § 239 HGB regelt die korrekte und vollständige Aufbewahrung der Unterlagen über die gesamte Dauer der Archivierung. Die Dokumente dürfen nicht unwissentlich verändert werden, da sonst der originäre Inhalt nicht mehr erkennbar ist. Zudem sind ausschließlich dauerhafte Änderungen zu erlauben.

Des Weiteren wird durch § 239 HGB Absatz 4 die Aufzeichnung der Daten auf Datenträgern und somit die Verwaltung durch elektronische Buchführungssysteme erlaubt, wenn die Daten dauerhaft lesbar und verfügbar gemacht werden können. Die Art der Aufbewahrung sowie die Aufbewahrungsfrist wird in § 257 HGB formuliert. Danach ist es grundsätzlich möglich, Daten auf Datenträgern zu archivieren, insofern diese eine ordnungsgemäße Wiedergabe der Daten ermöglichen. Die Wiedergabe der Daten muss nach § 257 Abs. 3 HGB in einer lesbaren Form erfolgen sowie bildlich und inhaltlich mit dem Original übereinstimmen. Dafür sind Kontrollmechanismen gegen den Verlust oder gegen die Verfälschung der Daten, zum Beispiel bei der Migration der Archivsysteme, nötig.

Die *Abgabenordnung* (AO) basiert auf dem HGB und beinhaltet steuerrelevante Vorschriften für Dokumente. In § 146 Abs. 1 AO (Ordnungsvorschriften für die Buchführung und Aufzeichnung) wird analog zu § 239 Abs. 2 HGB die vollständige, zeitgerechte und geordnete Aufzeichnung der Informationen gefordert [PK04]. Über nachträgliche Änderungen an den Daten ist ein Protokoll zu führen, damit die Informationen auf den Datenträgern vollständig und richtig bleiben. Für die elektronische Archivierung ist auch der Absatz 5 der oben genannten Ordnungsvorschrift relevant [PK04]. Darin wird die Aufbewahrung der steuerrelevanten Daten entsprechend den Anforderungen der Grundsätze ordnungsmäßiger Buchführung verlangt. Wie das Verfahren ausgeführt wird, ist jedoch den verantwortlichen Akteuren freigestellt. Im Ergebnis müssen die Daten konsistent und nachvollziehbar archiviert werden, so dass diese vollständig bildlich und inhaltlich mit dem Originaldokument übereinstimmen.

Abgabenordnung

Ein zweiter wichtiger Paragraph für die elektronische Archivierung ist § 147 AO (Ordnungsvorschrift für die Aufbewahrung von Unterlagen) [PK04]. Analog zum HGB werden die Anforderungen an elektronische Archiv- und Dokumentenmanagementsysteme zur rechtssicheren Archivierung für eine ordnungsgemäße Aufbewahrung und Wiedergabe der Daten auf Datenträger bezüglich Inhalt, Form und Vollständigkeit beschrieben. Danach muss das Buchführungssystem so konzipiert werden, dass unabhängige Dritte (zum Beispiel bei der Steuerprüfung) auf die Daten innerhalb eines kurzen Zeitraumes zugreifen und diese auch überprüfen können [HKP99].

GoBS Die vom Bundesministerium für Finanzen erstellten *Grundsätze ordnungsmäßiger DV-gestützter Buchführungssysteme (GoBS)* [GoB] haben zum Ziel, durch Regeln zum ordnungsgemäßen Übertragen von Daten auf ein Speichermedium deren Integrität und Sicherheit zu gewährleisten. Darin wird unter anderem gefordert, dass die elektronischen Dokumente sicher gespeichert und während der Aufbewahrung auf dem Speichermedium jederzeit abrufbar sein müssen [Gei04, S. 44].

Die Forderung nach einer ordnungsgemäßen Wiedergabe der elektronisch archivierten Dokumente basiert auf § 257 Abs. 3 HGB und § 147 Abs. 2 AO [Bun95]. Darin wird jeweils festgelegt, dass die Dokumente innerhalb einer bestimmten Frist den berechtigten Personen zur Verfügung gestellt werden müssen. Wird das Dokument von der Finanzbehörde bearbeitet oder in ein anderes Format konvertiert, muss das Originaldokument erhalten bleiben. Um die Administration zu vereinfachen, wird ein vorher festgelegter Index für beide Dokumente verwendet [Bun95]. Parallel dazu sollte der Vorgang protokolliert und das Dokument entsprechend gekennzeichnet werden.

GDPdUs Die *Grundsätze zum Datenzugriff und zur Prüfbarkeit digitaler Unterlagen (GDPdUs)* wurden ebenfalls vom Bundesministerium für Finanzen erstellt und sollen den Finanzbehörden bei einer Prüfung der steuerrelevanten Informationen die Einsicht in die Unterlagen erleichtern [gdp]. Basis der GDPdUs sind die GoBS im Hinblick auf Anforderungen an die Dokumentation, Prüfbarkeit, Speicherung und Wiedergabe der Daten sowie Datensicherheit- und Datenschutzaspekte elektronischer Dokumente. Ziel dieser Richtlinie ist die Etablierung einer Prüfmethode für elektronische Geschäftsvorfälle.

Die Pflicht zum Vorhalten von digitalen Daten besteht seit dem 01.01.2002 [Cam02]. Grundlage ist § 147 Abs. 6 AO, wodurch dem Finanzamt die Einsicht in die gespeicherten elektronischen Dokumente ermöglicht wird [LS04, S. 155]. Die elektronische Form darf die Papierform ersetzen, wenn die „elektronische Abrechnung mit qualifizierter elektronischer Signatur und Anbieter-Akkreditierung nach dem Signaturgesetz möglich ist" [Bun01b].

Für die Archivierung elektronisch signierter Dokumente im Zusammenhang mit den GDPdUs sind deren Abschnitte II.1. und II.2. von Bedeutung. In diesen Abschnitten werden Festlegungen in Bezug auf § 146 Abs. 4 AO hinsichtlich des Transfers des betroffenen elektronischen Dokuments sowie der Erkennbarkeit und Prüfbarkeit der verschlüsselten Daten gemacht [Gei04, S. 49]. Der Empfänger ist demnach verpflichtet, eine *Signaturprüfung* durchzuführen und ein entsprechendes *Prüfprotokoll* zu erstellen [Bun01b]. Dafür werden folgende Vorgaben gemacht:

1. Die Integrität der Daten und die Signaturberechtigung sind zu prüfen und das Ergebnis ist zu dokumentieren.
2. Die Bestätigung des Zertifizierungsdienstes über den Signaturinhaber ist aufzubewahren.
3. Der Originalzustand der übermittelten Daten muss erkennbar sein.
4. Die Speicherung hat auf einem Datenträger zu erfolgen, der Änderungen nicht mehr zulässt. Bei einer temporären Speicherung auf einem änderbaren Datenträger muss das Datenverarbeitungssystem sicherstellen, dass Änderungen nicht möglich sind.

Die GDPdUs machen es somit erforderlich, dass ein elektronisch signiertes Dokument einschließlich seiner elektronischen Signatur rechtssicher archiviert wird, damit die Integrität und Authentizität des Dokuments sowie dessen Beweisqualität erhalten bleibt.

4.4.2 Verlust der Sicherheitseignung von Algorithmen

Elektronische Signaturen beruhen auf kryptografischen Algorithmen, Parametern und Hashalgorithmen. Algorithmen können aufgrund des technischen Fortschritts der IT-Systeme kompromittiert werden und besitzen daher eine begrenzte Lebensdauer. Wenn sie ihre *Sicherheitseignung* verlieren, müssen sie durch neue und sichere Algorithmen ersetzt werden. Dies gilt auch für deren Parameter (z. B. die Schlüssellänge).

Beurteilung durch die Bundesnetzagentur

Der Verlust der Sicherheitseignung hat zur Folge, dass die Integrität und die Authentizität des elektronisch signierten Dokuments nicht mehr belegt werden kann. Der Verlust der Sicherheitseignung ist ein regelmäßig wiederkehrender Vorgang, da die verwendeten mathematischen Verfahren nicht endgültig nachweisbare sichere Eigenschaften für die Zukunft besitzen [FD04]. Die Beurteilung, ab wann ein Algorithmus als unsicher einzustufen ist, legt in Deutschland die *Bundesnetzagentur* fest [Bun1, Anlage 1 Abs. 2]. Sie definiert die als sicher eingestuften und zu verwendenden Algorithmen und befristet diese Angabe zeitlich, meist auf sechs Jahre. Sollte ein Algorithmus in dieser Zeitspanne kompromittiert werden, wird dies im Bundesanzeiger veröffentlicht. Die betroffenen Organisationen besitzen jedoch im Regelfall von diesem Moment an einen ausreichend großen Zeitraum, in dem sie ihre Signaturen rechtzeitig erneuern können.

Wenn die Sicherheitseignung des verwendeten Algorithmus oder der dazugehörigen Parameter nicht mehr ausreichend ist, muss das betreffende Doku-

Richtlinien für die Erneuerung der Signatur

ment unter der Verwendung sicherer Algorithmen und Parameter neu signiert werden, um dessen Beweiskraft zu erhalten. Dabei muss Folgendes beachtet werden [BP03]:

- Die Existenz der elektronischen Signatur beziehungsweise des privaten Schlüssels vor dem Verlust der Sicherheitseignung des verwendeten Algorithmus' oder der dazugehörigen Parameter muss nachweisbar sein.
- Es muss nachgewiesen werden, dass der Hashwert bereits erzeugt wurde, bevor der Hashalgorithmus seine Sicherheitseigenschaft verlor.
- Die verwendeten Algorithmen müssen den Sicherheitsanforderungen der Bundesnetzagentur entsprechen.
- Alle früheren Signaturen, auch Mehrfachsignaturen zum selben Dokument, müssen erfasst und erneuert werden.[6]
- Beim Erneuerungsprozess müssen die Dokumente und die erneuten Signaturen in beweisfähiger Form erhalten bleiben, so dass sie langfristig verwendbar und verifizierbar sind.
- Aus datenschutzrechtlichen Gründen kann es erforderlich sein, bestimmte Dokumente wieder aus dem Archiv zu entfernen. Die Löschung dieser Dokumente muss möglich sein, ohne die Integrität und Authentizität der im Archiv verbleibenden Dokumente zu beeinträchtigen.
- Die Signaturerneuerung bei verschlüsselten Dokumenten sollte möglich sein, damit das Archivierungssystem nicht auf den Klartext zugreifen muss. Ist dies nicht der Fall, wäre der Geheimnisschutz des Dokumentes gefährdet.
- Das Verfahren zur Erneuerung der Signatur muss unabhängig vom Datenformat des Dokuments sowie vom Verfahren der Erzeugung der Signatur sein.

4.4.3 Gesetzliche Anforderungen an die Langzeitarchivierung elektronischer Signaturen

SigG, SigV

Die gesetzlichen Anforderungen an die *Langzeitarchivierung* elektronischer Signaturen sind im *Signaturgesetz* und in der *Signaturverordnung* beschrieben. Anbieter qualifizierter Zertifikate müssen gemäß § 6 SigG den Signaturschlüssel-Inhaber darüber informieren, dass Dokumente mit einer qualifizierten elektronischen Signatur neu zu signieren sind, bevor der Sicherheitswert der Signatur im Zeitablauf als unzureichend eingestuft wird

---

[6] Mehrere Dokumente können gemeinsam signiert werden. Ist der Hashalgorithmus noch geeignet, der Verschlüsselungsalgorithmus aber korrumpiert worden, reicht die Neusignierung des Hashwertes aus, ohne ihn neu zu bilden. Signierte Dokumente können auch in verschlüsselter Form erneuert werden, wenn eindeutig der Inhalt des ursprünglichen Dokumentes nachweisbar ist. Somit muss der geheime Schlüssel dem Archivsystem zur Prüfung des Dokumenteninhaltes vorliegen, wobei der Datenschutz gewährleistet sein muss[BP03].

[Sch03a]. Aus diesem Gesetz leitet sich aber keine Pflicht zur Erneuerung der elektronischen Signatur für den Signaturschlüssel-Inhaber ab. Die Entscheidung zur Erneuerung der elektronischen Signatur liegt im Ermessen und Eigeninteresse derjenigen Personen und Institutionen, die die elektronisch signierten Dokumente aufbewahren.

Ein Rechtsnachteil, der bei Nichterfüllung der Erneuerung der Signatur entstehen kann, ist die geminderte Beweiskraft nach § 371a ZPO, da der gesetzliche Anscheinsbeweis der Echtheit des Dokuments nicht mehr gewahrt bleibt. Wenn eine Institution oder Behörde verpflichtet ist, Dokumente rechtssicher aufzubewahren und zu archivieren, kann daraus die Pflicht zur Erneuerung der Signatur abgeleitet werden, da die Beweisqualität erhalten bleiben muss. Eine weitere Pflicht zur Erneuerung der elektronischen Signatur ergibt sich bei Original-Papierdokumenten, bei denen die elektronische Form zugelassen ist, da die elektronische Form ein Substitut der Papierform darstellt [BPRS02]. In Deutschland wurde zusätzlich in der Signaturverordnung im § 17 SigV eine Handlungsdirektive bezüglich der zeitlich begrenzten Sicherheit der elektronischen Signaturen eingeführt, und zwar für Dokumente, welche in elektronischer Form als Substitut für die Papierform vorliegen. Unabhängig davon konnten bisherige Konzepte zur Langzeitarchivierung elektronisch signierter Dokumente keinen Eignungsnachweis erbringen, da ein Präzedenzfall erst nach Jahrzehnten eintreten könnte [FDRS04].

Erhaltung der Beweiskraft

In § 17 SigV wird ausschließlich die Erneuerung von qualifizierten elektronischen Signaturen normiert, wenn die „Eignung der Algorithmen oder der zugehörigen Parameter" [Sch03a] nicht mehr ausreichend gegeben ist. Die Verordnung schreibt weiterhin die Erneuerung mit geeigneten Algorithmen vor, einschließlich der früheren Signatur und eines qualifizierten Zeitstempels. In [BPRS02] wird argumentiert, dass aus der Begründung zur Signaturverordnung ein qualifizierter Zeitstempel ausreicht und keine zusätzliche qualifizierte elektronische Signatur benötigt wird. Denn ein qualifizierter Zeitstempel beinhaltet nach dieser Auffassung bereits eine qualifizierte elektronische Signatur, womit eine Doppelsignatur nicht nötig ist.

Qualifizierte Signaturen

Der Einschluss der früheren Signatur ist auch bei der Verwendung der fortgeschrittenen elektronischen Signatur möglich. Das Weiterführen der bisherigen Signatur im Erneuerungsprozess wird damit begründet, dass neben der Abnahme der Beweiskraft der kryptografischen Algorithmen beim Signiervorgang auch die verwendeten Hashverfahren unsicher sind [BPRS02]. Müsste ausschließlich der Algorithmus, und damit das Signaturverfahren erneuert werden, so wäre es ausreichend, die Signaturwerte der unsicheren mit den Werten der erneuerten Signatur zu überschreiben, um die zu Grunde liegenden Daten langfristig zu sichern. Weiterführend betrachtet, hätte diese Vorgehensweise den Vorteil, dass das Verfahren wesentlich einfacher und kosteneffizienter gestaltet und die Signaturwerte getrennt vom Dokument in einer Datenbank abgelegt werden könnten. Darauf könnte zum Zeitpunkt der Erneuerung zugegriffen und der Prozess durchgeführt werden. Im Anschluss daran wäre es unnötig, die vollständigen, signierten Dokumente auf einem Langzeitspeicherträger auszulagern. Die Problematik der Wahl und Organisation der Langzeitspeichermedien vereinfacht sich auf die Weise für den Anwender. Die Verwendung von Hashverfahren bei elektronisch signierten Dokumenten verkleinert signifikant das zu übertragende beziehungsweise zu speichernde Datenvolumen.

Neben dem qualifizierten Zeitstempel kann auch ein akkreditierter Zeitstempel für ebensolche elektronischen Signaturen verwendet werden, insofern diese Anwendung in einem Signaturprozess erforderlich ist. Nach der SigV soll der verwendete Algorithmus mindestens sechs Jahre gültig sein. Jedoch besitzen die von akkreditierten Zertifizierungsdienstanbietern ausgestellten qualifizierten Signaturen nach § 14 SigV nur eine Gültigkeit von fünf Jahren. In der Konsequenz könnte die mit einem gültigen, akkreditierten Zertifikat ausgestellte elektronische Signatur aufgrund dieser beiden Vorschriften bereits nach einem Jahr verfallen.

4.4.4   ArchiSig - Konzept zur Langzeitarchivierung elektronisch signierter Dokumente

ISIS-MTT   Für die langfristige Speicherung elektronisch signierter Dokumente sind eine ganze Reihe nationaler und internationaler Standards von Bedeutung, die inzwischen unter Koordination von TeleTrustT Deutschland e.V. sowie T7 e.V. in Form der *ISIS-MTT-Spezifikation* zusammengeführt wurden [IM]. Dabei handelt es sich um Vorgaben für die technische Realisierung bestimmter Aspekte, damit beispielsweise die Interoperabilität zwischen Softwareprodukten gewährleistet ist.

ArchiSig
Zielstellung   Im unternehmerischen Kontext ist es von Bedeutung, unter Einhaltung der gesetzlichen und technischen Rahmenbedingungen einen sicheren und effizienten Prozess zur Langzeitarchivierung elektronisch signierter Dokumente zu etablieren. Dies kann auf verschiedenen Wegen realisiert werden. Ein ganzheitlicher Ansatz, der stellvertretend besprochen werden soll, ist das Ergebnis des vom Bundesministerium für Wirtschaft und Technologie geförderten Projekts *ArchiSig*. Es handelt sich dabei um ein Konzept zur rechtssicheren Archivierung elektronisch signierter Dokumente über einen Zeitraum von 30 Jahren und mehr [Far04], [RS05].

Grundsätze   Zu den zentralen Ergebnissen des Projekts gehören unter anderem 10 Grundsätze, die bei einer derartigen Archivierung eingehalten werden sollten [Por05]:

1.   Verwendung eindeutig interpretierbarer, langfristig stabiler und standardisierter Nutzdatenformate,

2. Verwendung eindeutig interpretierbarer, langfristig stabiler und standardisierter Signaturdatenformate,

3. Berücksichtigung der Sicherheitseignung kryptografischer Algorithmen (Vorgaben der RegTP),

4. Verwendung elektronischer Signaturen mit ausreichend hohem Sicherheitsniveau (vorzugsweise qualifizierte Signaturen),

5. Archivierung erforderlicher Verifikationsdaten in verkehrsfähiger Form,

6. Rechtzeitige und beweiskräftige Signaturerneuerung (bei drohendem Verlust der Sicherheitseignung von Algorithmen oder Parametern),

7. Sicherstellung der Verfügbarkeit technischer Komponenten (zur Verifizierung und Visualisierung der Dokumente),

8. Sichere Transformation elektronisch signierter Dokumente,

9. Gewährleistung des Daten- und Geheimnisschutzes,

10. Erhöhung der Datensicherheit durch Redundanz bei der Speicherung und Erneuerung elektronischer Dokumente.

Eine detaillierte Diskussion dieser Grundsätze erfolgt unter anderem in [RS05] und [Por05]. Wird ihnen gefolgt, ist ein wichtiger Grundstein für eine sichere, langfristige Archivierung gelegt. Einige ausgewählte Aspekte aus diesen vorgeschlagenen Grundsätzen werden im Folgenden erläutert.

4.4.5   Nutzdatenformate

Beim Signiervorgang wird genau genommen kein Dokument unterschrieben, sondern Bitfolgen, aus denen das elektronische Dokument besteht. Diese müssen von Programmen ausgewertet und auf einem Bildschirm präsentiert werden [Por03, S. 11ff]. Bereits die Präsentation des zu signierenden Dokuments kann unterschiedlich und damit mehrdeutig ausfallen (z. B. durch verborgenen Text oder aktive Elemente im Dokument, die nicht oder in anderer Form präsentiert werden). Für die Langzeitarchivierung elektronisch signierter Dokumente ergibt sich zusätzlich das Problem, dass das bei der Erstellung der Signatur verwendete Datenformat im Laufe der Zeit ggf. nicht mehr verarbeitet oder angezeigt werden kann [KSV05].

Problemstellung

Nach dem Formanpassungsgesetz § 126a BGB für das Privatrecht und dem 3. Verwaltungsverfahrensänderungsgesetz (*VwVfÄG*) für öffentliches Recht wird das elektronische Dokument der Schriftform gleichgesetzt und kann Urkundencharakter besitzen [LS04, S. 156]. Muss ein Formatwechsel in „ein anderes technisches Format als das mit einer qualifizierten elektronischen Signatur verbundene Ausgangsdokument" [Bun02] vorgenommen werden, ist das Dokument nach dem Verwaltungsverfahrensgesetz (VwVfG) wie eine Urkunde von einem Notar zu beglaubigen. Die Kopie hat dem Ausgangsdokument nachweislich zu entsprechen, da sie sonst ihre Beweiskraft verliert. Auch fortgeschrittene elektronische Signaturen dürfen nicht ohne weiteres auf ein anderes Dokument übertragen werden.

Rechtliche Situation

Wahl des Datenformates

Die Wahl des Datenformates ist für die Langzeitarchivierung von elektronischen Dokumenten von besonderer Bedeutung. Die Auswahl an unterschiedlichen Dateiformaten und Softwareprodukten zum Lesen und Bearbeiten der Dokumente ist sehr vielfältig und ändert sich schnell. Wird ein elektronisches Dokument heute gespeichert und soll ggf. mehrere Jahrzehnte später wieder benutzt werden, so ist damit zu rechnen, dass die dann eingesetzte Software dieses Datenformat unter Umständen nicht mehr lesen kann. Diesem Problem kann man mit unterschiedlichen Maßnahmen begegnen. Zunächst kann bei der Wahl des zu verwendenden Datenformats darauf geachtet werden, dass dieses eine möglichst lange prognostizierte Verwendbarkeitsdauer hat, um das genannte Problem zu vermeiden. Sollte dieses trotzdem auftreten, kann das Dokument ggf. in ein dann aktuelles Dateiformat transformiert werden. Eine Alternative dazu ist die Emulation der ursprünglichen Software, um die archivierten Dokumente zu öffnen.

DOMEA

Anforderungen an Datenformate zur langfristigen Speicherung elektronischer Dokumente werden z. B. auch durch das *DOMEA*-Konzept spezifiziert, welches Empfehlungen zur Einführung der elektronischen Vorgangsbearbeitung in der öffentlichen Verwaltung gibt [Koo04, S. 30]. Die zentrale Forderung durch das DOMEA-Konzept liegt in der Beschränkung auf eine geringe Anzahl von Archivformaten, namentlich auf das ASCII-Format (beziehungsweise Unicode) sowie auf das Tagged Image File Format (TIFF). Unabhängig davon sind aber auch andere Formate durchaus für eine langfristige Speicherung geeignet. Einige davon werden im Folgenden beschrieben.

ASCII

Aufgrund der einheitlichen Standardisierung und der geringen Komplexität des *ASCII*-Codes ist das Datenformat für die Langzeitarchivierung gut geeignet. Die Anforderungen an ASCII-Viewer sind auf die Navigation und die Suchfunktion im Dokument begrenzt. Demzufolge ist das Risiko bezüglich einer fehlerhaften Präsentation als niedrig einzustufen. Das ASCII-Format besitzt eine begrenzte Ausdrucksstärke, die bei der Erstellung und Ausgestaltung eines Dokumentes von Nachteil sein kann.

TIFF

Das *TIFF*-Format wird häufig als Imageformat für gescannte Dokumente verwendet. Bei diesem Format findet eine Komprimierung nur in begrenztem Umfang statt, um Qualitätsverluste gering zu halten [Bun04a, S. 2203]. Das TIFF-Format ist statisch, wodurch eine Weiterverarbeitung erschwert wird. Der Einsatz von TIFF ist dann zu empfehlen, wenn der Inhaltsschwerpunkt des Dokumentes auf der Grafik und nicht auf dem Text liegt [Koo04, S. 33].

PDF

Das *PDF*-Format wird durch die *Standards und Architekturen für eGovernment Anwendungen* des Bundesministeriums des Innern für Textdokumente empfohlen. Bei Verwendung dieses Formats können keine Änderungen am Dokument durchgeführt werden. Das Format ist darüber hinaus plattformunabhängig [Koo05, S. 82]. PDF ist für die originalgetreue Darstellung von Dokumenten derzeit das Standardformat [BRSS03, S. 114]. Das PDF/Archive-Format wurde als ISO-Standard 19005-1 für die Langzeitarchivierung von Dokumenten anerkannt. Grundlage ist die Version PDF 1.4 mit einigen Restriktionen, um den Bedürfnissen der Langzeitarchivierung gerecht zu werden. Beispielsweise müssen Schriften (Schriftarten) in das Dokument integriert werden. Eingebettete Audio-/Videodaten sowie die Nutzung von JavaScript werden ausgeschlossen.

XML-Dokumente wurden bezüglich der Langzeitarchivierung nicht abschließend wissenschaftlich evaluiert [Gri03]. XML-Dokumente scheinen grundsätzlich gute Voraussetzungen für die Archivierung zu besitzen. Sie sind selbstbeschreibend, das Format kann erweitert werden. Diese Informationen müssen dem Dokument in einer Document Type Definition (DTD) mitgegeben und anschließend archiviert werden [Bun04a, S. 2201]. Die Integrität und Authentizität von XML-Dokumenten kann durch Signaturen nachgewiesen werden [KPS03]. Zusätzlich ist ggf. die zugehörige XSL-Datei zu signieren und zu archivieren, um eine originalgetreue Präsentation zu gewährleisten. Ein Vorteil von XML ist die teilweise Unabhängigkeit von Softwareprodukten sowie die offen liegende Syntax und Semantik [KPS03]. Zugleich bietet XML einen Lösungsansatz zur Handhabung des Präsentationsproblems, da Daten und Kontextinformationen getrennt aufbewahrt werden [KPS03]. Damit ist für das Dokument ein einheitliches Erscheinungsbild definierbar.

XML

4.4.6   Archivierung erforderlicher Verifikationsdaten

Aus der Sicherstellung der Integrität eines Dokuments durch dessen erneute Signierung kann nicht die Sicherstellung der Authentizität des Dokuments abgeleitet werden [FD04]. Um ein Dokument zu einem späteren Zeitpunkt verifizieren zu können, sind bestimmte *Verifikationsdaten* nötig. Dabei handelt es sich im Wesentlichen um das *Zertifikat* des Unterzeichners und weitere damit verbundene Informationen (*Sperrlisten* etc.). Soll das Dokument in ferner Zukunft verifiziert werden, besteht zum Beispiel die Gefahr, dass das Zertifikat inzwischen gelöscht wurde oder der *Zertifizierungsdienstanbieter* nicht mehr existiert. In diesem Fall wäre eine Verifikation des Dokuments auf Basis des verwendeten Zertifikats nicht mehr möglich.

Verlust der Verifikationsdaten

Eine Lösungsmöglichkeit für dieses Problem ist die zusätzliche Aufbewahrung der Verifikationsdaten zusammen mit dem Dokument. Eine solche Sicherung der Verifikationsdaten ist jedoch gesetzlich nicht vorgeschrieben. Der Anwender hat lediglich die Pflicht zur Beweissicherung seiner signierten Daten [FD04]. Die Speicherung und Verwaltung der Verifikationsdaten kann im Datencontainer der Signatur oder in einer Objektdatenverwaltung [Tie04], den so genannten Metadaten, erfolgen.

Speicherung der Verifikationsdaten

Zu den *Metadaten* gehören unter anderem Informationen über die zu verwendende Hard- und Software sowie die eindeutige Bezeichnung und Dokumentation der Datenformate, in denen die elektronischen Dokumente ge-

Metadaten

speichert sind [SL04]. Wenn das elektronische Dokument im Archivsystem abgelegt wird, sollte es zudem zusätzlich um einen eindeutigen *Identifikator* erweitert werden, um beispielsweise den Datenbankzugriff oder die Suchfunktion zu dem entsprechenden Dokument zu unterstützen [BRSS03, S. 147ff]. Dieser Identifikator sollte dauerhaft nachweisbar und über die Systemgrenzen hinweg eindeutig sein. Er sollte also unabhängig vom Speicherort sowie bei einem Systemwechsel permanent nachweisbar sein [SL04]. Als Identifikator wird meist ein Metaindex verwendet. Im Kontext der Langzeitarchivierung muss geklärt werden, wo sich dieser Index befinden soll. Im Allgemeinen liegt der Index der Dokumente in der Anwendung, in der das Dokument erstellt wurde [BGK04, S. 71]. Die Komplexität und der Integrationsaufwand bei diesem automatisierten Verfahren steigt, wenn die Speicherung der Indizes in verschiedenen Anwendungen erfolgt. Eine Lösung, um den Aufwand zu minimieren, ist der so genannte Middleware-Software-Ansatz [BRSS03, S. 147ff]. Diese zusätzliche Schnittstelle zwischen Client und Anwendung reduziert die Komplexität und erhöht die Unabhängigkeit des Systems, trotz Änderungen in den Anwendungen.

Index in Datenbank Eine weitere Lösungsmöglichkeit ist die zentrale Speicherung der Indexinformationen in einer Datenbank [BGK04, S. 71]. Dabei kann neben der Unabhängigkeit gegenüber Änderungen in der Anwendung auch die Unabhängigkeit von der Anwendung selbst erreicht werden. Die Standardisierung des Index führt zu einer Optimierung des Verfahrens. In den Metadaten kann, zum Beispiel entsprechend der „Dublin Metadata Initiative", eine Basismenge von 15 Metadatenelementen definiert werden, die das Dokument für die Archivierung beschreiben [BRSS03, S. 147ff]. Eine spätere Suche nach Dokumenten ist einfacher ausführbar. Darüber hinaus ist eine Erweiterung um das Attribut „Verifikationsdaten" möglich. Dazu werden diese vorher verschlüsselt und verweisen direkt auf das archivierte, elektronisch signierte Dokument. Bei der Aktualisierung der Verifikationsdaten muss dann nicht auf das Dokument selbst, sondern ausschließlich auf die Metadaten zugegriffen werden. Ein solches Verifikationsmodul könnte auch für alle zu einem bestimmten Zeitpunkt verwendeten Zertifikate gelten. Die Zuweisung der Verifikationsdaten zu jedem einzelnem Dokument ist somit nicht mehr notwendig [BRSS03, S. 147ff]. Eine weitere Möglichkeit ist die Teilung der Verifikationsdaten. Für Daten, die nicht direkt einem Dokument zugeordnet werden können, erfolgt die Speicherung zentral in der Metadatei. Dazu zählen das Wurzelzertifikat des Zertifizierungsdienstanbieters, das für ihn ausgestellte Zertifikat, Sperrlisten, Gültigkeitsnachweise und das Verzeichnis über das übergeordnete Zertifikat des Zertifizierungsdienstanbieters.

Erweitertes Signatur- datenformat Daten, die direkt mit dem Dokument verbunden werden, damit es als Beweismittel verwendet werden kann, sollten in einem erweiterten Signaturdatenformat gespeichert werden. Einen entsprechenden Vorschlag zu einem erweiterten Signaturdatenformat wird in [Tie04] gemacht. Der Zeitstempel muss demzufolge zur Verifikation in das Feld „Signiertes Attribut" integriert werden. Während des Signierprozesses stellt der Zeitstempel einen Referenzzeitpunkt zum Nachweis der Gültigkeit des Zertifikates dar. Da die Systemzeit des verwendeten Rechners manipuliert worden sein kann, muss von einem Zertifizierungsdienstanbieter eine vertrauenswürdige Zeitangabe eingeholt werden. Analog zur CMS-Syntax werden im Feld „Unsignierte Attribute" Protokolle und Listen über Sperrvermerke und OCSP-Anfragen bezüglich des originären Zertifikats eingetragen. Die Erweiterung der Signaturdatenstruktur besteht aus den Feldern „Rekonstruierbarer Originalzustand" und „Zeitstempel des Empfängers" [Tie04]. Ersteres bedeutet, dass der Originalzustand identifizierbar ist. Daher muss dieser getrennt von Verifikationsdaten im Datencontainer archiviert werden [Tie04]. Letzteres impliziert die Zeitstempelung der Verifikationsdaten durch den Empfänger selbst, wenn dieser die Zeitangabe des Senders nicht für vertrauenswürdig hält [Tie04]. Die Sicherung der Daten im Signaturdatenformat kann in einem zweiten Schritt mit einem Archivzeitstempel vollzogen werden.

4.4.7 Signaturerneuerung

Für die Erneuerung der Signatur eines Dokuments können verschiedenen Verfahren zum Einsatz kommen. Im Folgenden wird das im Rahmen des Projektes *ArchiSig* entwickelte Vorgehen beschrieben [Far04], [RS05].

Das elektronisch signierte Dokument kann sofort nach Eingang im Unternehmen mit einem Zeitstempel versehen werden. Wenn innerhalb eines kurzen Zeitraumes nach der Signierung des Dokuments der initiale *Archivzeitstempel* gesetzt wird, so muss die Sicherheitseignung der Verschlüsselungs- und Hashalgorithmen nicht gesondert nachgewiesen werden. Ausschließlich die Algorithmen, die zur Zeitstempelung und Hashwertbildung verwendet werden, sind dann noch zu betrachten [Tie04].

Initiale Zeitstempelung

Anschließend müssen alle benötigten Verifikationsdaten beschafft werden. Diese können auch an das zusätzlich verschlüsselte Dokument angehängt werden. Das Datenobjekt wird mit einem sicheren Hashalgorithmus gehasht. Danach muss eine bestimmte Anzahl von Hashwerten gesammelt werden, um einen *Hashbaum* erzeugen zu können (siehe auch Kapitel 4.3.6). Im Anschluss daran wird ein Zeitstempel für den Wurzelhashwert eingeholt. Danach wird für das signierte Dokument ein reduzierter Archivzeitstempel gebildet, der als erste erneuerte Signatur gelten kann, wenn alle dafür verwendeten Algorithmen noch beweissicher sind. Mit dem Zeitstempel kann die Sicherheitseignung der für die Archivierung verwendeten Algorithmen nachgewiesen werden [BP03].

Beschaffung der Verifikationsdaten

Der Zeitstempel selbst ist ebenfalls mit einer elektronischen Signatur versehen und kann seine Sicherheitseignung verlieren. Der Zeitpunkt der Erneuerung der Zeitstempel in einem Archivsystem muss so gewählt werden, dass ein

Erneuerung des Zeitstempels

mit dem Zeitstempel verbundener Hash- oder Public-Key-Algorithmus in naher, aber absehbarer Zeit als unsicher eingestuft wird, aber der im Hashbaum verwendete Hashalgorithmus noch sicher ist [BP03]. Die Grundidee der Zeitstempelerneuerung besteht darin, den unsicheren Archivzeitstempel mit dem sicheren Hashalgorithmus des Hashbaumes zu hashen und in einen neuen, gerade gebildeten Archivzeitstempel einzubeziehen [Far04]. Dabei muss nicht auf die archivierten Dokumente zugegriffen werden.

Vorteile des Verfahrens

Die Vorteile dieses Verfahrens zur Signaturerneuerung liegen in den Effizienzgewinnen hinsichtlich Kosten und Zeit, da lediglich der Zugriff auf den Archivzeitstempel notwendig ist und nicht auf das Dokument beziehungsweise die darauf referenzierenden Dokumente zugegriffen werden muss. Vorteilhaft ist ebenfalls, dass zwar eine beliebige Anzahl von Archivzeitstempeln erneuert werden muss, aber lediglich ein neuer zertifizierter Archivzeitstempel für die Erneuerung ausreicht.

Unsicherer Hashalgorithmus

Wenn der im Hashbaum verwendete Hashalgorithmus als unsicher eingestuft wird, muss ein aufwändigeres Verfahren angewendet werden, um die Beweiskraft der Dokumente zu sichern. Den kompletten Hashbaum oder unsicher werdende Hashalgorithmen nach dem Zeitstempelprinzip in einen neuen Hashwert zu integrieren, ist nicht möglich. Dies widerspricht dem Wortlaut des § 17 SigV, in dem gefordert wird, die Daten mit einer erneuerten elektronischen Signatur zu versehen und alle vorangegangenen Signaturen darin einzuschließen [BPRS02]. Wurde das Signaturverfahren oder der Hashalgorithmus als unsicher eingestuft, so kann die erneuerte elektronische Signatur über die Signaturwerte, wie bereits beschrieben, erreicht werden und entspricht damit dem § 17 SigV [BPRS02]. Wenn lediglich die alte Signatur neu signiert wird, können eventuell bereits durchgeführte Änderungen an den Daten aufgrund des unsicheren Algorithmus nicht erkannt werden. Deshalb ist der Hashalgorithmus zu ersetzen. Wenn sich die erneuerte Signatur aber auf die signierten Daten bezieht, wird der neue Hashwert aus dem ursprünglichen Dateninhalt ermittelt und Änderungen an den Daten würden bei dieser dann automatischen Signaturprüfung auffallen [Sch04b]. Dagegen werden Datenänderungen bei der ausschließlichen Verwendung der Zeitstempelmethode unerkannt bleiben.

Erneuerung des Hashbaums

Für das Hashbaum-Erneuerungsverfahren muss neben dem als unsicher eingestuften Archivzeitstempel auch das referenzierte und signierte elektronische Dokument berücksichtigt werden. Dazu werden Archivzeitstempelketten gebildet. Anschließend werden die verketteten, initialen Archivzeitstempel und die verketteten, reduzierten Archivzeitstempel mit einem sicheren Hashalgorithmus erneuert beziehungsweise gehasht [Por05]. Das Dokument wird somit in eine neue Schutzhülle transferiert. Im nächsten Schritt wird der neue Archivzeitstempel in der bereits bekannten Methodik reduziert. Das Resultat der Hashbaumerneuerung ist eine „aktualisierte Signatur".

Durch Redundanz lässt sich dieses Verfahren der Hashbaumerneuerung weiter optimieren [BP03]. Dafür wird ein Mechanismus verwendet, welcher mehrere redundante Hashbäume unter Verwendung verschiedener Hashalgorithmen für das zu signierende Dokument erzeugt. Mit dieser Methodik kann die Hashbaumerneuerung minimiert oder sogar ganz vermieden werden. Falls ein Algorithmus unsicher wird, ist dann ein zweiter oder ein weiterer Baum vorhanden und noch sicher, da ein anderer Hashalgorithmus verwendet wird. Damit wird der unsichere Hashbaum geschlossen und die Hashwerte der Dokumente des unsicheren Hashbaums können neu berechnet werden, um einen neuen Hashbaum zu erzeugen.

Optimierung durch Redundanz

Die Gesetzeskonformität ist durch die Methode der Erneuerung gegeben, die vollständig den Anforderungen des § 17 SigV entspricht. Der Algorithmus wird für die Zeitstempel und Hashwerte erneuert. Durch die Verkettung und Hashbaumbildung wird die gesamte Signatur gesichert. Da mehrere elektronisch signierte Dokumente mit nur einem Zeitstempel gesichert werden, sind die Kosten für die Zeitstempel und die Transaktionskosten niedriger als bei den vorher beschriebenen Verfahren. Die erhöhte Leistungsfähigkeit des Verfahrens resultiert aus der seltenen Notwendigkeit, direkt auf die Dokumente zur Erneuerung zugreifen zu müssen. Zudem erlaubt es das Verfahren, die Dokumente zentral zu speichern. Wenn ein Dokument geprüft werden muss, das betreffende Unternehmen sich aber nicht auf unsichere zwischengespeicherte Werte verlassen möchte oder diese in bestimmten Abständen kontrollieren will, muss der gesamte Hashbaum von der Wurzel bis zum Blatt enthasht werden, so dass die Performance dieses Verfahrens in diesem Punkt als niedrig einzustufen ist. Die Löschung eines Dokumentes ist möglich, ohne die Integrität oder den Datenschutz der vorhandenen Dokumente zu minimieren. Es ist ebenfalls eine erneuerte Signatur für verschlüsselte Dokumente möglich, da aus diesen der Hashwert gebildet und geschützt wird. Durch die Einführung der Redundanz bei den Hashbäumen ist eine erhöhte Sicherheit gegeben.

Einschätzung des Verfahrens

Das Verfahren weist jedoch drei Schwächen auf. Die Hashwerte der signierten Dokumente werden zusammengefasst und mit lediglich einer Signatur, dem Zeitstempel, signiert. Dieser Zeitstempel trägt dann den Charakter einer Sammelsignatur. Im Prinzip wird eine große Datei mit einer Signatur versehen. Daraus ergeben sich mehrere Probleme. Zum einen ist nicht abschließend juristisch geklärt, ob eine Sammelsignatur vor Gericht endgültig Beweis sichernde Wirkung entfalten könnte [Sch04b]. Zum anderen müssen bei der Signatur einer gesamten Datei im Falle einer Signaturprüfung alle technisch eingebundenen Daten vorliegen. Bei sensiblen Kundendaten sowie aus unternehmenspolitischen oder juristischen Gründen könnte dies nicht immer möglich oder erwünscht sein [Sch04b]. Eine weitere mögliche Schwäche dieses Umgangs mit Sammelsignaturen ergibt sich, wenn aus den zusammengefassten bzw. gehashten Datensätzen nur ein Datensatz unsachgemäß geändert oder fehlerhaft

Nachteile des Verfahrens

gespeichert wurde. Ein positives Prüfresultat bezüglich der Echtheit der untereinander verketteten Daten ist somit nicht mehr möglich [Sch04b].

Unabhängig von diesen Punkten ist das Verfahren der Neusignierung nach *ArchiSig* empfehlenswert zur Realisierung einer sicheren, rechtskonformen Langzeitarchivierung.

4.4.8 Transformation elektronisch signierter Dokumente

Aus verschiedenen Gründen kann es nötig sein, elektronisch signierte Dokumente in ein anderes Format umzuwandeln. Gründe für eine Umwandlung des Formates können rechtlicher, technischer und organisatorischer Art sein. Diese *Transformation* muss rechtssicher ausgeführt werden. Rechtssicher bedeutet in diesem Zusammenhang, dass die transformierten Dokumente die gleichen rechtlichen Eigenschaften wie das Ausgangsdokument besitzen müssen [KSV05].

TransiDoc Ein ganzheitlicher Ansatz zur Transformation von papiergebundenen und elektronischen Dokumenten wird momentan in dem Projekt *TransiDoc* (Rechtssichere Transformation signierter Dokumente) entwickelt [KSV05]. Ziel ist die Entwicklung eines Transformationskonzeptes, um die Zerstörung der Signatur bei der Umwandlung eines Dokumentes zu vermeiden und den rechtlichen Anforderungen nach § 33 Abs. 3 und 4 VwVfG zu entsprechen. Weitere Gründe für die vertiefende Betrachtung des Sachverhaltes sind die unpräzise Formulierung und die zu geringe Spezifikation im VwVfG bezüglich der Besonderheiten der elektronischen Signatur bei der Transformation elektronisch signierter Dokumente [KSV05]. Die Verwaltungsvorschrift verlangt neben dem Beglaubigungsvermerk für die positive Prüfung der transformierten Signatur auch die Aufbewahrung der Zertifikatsdaten. Nicht berücksichtigt wurden die Zeitstempeldaten [FD03]. Da Zeitstempel für die Langzeitarchivierung notwendig sind, um die Gültigkeit der verwendeten Signatur zu beweisen, musste der Prozess der rechtssicheren Transformation erweitert werden. Zudem ist der Einzelabgleich aller signierten Dokumente nicht massentauglich und entspricht nicht den Anforderungen aus vielen Anwendungsbereichen.

Transformationsprozess Der nach *TransiDoc* definierte Prozess gliedert sich in die Phasen Vorbereitung, Konvertierung, Prüfung und Siegelung [KSV05]. In der *Vorbereitungsphase* wird das Dokument anhand seiner Eigenschaften klassifiziert. Es wird weiterhin ein sogenannter *Regelsatz* erstellt, der die weitere Transformation steuert. Darin wird der Ablauf der Prüfung wie auch die Prüftiefe festgelegt. Beispielsweise können für die Extraktion eines Ausgangsdokumentes mit fortgeschrittener elektronischer Signatur folgenden Regeln aufgestellt werden:

– Die zu extrahierenden Signaturdaten bestehen aus Hashwert, Inhaber der Signatur, Zeitstempel sowie eventuell angebrachten Zertifikaten.

- Die Prüfung der Signatur darf nur mit Signaturanwendungskomponenten erfolgen, die SigG § 2 Abs. 15 entsprechen.
- Ist die Integrität und Authentizität nicht feststellbar, muss der Prozess abgebrochen werden.

In der *Konvertierungsphase* wird die Signatur des Dokuments überprüft und extrahiert. Das Dokument kann nun in das gewünschte Zielformat konvertiert werden. In der *Prüfungsphase* wird das Ergebnis der Transformation überprüft. In der abschließenden *Siegelungsphase* wird das Zieldokument erstellt, zu dem unter anderem die konvertierten Inhalte, ein *Transformationsbericht* und ein *Transformationssiegel* gehört.

Bei der Transformation eines elektronisch signierten Dokuments wird es nicht möglich sein, das Originaldokument identisch als Kopie zu erzeugen, weil die elektronische Signatur ungültig wird. Werden dem Dokument weitere Daten oder Signaturen hinzugefügt, entsteht ein neues Dokument, weshalb dieser Vorgang nicht als Transformation angesehen wird [FDKSV05]. Daraus resultiert die geforderte Eigenschaft der *Inhaltstreue*. Anhand dieses Kriteriums wird geprüft, in welchem Grad Ausgangs- und Zieldokument identisch sind, einschließlich der Signatur. Wie die Prüfung im Detail und bei jedem einzelnen Dokument durchgeführt wird, hängt wiederum vom Zweck der Transformation ab. Bei der Transformation eines elektronisch signierten Dokuments kann zum Beispiel geprüft werden, ob die Formate der Ausgangs- und Zieldokumente geeignet sind, die signierten Daten korrekt darzustellen [KSV05].

Inhaltstreue

Ein *Transformationssiegel* bestätigt den geprüften und als korrekt angesehenen Ablauf des Transformationsprozesses und die Erreichung der mit der Transformation angestrebten Inhaltstreue zwischen Ausgangsdokument und Zieldokument [KSV05]. Dazu muss die während der Transformation erstellte Transformationsakte kryptografisch gesichert werden, um den Ablauf der Transformation nachträglich feststellen und überprüfen zu können. Die Vertrauenswürdigkeit der Prüfergebnisse wird durch deren Zurechenbarkeit erreicht. Daher ist nachprüfbar zu dokumentieren, wer die Prüfung durchgeführt hat. Schließlich muss das Transformationssiegel in eindeutiger und unverfälschbarer Weise an das Zieldokument gebunden werden [KSV05]. Technisch könnte das Transformationssiegel als Datencontainer realisiert werden, der die Transformationsakte und das Zieldokument (oder einen eindeutigen Verweis darauf, zusammen mit einem Hashwert) umfasst und durch eine elektronische Signatur dem Transformationsprüfer zurechenbar gemacht wird [KSV05].

Transformationssiegel

4.4.9 Erneuerung der Datenträger in einem Archivsystem

Aufgrund der schnellen Entwicklung der Speichertechnologien entstehen bezüglich der für eine Archivierung verwendeten Datenträger ähnliche Probleme, wie sie bereits bei den Datenformaten erläutert wurden. Unter Umständen existieren in der Zukunft für diese Datenträger keine passenden Lesegeräte oder Gerätetreiber mehr. Darüber hinaus unterliegen viele Datenträger auch Alterungsprozessen, die eine regelmäßige Übertragung der Dokumente auf neue Datenträger notwendig macht.

Formate nach Grundschutzhandbuch

Nach den Vorgaben des *Grundschutzhandbuchs* des BSI kommen für elektronisch signierte Dokumente ausschließlich Datenträger in Frage, die nicht nachträglich geändert werden können. Magnetische Datenträger eignen sich deshalb nicht für eine langfristige und revisionssichere Archivierung, da sie mehrmals überschrieben werden können [Bun04a, S. 2192]. Demzufolge müssten optische Datenträger verwendet werden, die einmal beschreibbar sind. In der Frage nach dem zu verwendenden Speicherformat kann nach dem BSI-Grundschutzhandbuch nur noch zwischen optischen und magneto-optischen Speichermedien gewählt werden. Die höchste Sicherheit bieten die einmal beschreibbaren Speichermedien [LV03].

Alterung der Datenträger

Der Nachteil der sicheren, einmal beschreibbaren Speichermedien zur Langzeitarchivierung liegt, wie bei allen anderen Datenträgern, im Alterungsprozess begründet. Moderne Speichermedien, wie zum Beispiel CD-ROMs oder DVDs, haben eine begrenzte Lebensdauer [Bun04a]. Nach dieser Zeitspanne verlieren die Speichermedien sukzessive die darauf gespeicherten Informationen oder die Datenträger können nicht mehr gelesen werden [RFDPB03]. Die Daten und Dokumente können somit nicht weiter verwendet werden und gelten als zerstört. Ein weiterer Nachteil begründet sich durch die geringe Speicherkapazität und die lange Zugriffszeit auf diese Speichermedien [Koo04, S. 23], weshalb ein CD-ROM-Archiv in diesem Anwendungsfall zu unflexibel ist.

Löschung einzelner Datensätze

Aus datenschutzrechtlicher Perspektive müssen bestimmte personenbezogene Dokumente innerhalb festgelegter Fristen wieder gelöscht werden. Bei optischen Datenträgern ist die Löschung einzelner Datensätze aber nicht möglich. In der Folge müssen alle Datensätze außer des betroffenen umkopiert werden. Die daraus entstehenden Kosten wären sehr hoch. Zwar können bei CD-Recordables und CD-Rewriteables bestimmte Datensätze durch Überbrennen gelöscht werden und das Übersignieren ist durch die Multisessionfunktion möglich, jedoch wird im IT-Grundschutzhandbuch des BSI von der Verwendung dieser Datenträger zur Archivierung abgeraten [Bun04a, S. 2196]. Die Lesbarkeit und Korrektheit der archivierten Dokumente kann zu stark beeinträchtigt werden [Bun04a, S. 2196].

Magneto-optische Medien

Eine Lösung stellt nach dem BSI-Grundschutzhandbuch die *magneto-optische* Speicherung der Daten dar [Bun04a, S. 2197]. Auf magneto-optischen Speichermedien ist das Löschen von Daten möglich. Die Speicherung der Daten erfolgt magnetisch, während das Lesen der Daten optisch erfolgt. Durch die Art der Speicherung der Daten können diese nicht wie bei magnetischen Speichern unbeabsichtigt gelöscht werden. Magneto-optischen Datenträgern wird eine hohe Langzeitstabilität zugeschrieben. Sie beträgt nach Herstellerangaben mehr als 30 Jahre [Bun04a, S. 2197]. Die Erweiterung durch magneto-optische *WORM*-Datenträger stellt einen Kompromiss dar. Denn magneto-optische Datenträger sind einmal beschreibbar und jede Änderung oder Löschung der Daten wird protokolliert. Die Nachteile dieser Technologie liegen zum einen in der geringen Speicherkapazität und zum anderen in den hohen Kosten sowie dem hohen organisatorischen Aufwand zum Management dieser Speichertechnologie.

Unter sorgfältigen Abwägungen des Risikos können *Magnetbänder* und *RAID*-Festplattensysteme trotzdem eine Lösungsalternative darstellen. Dennoch muss regelmäßig der Nachweis für eine einwandfreie Signatur wie auch für die unveränderten Magnetbänder erbracht werden. Die Gefahr, dass das auf einem Magnetband gespeicherte elektronisch signierte Dokument manipuliert wird, besteht weiterhin. Dank der Eigenschaften der elektronischen Signatur, wie der Integritäts- und Authentizitätssicherung, kann eine Veränderung im Dokument nachgewiesen werden. Mithilfe redundanter Speicherung der Daten kann ein eventueller Verlust der auf einem Magnetband erfassten Dokumente kompensiert werden.

Magnetbänder und RAID

5 Fallstudie

In diesem Kapitel wird der Einsatz elektronischer Signaturen anhand einer konkreten Fallstudie erläutert. Als fachliches Beispiel dient dazu der Prozess zur Erstellung von elektronischen signierten Versicherungsanträgen am Point of Sale. Dieser Prozess zeichnet sich dadurch aus, dass sich mit ihm exemplarisch eine ganze Reihe verschiedener Einsatzmöglichkeiten elektronischer Signaturen sowie der damit verbundenen Problemstellungen erläutern lassen. Diese lassen sich natürlich auch auf Prozesse anderer Branchen übertragen.

Ein solcher Prozess läuft üblicherweise wie folgt ab. Ein Interessent nimmt Kontakt mit einem Vertriebsmitarbeiter der Versicherung auf. Er lässt sich von ihm beraten und stellt anschließend einen Versicherungsantrag. Dieser Antrag soll nun mit dem tragbaren Computer des Vertriebsmitarbeiters erstellt und später medienbruchfrei elektronisch an das Versicherungsunternehmen übermittelt werden können. Eine Vorbereitung auf Kundenseite soll nicht erforderlich sein. Es wird vielmehr davon ausgegangen, dass der Kunde weder über die erforderliche Technik, noch über das Wissen verfügt, um elektronische Signaturen zu erstellen. Die Erstellung des Antrages sowie die anschließende Signierung soll für ihn nicht aufwändiger sein, als ein vergleichbarer papierbasierter Vorgang. Dennoch soll das Versicherungsunternehmen am Ende ein elektronisches Dokument erhalten, das eine ausreichend hohe Sicherheit bietet, um Ansprüche bei Bedarf auch in einem Rechtsstreit durchsetzen zu können.

5.1 Rechtliche Grundlagen

5.1.1 Gesetzliche Schriftformerfordernisse für Versicherungsverträge

Ein Versicherungsantrag enthält mehrere Willenserklärungen, für die zum Teil gesetzliche Formvorschriften existieren. Dabei kommen nicht nur die im bürgerlichen Gesetzbuch definierten Formen (siehe Kapitel 2.1) zur Anwendung, sondern auch weitere, die einer Auslegung bedürfen. Zum Zeitpunkt der Drucklegung dieses Buches befindet sich das Versicherungsvertragsrecht in einem grundlegenden Reformprozess (siehe [Bun06a]). Ein geändertes Versicherungsvertragsgesetz soll zum 1. Januar 2008 in Kraft treten. Soweit möglich, werden die künftigen Regelungen im folgenden Text berücksichtigt.

Zuallererst ist der *eigentliche Antrag* zu nennen. Unter Umständen betrifft er neben dem Versicherungsnehmer auch weitere Personen, wie den Begünstigten, den Ehepartner, die Erziehungsberechtigten und andere. Grundsätzlich ist die Form freigestellt [RMBA+04, § 8 Rn 12], es gibt jedoch Ausnahmen:

Der Versicherungsantrag

Lebens- und Unfallversicherungen zugunsten Dritter

Die Versicherung des Todes eines anderen bedarf dessen „schriftliche" Einwilligung, sofern die vereinbarten Leistungen im Todesfall die gewöhnlichen Beerdigungskosten überschreiten [Bund, § 159] (zukünftig [Bun06a, § 150] sowie analog für Berufsunfähigkeitsversicherungen [Bun06a, § 176]). Gleiches gilt für Unfallversicherungen, bei denen der Versicherungsnehmer auf eigene Rechnung die Unfälle eines anderen absichert [Bund, § 179]. „Schriftlich" ist nicht unbedingt mit der gesetzlichen Schriftform gleichzusetzen. Römer vertritt die Auffassung, dass eine „Verkörperung des Textes" [RL03, § 159 Rdn 15, § 179 Rdn 31] unumgänglich sei und ein Ausweichen auf die elektronische Form [Bunc, § 126a] unzulässig ist. Zweck der Vorschrift sei es, „Spekulationen mit dem Leben [oder der Gesundheit] eines anderen zu unterbinden." [RL03, § 159 Rdn 15] Geschützt werden soll folglich der Dritte. Er ist es, der durch eine dingliche Verkörperung seiner Erklärung auf mögliche nachteilige Folgen hingewiesen werden soll. Da im Entwurf des zukünftigen Gesetzes die Formulierung bewußt beibehalten wurde, ist auch zukünftig davon auszugehen, dass an dieser Stelle ein physisches Dokument erforderlich bleibt. Die ‚schriftliche' Erklärung des Dritten braucht allerdings nicht unbedingt gegenüber der Versicherungsgesellschaft getätigt zu werden, sondern kann auch dem Versicherungsnehmer gegenüber erfolgen [Bunc, § 182 Abs. 1], [RL03, § 159 Rdn 18]. Diese Vorschrift braucht daher einen elektronischen Antrag nicht zu behindern. Zusätzlich zu den elektronisch signierten Dokumenten wird eine Erklärung des versicherten Dritten auf Papier unterzeichnet. Dieses Dokument könnte im Besitz des Versicherungsnehmers verbleiben und hätte keinen Einfluss auf den weiteren Antragsprozess des Versicherers.

Datenschutzerklärung

Die *Datenschutzerklärung* „bedarf der Schriftform, soweit nicht wegen besonderer Umstände eine andere Form angemessen ist. Soll die Einwilligung zusammen mit anderen Erklärungen schriftlich erteilt werden, ist sie besonders hervorzuheben" [Buni, §4a Abs. 1]. Als „besonderer Umstand" könnte hier angebracht werden, dass der Datenschutz das im Vordergrund stehende Rechtsgeschäft nicht über Gebühr behindern soll. Die schützenswerten Interessen des Versicherungsnehmers werden durch die geringfügige Abweichung von der Schriftform nicht wesentlich verletzt und die Vorteile aus einem rein elektronischen Antrag (Reduktion des Verwaltungsaufwandes, schneller Beginn des Versicherungsschutzes) nützen beiden Vertragspartnern. Schließlich ist die geforderte „besondere Hervorhebung" sowohl auf Papier als auch am Bildschirm möglich.

Widerrufs- und Rücktrittsrecht im Antragsmodell

Weitere Formvorschriften bestehen bezüglich der Belehrung über das *Widerrufs-* beziehungsweise *Rücktrittsrecht* des Kunden. Hier existieren zwei alternative Möglichkeiten. Nach dem *Antragsmodell* ist vorgesehen, das der Kunde spätestens bei Antragstellung über alle Unterlagen und Informationen verfügt und ihm insbesondere die Versicherungsbedingungen und Verbraucherinformationen vorliegen. Nach diesem Modell muss der Kunde bei Versicherungen mit überjähriger Laufzeit und *Lebensversicherungen* „mit Unterschrift" bestätigen, dass er über sein *Widerrufs-* beziehungsweise *Rücktrittsrecht*[7] informiert wurde [Bund, § 8 Abs. 4,5]. Die Frist läuft ab dem Tag der Belehrung. Die Formulierung „mit Unterschrift" lässt einen gewissen Auslegungsspielraum zu. Die Schriftform im Sinne des BGB ist nicht explizit gefordert. Auch hier schließt Römer daraus, dass die elektronische Form [Bunc, § 126a] nicht zur Anwendung kommen darf. Stattdessen solle die Belehrung „unmittelbar und drucktechnisch deutlich über der bestätigenden Unterschrift des Antragsstellers angebracht werden" [RL03, § 8 Rdn 60]. Immerhin dürfe sie Teil des Antragsformulars sein, sofern sie deutlich hervorgehoben ist. Der Autor vertritt die Auffassung, dass zumindest mit einer digitalisierten eigenhändigen Unterschrift der Schutzzweck in ausreichendem Maße erfüllt ist. Eine Hervorhebung kann am Bildschirm genau wie auf dem Papier erreicht werden. Ohne Zweifel dürfte eine kritische Bedingung darin bestehen, dass der Unterzeichner das Dokument vollständig am Bildschirm betrachten kann (vgl. Abschnitt 2.4.1). Unbedingt erforderlich ist, dass der Kunde eine Kopie seines Antrages erhält, da er sonst den Beginn der Frist nicht nachvollziehen kann.

Widerrufs- und Rücktrittsrecht im Policenmodell

Die Alternative ist die Anwendung des sog. *Policenmodells* nach [Bund, § 5a]. Dabei ist vorgesehen, dass der Kunde Versicherungsbedingungen und Verbraucherinformationen nicht schon vor oder während der Antragstellung vorliegen hat, sondern nachträglich, spätestens zusammen mit der Police erhält. Daraus erwächst ein leicht verändertes Widerspruchsrecht, über das der Kunde wiederum ausführlich, „schriftlich, in drucktechnisch deutlicher Form"[Bund, § 5a Abs. 2] zu informieren ist, dass er jedoch seinerseits nicht durch eigene Unterschrift bestätigen muss. Hier beginnt die Frist, sobald der Kunde über alle Unterlagen verfügt und ihm besagte Belehrung zugegangen ist.[8]

Widerrufsrecht ab 2008

Das geplante Versicherungsvertragsgesetz sieht nur noch ein vereinheitlichtes Modell vor, das weitgehend dem alten Antragsmodell entspricht. In dem neuen Modell ist allerdings eine schriftliche Empfangsbestätigung nicht mehr erforderlich, stattdessen bleibt es dem Versicherer überlassen, den Nachweis zu führen, dass der Versicherungsnehmer die notwendigen Unterlagen erhalten hat [Bun06a, § 8 Abs. 2]. Damit steht auch das neue Modell einem elektronischen Antragsprozess nicht im Wege.

Haustürgeschäfte

Die Belehrung über das *Widerrufsrecht* bei Haustürgeschäften bedarf keiner Unterschrift des Kunden [Bunc, § 355]. Sie ist ohnehin nur notwendig, wenn die Verhandlungen „nicht auf vorhergehende Bestellung des Verbrauchers geführt" wurden, das Entgelt 40 Euro übersteigt und keine notarielle Beurkundung vorliegt [Bunc, § 312].

Abbuchungsvollmacht

Für eine *Abbuchungsvollmacht* bestehen keine Formvorschriften. Der Kunde hat

---

7   Zur Unterscheidung von Widerruf und Rücktritt siehe [RL03, § 8].
8   Weitere Einzelheiten über Antrags- und Policenmodell siehe [Hoe06, S. 252 f.].

jederzeit die Möglichkeit, einer Abbuchung seiner Bank gegenüber zu widersprechen, und ist schon dadurch vor unberechtigten Abbuchungen geschützt.

Geldwäsche-
gesetz

In besonderen Fällen ist eine Identifikation des Versicherungsnehmers nach dem *Geldwäschegesetz* vorgeschrieben - insbesondere bei Lebensversicherungen und Unfallversicherungen mit Prämienrückgewähr. Dabei muss festgestellt werden, auf wessen Rechnung der Versicherungsnehmer handelt. Alle Feststellungen sind aufzuzeichnen, die Speicherung dieser Feststellungen in dauerhafter, elektronischer Form ist zulässig [Bunj, §§ 4,8,9].

Fazit

Abschließend kann festgestellt werden, dass die relevanten Formvorschriften dem Einsatz einer fortgeschrittenen Signatur mit digitalisierter Handunterschrift als biometrischem Merkmal nicht im Wege stehen. Eine Ausnahme stellen Lebens- und Unfallversicherungen auf die Gesundheit eines Dritten dar. Dem kann jedoch in der beschriebenen Weise durch ein zusätzliches Dokument, das im Besitz des Versicherungsnehmers verbleiben kann, abgeholfen werden.

5.1.2 Pragmatische Anforderungen an die Form von Anträgen

Umgekehrt stellt sich dann die Frage, warum überhaupt ein signiertes Dokument erstellt werden soll, wenn auch weniger ausreichen würde. Diese Frage lässt sich nicht pauschal beantworten. Es existieren Versicherungsformen, bei denen ganz auf eine Unterschrift oder Signatur verzichtet werden kann und auch wird. In vielen anderen Fällen werden die Versicherungsunternehmen jedoch nicht auf einen belastbaren Nachweis verzichten wollen. Das betrifft insbesondere Versicherungen, bei denen der Kunde mit dem Antrag detaillierte Angaben zu seiner individuellen Risiko-Situation machen muss, die einen Einfluss auf die Höhe der Prämie haben und auch für die Annahme oder Ablehnung des Antrages ausschlaggebend sind.

Nach Schätzungen beträgt der Schaden, welcher der deutschen Versicherungswirtschaft durch Betrug entsteht, zwischen 2,5 und 4 Milliarden Euro pro Jahr [Sch04a, S. 835]. Oft entstehen diese Betrugsschäden erst deutlich nach Vertragsabschluss durch vorsätzliches Herbeiführen, Fingieren oder Umdefinieren von Schäden sowie durch falsche Angaben zur Schadenshöhe (siehe dazu [Sch04a, Kna02] sowie [Bunf, §§ 263, 265]). Es erscheint aber keineswegs unwahrscheinlich, dass auch der Versicherungsantrag für Betrugsversuche genutzt wird, wenn sich eine Gelegenheit bietet. In Abschnitt 5.3.1 werden einige Betrugsszenarien untersucht. Noch mag die tatsächliche Zahl der Betrugsfälle mit einem Bezug zum Antragsprozess überschaubar sein und es könnte argumentiert werden, dass weitere Investitionen in die Sicherheit solcher Systeme nicht gerechtfertigt seien. Dieser Einwand ist ohne Substanz, wenn ohnehin Neuerungen an bestehenden Systemen vorgenommen werden. Es ist davon auszugehen, dass zahlreiche Unternehmen in der näheren Zukunft die bestehenden, analogen Abläufe hin zu durchgehenden elektronischen Prozessen weiterentwickeln werden. Es ist sicherlich vernünftiger, dann bereits zusätzliche Sicherungsmaßnahmen einzubeziehen, als erst zu handeln, nachdem sich die Betrugsfälle gehäuft haben. Sicher wird kein Unternehmen elektronische Prozesse einführen, ohne Schutzmaßnahmen zu treffen. Doch längst nicht alle Schutzmaßnahmen sind wirksam. Schneier formuliert hierzu provokant: „Billions of dollars are spent on computer security, and most of it is wasted on insecure products" [Sch97].

Als Minimalanforderung kann das derzeit in der Branche weit verbreitete Verfahren gesehen werden: Die Anträge mit Unterschrift werden gescannt oder mikroverfilmt, die Originale vernichtet. Bei den so archivierten Dokumenten kann nicht festgestellt werden, ob der Inhalt nach der Unterzeichnung manipuliert wurde. Das digitalisierte Abbild der Unterschrift kann zwar zur Authentifizierung des Unterzeichners dienen, es stellt aber nur eine geringe Hürde für Fälscher dar [o.V00]. Im Ergebnis ist diese Variante mit der einfachsten Form der elektronischen Signatur identisch. *Bestandsaufnahme*

Deutlich höher ist die Beweiskraft, wenn die Papierdokumente archiviert werden. Jedoch fallen dabei auch wesentlich höhere Kosten für die Pflege des Archivs an.

Maximale Sicherheit würde die Verwendung einer qualifizierten elektronischen Signatur bieten. Bislang verfügen nur wenige der potenziellen Kunden über das dafür benötigte qualifizierte Zertifikat. Dadurch ist diese Variante wenig praktikabel. Dennoch können einige der technischen und organisatorischen Anforderungen für qualifizierte Signaturen aus dem Signaturgesetz für einfachere Lösungen übernommen werden. Auf diese Weise sinkt zwar die Identifikationsfunktion der Signatur, immerhin bleiben Authentizität der Unterschrift und Integrität des Dokumentes sichergestellt und beweisbar. *Maximalforderung und realistische Alternativen*

5.1.3 Eignung von biometrischen Merkmalen in elektronisch signierten Dokumenten

Eine mögliche Lösung der Herausforderung besteht darin, biometrische Daten des Antragstellers in die Signatur einzubeziehen, so wie es in Abschnitt 3.4.1 beschrieben ist: Der Unterzeichner unterschreibt dabei mit einem speziellen Gerät, das die Unterschrift sofort digitalisiert und in eine elektronische Signatur einbindet. Diese Lösung wird bereits von einigen Versicherungsunternehmen genutzt. Ähnliche Verfahren werden auch bei Zugangskontrollsystemen sowie bei Banken zur automatischen Unterschriftenkontrolle von Schecks und Überweisungsträgern genutzt. Ein gravierender Unterschied zum Antragsprozess besteht jedoch darin, das in jenen Fällen Referenzunterschriften vorliegen, mit denen eine zeitnahe Überprüfung stattfinden und umgehend auf ungültige Unterschriften reagiert werden kann. Bei Versicherungen ist ein Vergleich der erfassten biometrischen Daten mit Referenzdaten erst im Streitfall vorgesehen.

Aus rechtlicher Sicht können auf diese Weise einfache und fortgeschrittene elektronische Signaturen entstehen. Die Unterscheidung ist in diesem Zusammenhang nicht immer offensichtlich, daher soll hier versucht werden, eine saubere Abgrenzung zu ermöglichen.

Da solche *digitalisierten eigenhändigen Unterschriften*, die in irgendeiner Form mit einem Dokument verknüpft sind, der Authentifizierung dienen können, handelt es sich mindestens um einfache elektronische Signaturen.

Fortgeschrittene Signaturen müssen nach Signaturgesetz [Bunk, § 2 Nr. 2]:

1. ausschließlich dem Signaturschlüssel-Inhaber zugeordnet sein,
2. die Identifizierung des Signaturschlüssel-Inhabers ermöglichen,
3. mit Mitteln erzeugt werden, die der Signaturschlüssel-Inhaber unter seiner alleinigen Kontrolle halten kann, und
4. mit den Daten, auf die sie sich beziehen, so verknüpft sein, dass eine nachträgliche Veränderung der Daten erkannt werden kann.

Eine Unterschrift kann den Unterzeichner eindeutig identifizieren, er kontrolliert auch alleine die zur Erzeugung erforderlichen Mittel. Die verfälschungssichere Verknüpfung der Signatur mit dem Dokument muss durch das eingesetzte Produkt gewährleistet sein, diese Eigenschaft ist von der digitalisierten Unterschrift unabhängig. Missverständnisse können durch die Bezeichnung des Unterzeichners als *Signaturschlüssel-Inhaber* entstehen. Als Signaturschlüssel bezeichnet das Signaturgesetz „einmalige elektronische Daten wie private kryptografische Schlüssel, die zur Erstellung einer elektronischen Signatur verwendet werden" [Bunk, § 2 Nr. 4]. Die Einmaligkeit der Daten, die aus einer digitalisierten Unterschrift berechnet werden können, ist unbestritten. Es wird nicht gefordert, dass diese Daten schon vor der Abgabe der Unterschrift dem Unterzeichner zugeordnet waren, so wie es für qualifizierte Signaturen unabdingbar ist.

5.2 Fachliche und technische Realisierung

5.2.1 Ausgangszustand, Zielstellung und Voraussetzungen

Um eine fachliche Analyse für den Einsatz von elektronischen Signaturen am Point of Sale(PoS) durchzuführen, ist zunächst der Ausgangszustand der Systeme und Prozesse zu prüfen. Auf dieser Grundlage kann eine klare Zielstellung für die Prozess- und Systementwicklung definiert werden.

Üblicherweise wird ein Antrag durch das Ausfüllen eines Papierformulars erstellt. Dieser wird vom Kunden eigenhändig unterschrieben. Parallel dazu existieren Systeme, mit Hilfe derer Berechnungen, Tarifvergleiche und die

Pflege der Stammdaten elektronisch durchgeführt werden. Die Papieranträge werden nach der Erfassung beim Kunden über den Postweg an das Versicherungsunternehmen geschickt. Dort werden diese Anträge erneut erfasst und entweder in Papierform oder als gescannte Kopie archiviert.

Neben den Kosten, die zum Beispiel durch die Übermittlungszeit und das Porto entstehen, sind vor allem die Medienbrüche als problematisch einzuschätzen. Bereits erfasste Daten werden erneut erfasst, dies führt zu einer unnötigen Fehler- und Kostenquelle. Ein Außendienstmitarbeiter ist typischerweise mit einem Laptop ausgestattet, auf dem sich Berechnungs- und Vertragsverwaltungssoftware befindet. Damit können Kundendaten bereits vor Ort elektronisch erfasst und Tarife vergleichend berechnet werden. Dennoch müssen unterschriftsbedürftige Dokumente (vgl. Abschnitt 5.1) ausgedruckt und auf Papier unterschrieben werden. Hier kommt es trotz der elektronischen Erfassung der Antragsdaten zu einer Entkopplung von elektronischem Antragsdokument und rechtsgültiger Unterschrift.

Durch eine elektronische Signatur sollen künftig Anträge direkt elektronisch erfasst und anschließend ohne Medienbruch rechtsgültig unterschrieben und weiterverarbeitet werden. Damit ergeben sich unter anderem folgende Vorteile:

- *Vollständiger elektronischer Antragsprozess.* Bisher war das Signieren elektronischer Verträge der Grund, der die Umstellung von Papieranträgen auf elektronische Anträge verhinderte. Mit der elektronischen Signatur kann dieses Problem gelöst werden. Rechtssichere elektronische Anträge sind möglich.
- *Keine Mehrfacherfassung.* Anträge liegen bereits in elektronischer Form vor und müssen nicht erneut erfasst werden. Kosten und Fehleranfälligkeit sinken.
- *Kürzere Durchlaufzeiten.* Anträge werden in elektronischer Form übermittelt. Damit entfällt der zeitaufwändige Postweg. Die Durchlaufzeit verkürzt sich erheblich. Die Weiterverarbeitung kann bei der Übermittlung über mobile Netze nahezu in Echtzeit stattfinden. Der Kunde kann mit einer schnelleren Policierung seines Antrags rechnen.
- *Sicherheitsgewinn.* Elektronisch unterschriebene und versiegelte Anträge bringen einen Sicherheitsgewinn mit sich, da nachträgliche Änderungen nicht unbemerkt vorgenommen werden können.

5.2.2 Anforderungen an den elektronischen Antragsprozess

Ein System zur Signaturerstellung, dass den skizzierten Prozess optimal unterstützt, muss eine Reihe funktionaler Anforderungen erfüllen. Diese sind in der Regel unternehmensspezifisch zu definieren, jedoch lassen sich einige typische

Anforderungen bennen, die in einem solchen Kontext mit großer Wahrscheinlichkeit auftreten werden. Dazu gehört unter anderem:

- *Antragsdaten erfassen.* Bei der Beratung des Kunden wird sukzessive der elektronische Antrag erstellt. Dazu dienen elektronische Antragsvorlagen. Die Daten werden auf einem Notebook oder Tablet-PC erfasst und gegebenenfalls mit online verfügbaren Datenbanken des Versicherers abgeglichen und aktualisiert.
- *Plausibilitätsprüfung.* Die elektronischen Antragsdaten werden auf ihre fachliche Richtigkeit geprüft. Dazu sind Plausibilitätschecks nötig. Einfache Fehler in den Antragsdaten können damit sofort erkannt werden. Dadurch können schon am Point of Sale grundlegende Fehler in Anträgen vermieten werden.
- *Online-Tarifierung.* Der elektronische Antrag wird direkt am Point of Sale tarifiert. Dazu können Tarifierungssoftware oder eine Online-Verbindung zu den Tarifierungssystemen des Unternehmens zum Einsatz kommen.
- *Unterschrift erfassen.* Der elektronische Antrag wird durch eine geeignete elektronische Unterschrift signiert.
- *Antrag versiegeln.* Die Antragsdaten werden zusammen mit der elektronischen Unterschrift und optional einem Zeitstempel über ein geeignetes Verfahren versiegelt, um eine nachträgliche Änderung des Antrages zu verhindern.
- *Begleitdokumente generieren.* Anschließend können Gesprächsnotiz, Selbstauskünfte, Einzugsermächtigung und andere elektronische Begleitdokumente generiert werden.
- *Begleitdokumente elektronisch unterschreiben.* Auch bei Begleitdokumenten kann eine elektronische Unterschrift notwendig werden.
- *Elektronische Begleitdokumente versiegeln.* Integritätssicherung der elektronischen Begleitdokumente gegen nachträgliche Änderungen.
- *Antragsdokumente verschlüsseln.* Optional können die gesamten elektronischen Antragsdokumente für den Transfer über öffentliche Netze verschlüsselt werden, um den Bestimmungen des Datenschutzes gerecht zu werden.
- *Antragsdokumente übertragen.* Das elektronische Dokumentenbündel wird an das Versicherungsunternehmen oder die Vetriebsorganisation übertragen.
- *Mandantenunterlagen generieren und transferieren.* Mandantenunterlagen werden aus den elektronischen Antragsdokumenten erstellt und über ein geeignetes Verfahren an den Kunden übergeben (z. B. Mail oder Druck).

Neben den funktionalen Anforderungen spielen auch nicht-funktionale Anforderungen eine wichtige Rolle. Nachfolgend werden einige typische nicht-funktionale Anforderungen an ein System zur Signaturerstellung in einem solchen Prozess beschrieben:

- *Integrierbarkeit.* Ein Signatursystem kann zur Effizienzverbesserung sowie zur Neu- und Umgestaltung von Geschäftsprozessen beitragen. Unter diesem Aspekt ist die Integration von bereits existierenden Anwendungen sowie von vorhandenen Datenbeständen eine wichtige Anforderung.
- *Schnittstellen.* Im Sinne einer guten Integrierbarkeit sollte das Signatursystem über entsprechende Schnittstellen verfügen.
- *Anpassbarkeit.* Das Signatursystem sollte so flexibel gestaltet sein, dass beispielsweise schnell auf geänderte rechtliche Anforderungen, neue Verschlüsselungsalgorithmen, veränderte Formulare uvm. reagiert werden kann.
- *Usability.* Das Gesamtsystem muss einfach und intuitiv für den Versicherungsnehmer und den Versicherungsvermittler bedienbar und anwendbar sein.
- *Sicherheit.* Ein Signatursystem muss die Vertraulichkeit, Integrität und Verfügbarkeit der Dokumente gewährleisten. Sicherheit muss bei einem System für elektronische Signaturen höchste Priorität haben.

5.2.3 Modell des elektronischen Antragsprozesses mit elektronischen Unterschriften

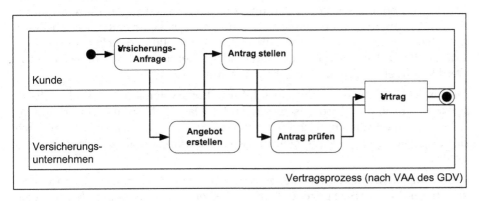

Abbildung 20: Antragsprozess in der Versicherungswirtschaft

Die folgende Darstellung eines typischen Antragsprozesses basiert auf dem *Referenzmodell Versicherungsanwendungsarchitektur (VAA)* des Gesamtverbandes der Deutschen Versicherungswirtschaft e.V. (GDV) [Ver]. Der Antragsprozess lässt sich in vier wesentliche Phasen gliedern (vgl. Abbildung 20):

1. *Anfrage.* Der Interessent nimmt zu einem Versicherungsunternehmen oder zu einem Makler Kontakt auf und bittet um ein Angebot für den gewünschten Versicherungsschutz.
2. *Angebot.* Das Versicherungsunternehmen prüft anhand der Daten des Kunden, welches Produkt und welcher Tarif für den Kunden in Frage kommen könnte und legt dies dem Kunden als Angebot vor.
3. *Antrag.* Entscheidet sich der Kunde für ein Angebot, muss er einen Antrag auf Versicherungsschutz stellen. In diesem werden Kundendaten, Produkt- und Tarifangaben zusammengefasst und vom Kunden unterschrieben. Weiterhin werden Begleitdokumente (z. B. Gesprächsnotiz, Gutachten, Einzugsermächtigungen etc.) erstellt. Alle Dokumente werden daraufhin an das Versicherungsunternehmen weitergereicht.
4. *Vertrag.* Das Versicherungsunternehmen überprüft die Antragsdokumente auf Vollständigkeit und Korrektheit. Gibt es keine Beanstandungen, kann der Antrag freigegeben, policiert und in einen gültigen Vertrag überführt werden.

In jedem dieser Prozessschritte können Schwierigkeiten auftauchen, die den Antragsprozess verzögern oder diesen sogar scheitern lassen können. Der Kunde kann zum Beispiel Nachfragen haben, die geklärt werden müssen. Die Antragsdokumente können ggf. nur unvollständig ausgefüllt werden, was eine Nachbearbeitung nötig machen würde. Für das Versicherungsunternehmen ist es wichtig, den Aufwand für die Erfassung von Kunden- und Antragsdaten und deren Änderungen zu minimieren. Medienbrüche und Mehrfacherfassungen können hier zu Kosten und Prozessverzögerungen führen. Ein guter Antragsprozess sollte möglichst kleine bzw. gar keine zeitlichen Abstände zwischen den einzelnen Phasen aufweisen. Dazu sollte möglichst eine Online-Erfassung und Überprüfung der Antragsdaten bereits am Point of Sale genutzt werden, um eine schnelle Freigabe der Anträge zu erreichen.

Dies ist jedoch nur mit Hilfe eines Informationssystems möglich, das diesen Prozess vollständig elektronisch unterstützt. Dazu gehört vor allem der möglichst zeitnahe Datenabgleich mit dem Versicherungsunternehmen, aber auch der rechtssichere Austausch elektronischer Dokumente mit elektronischen Signaturen.

Abbildung 21 stellt die Antragsprozesse mit und ohne elektronische Unterschrift am Point of Sale gegenüber. Beide setzen voraus, dass der elektronische Antrag vom Antragssystem erstellt wird. Bei einem Prozess mit elektronischen Unterschriften würde das Ausdrucken, Unterschreiben, Versenden, Mitführen und Archivieren von Papierdokumenten vollständig entfallen. An deren Stellen treten rechtsgültige elektronische Dokumente. Neben dem elektronischen Antrag können auch alle weiteren Dokumente, wie etwa eine Gesprächsnotiz oder eine Einzugsermächtigung, elektronisch erstellt und unterschrieben werden. Die Übermittlung des elektronischen Dokumentenbündels würde an-

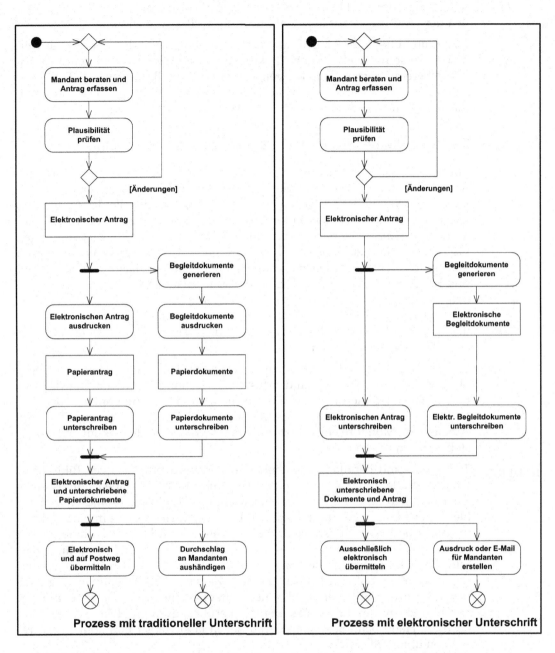

Abbildung 21: Antragsprozess am Point of Sale mit und ohne Unterschrift

schließend ausschließlich auf elektronischem Wege geschehen. Das Übersenden der Dokumente auf dem zeitaufwändigen Postweg entfällt.

Weiterhin müssen die Mandantenunterlagen an den Kunden übermittelt werden. Dazu sollten elektronische Dokumente erstellt werden und dem Kunden auf sicherem Wege zugänglich gemacht werden (z. B. via SSL, HTTPS, etc.). Alternativ dazu könnten die Unterlagen auch vor Ort ausgedruckt und dem Mandanten übergeben oder später per Post übermittelt werden.

5.2.4   Hardware-Komponenten zur Erfassung der Unterschrift

Pen-Pads   Ein Pen-Pad ist eine drucksensitive Schreibunterlage (Active Writing Surface), welche die elektronische Erfassung der Unterschrift möglich macht. Die Signale werden von der Oberfläche des Geräts zur Schnittstelle des Endgerätes übertragen. Eine Reihe von unterschiedlichen Modelltypen existiert auf dem Markt. Die Bandbreite reicht von Modellen für einfache Zeichenanwendungen bis zu hochwertigen Tabletts mit induktiven Aufnahmeverfahren. Weiterhin gibt es Unterschiede in den zu benutzenden Stiften (Spezialstifte ohne Batterie und Kabel, Inking Pens, etc.). Die Spezialstifte erlauben es, die Bewegung und den Druck der Schreibbewegung direkt zu messen und zu erfassen. Andere Pads basieren auf einer resistiven Technologie (Force Sensing Resistor). Mit diesen kann die Stärke des Drucks und die Position des Schreibgerätes auf dem Pad gemessen werden.

Bei Pen-Pads mit LCD-Screen wird die Unterschrift in Echtzeit auf einem LCD-Bildschirm angezeigt und erfasst. Die technische Ausstattung der Geräte variiert zwischen kleinen Bildschirmen, bei denen die Funktion der Unterschriftenerfassung im Mittelpunkt steht, und Geräten, die als vollwertige Arbeitsplatz-Monitore eingesetzt und auf denen komplette Dokumente dargestellt werden können.

Tablet PCs   Tablet PCs sind handliche Notebooks mit einem drucksensitiven Bildschirm (Active Display), der es ermöglicht, handschriftliche Eingaben mittels eines elektronischen Stifts zu erfassen. Ein wichtiger Hardwarebestandteil von Tablet PCs ist der so genannte Digitizer. Dabei handelt es sich um eine elektromagnetische Erkennungsschicht, die sich hinter dem Display befindet. Diese arbeitet präziser und schneller als ein einfacher Touchscreen. Er empfängt vom Stift die elektromagnetischen Signale und stellt somit die Schriftbewegungen des Anwenders auf den Bildschirm ohne Zeitverzögerung dar. Der Digitizer reagiert auf den Stift bereits ab einer Stiftentfernung von einem Zentimeter. Der Bildschirm des Tablet PCs ist nicht berührungsempfindlich, so dass sich auch die Hand beim Schreiben darauf legen lässt. Tablet PCs können in drei Klassen unterteilt werden:

- *Slates*. Geräte ohne Tastatur.
- *Convertibles*. Tablet PC mit drehbarem Bildschirm und einer Tastatur.

- *Modulars*. Geräte, bei denen Bildschirm und Tastatur zusammengesteckt werden können bzw. über Funk zusammen arbeiten.

Auf dem Markt werden viele verschiedene Geräte von unterschiedlichen Herstellern angeboten. Diese unterscheiden sich in der technischen Ausprägung bezüglich der Erfassung der Daten der Unterschrift. Bei der Unterschriftenerfassung müssen statische und dynamische Merkmale registriert werden. Eine der wichtigsten Eigenschaften der Geräte ist es, die Schreibdruckinformationen aufzunehmen. Damit scheiden Geräte aus, die nur erkennen können, ob sich der Stift auf der Schreiboberfläche befindet oder nicht.

Für den Benutzer der Unterschriftengeräte ist der visuelle Eindruck ein Qualitätskriterium. Das Unterschriftenbild sollte weitestgehend äquivalent mit dem Unterschriftenbild eines normalen Schreibstiftes auf Papier sein. Die einfachste Möglichkeit dies zu erreichen besteht darin, einen normalen Stift und Papier zu verwenden und diese über der sensitiven Fläche des Aufnahmegerätes zu positionieren. Infolgedessen muss das Aufnahmegerät in der Lage sein, statische und dynamische Merkmale der Unterschrift durch Verwendung eines Kugelschreibers aufzunehmen. Die Alternative dazu ist, das visuelle Schriftbild auf dem Display anzuzeigen. Damit muss das Display über sehr gute Qualitätseigenschaften der Visualisierung verfügen, um die virtuelle Schreibspur im gleichen Moment anzuzeigen, in dem der Schreibprozess erfolgt. Diese Eigenschaft wird oft als Ortsauflösung bezeichnet.

Der Aufbau eines Pen-Pads ist von Hersteller zu Hersteller im Detail sehr unterschiedlich. Die Außenmaße des Gerätes und dessen Erfassungsbereich können stark variieren. Primär sollte die Erfassungsfläche von der Größe her einem herkömmlichen Unterschriftenfeld ähneln und mindestens dessen durchschnittlicher Länge und Breite entsprechen.

Die sensitive Oberfläche der Erfassungsgeräte kann in unterschiedlichen Qualitätsstufen die Schreibspur erfassen. Die Sensoren nehmen unter anderem Druck, Winkel, Geschwindigkeit und Zeit auf, woraus sich wichtige Merkmale zur Authentitfikation extrahieren lassen. Besondere Bedeutung hat in diesem Zusammenhang die Abtastrate. Sie gibt an, wie viele Signale in einer Zeiteinheit auf der Fläche erfasst werden können. Die Auflösung des Erfassungsgerätes wird mit Hilfe der Anzahl der dpi (dots per inch) gemessen, also die Bildpunkte pro Längeneinheit. Sie geben die relative Auflösung der Dichte der Bildpunkte an, die beim Unterschreiben registriert werden. Die Drucksensitivität gibt an, wie fein das Gerät zwischen unterschiedlich starkem Aufdrücken des Stiftes unterscheiden kann. Dieses Maß ist besonders wichtig für einen späteren eventuellen Unterschriftenvergleich durch einen Schriftsachverständigen.

**Auswahl-
kriterien**

Weitere Eigenschaften können die Rechtssicherheit ggf. erhöhen, sind aber nicht verpflichtend. So bieten einige Hersteller zusätzliche Sicherheitsmodule an. Damit kann es zum Beispiel möglich werden, Zeitstempel durch die Hardware erzeugen zu lassen. Die Unterschrift wird dann mit diesem Zeitstempel vor der Übertragung zum Endgerät verbunden. Darüber hinaus sind einige Modelle mit einer festen Hardware-ID versehen. Diese wird, wie der Zeitstempel, mit der Signatur verbunden. Es könnte damit im Streitfall nachgewiesen werden, auf welchem Erfassungsgerät die Signatur erstellt wurde. Eine weitere technische Möglichkeit ist die Verschlüsselung der Datenübertragung vom Erfassungsgerät zum Endgerät.

5.2.5   Übermittlung elektronisch signierter Dokumente an den Kunden

Im Idealfall sollte der papierlose Prozess derart gestaltet sein, dass auch der Kunde seine Ausfertigung der relevanten Dokumente nur noch elektronisch erhält. Da es sich bei diesen Daten im beschriebenen Prozess aber um personenbezogene Daten handelt, dürfen diese nur unter Einhaltung bestimmter Regeln übermittelt werden.

Im Bundesdatenschutzgesetz (BDSG) werden dazu keine genauen Aussagen getroffen. Es befasst sich ausschließlich mit der Speicherung und Verarbeitung von personenbezogenen Daten, jedoch nicht explizit mit der Übermittlung dieser Daten. Das BDSG weist ausdrücklich auf die Sorgfaltspflicht hin, die bei der Übertragung von personenbezogenen Daten zu gewährleisten ist.

Folgende Varianten zur Übermittlung personenbezogener Daten sind prinzipiell möglich:

– *Die Kundendaten werden direkt verschickt.* Die Daten des Versicherungsantrags werden in die E-Mail eingefügt und an die entsprechende Person versendet. Die Übertragung erfolgt in diesem Falle unverschlüsselt. Der Schutz der Daten kann so nicht gewährleistet werden.

– *Daten werden verschlüsselt versandt.* Ein heute dazu übliches Verfahren ist die weit verbreitete PGP-Software. Ein gewisses Risiko ist jedoch das Versenden der öffentlichen Schlüssel. Dieser sollte nicht über E-Mail an die entsprechenden Empfänger verschickt werden. Es sollte eine zusätzliche Instanz eingeschaltet werden, die die Schlüsselweitergabe organisiert und überwacht. Die Sicherheitslücke schließt ein Echtheitszertifikat, ein so genannter Fingerprint. Zudem werden Softwarelösungen angeboten, die die Dokumente verschlüsseln. Damit können diese sicher per E-Mail verschickt werden.

– *Versand eines Links per E-Mail, zum späteren Download über https/SSL.* Die Mindestanforderungen in diesem Szenario sind:
  – Benutzererkennung und Passwörter sind aktuell mit einer 128bit SSL-Verschlüsselung zu übertragen.
  – Im Internet sollten Daten verschlüsselt zwischen Client und Server übertragen werden, z. B. bei Formularen oder Webmail-

Diensten. Auch hier bietet sich zurzeit eine 128bit SSL-Verschlüsselung an.

- Bei der Kommunikation mit E-Mails bietet z. B. PGP ein angemessenes Schutzniveau vor unbefugter Kenntnisnahme.

Darüber hinaus ist eine ausreichend sichere Authentifizierung des Nutzers sicherzustellen. Dabei kommen Passwortmechanismen, aber auch moderne Authentifizierungstechniken, wie Chipkarten oder biometrische Merkmale, in Frage.

Bei der Einrichtung und Verwendung von Verschlüsselungssystemen kann die E-Mail-Übertragung als sicher bezeichnet werden. Im Rahmen des Projektes SPHINX wurde entsprechend ein Standard für E-Government-Projekte des Bundes formuliert. Es ist daher empfehlenswert, diesem Standard für E-Mail-Kommunikationen zu folgen.

5.3 Angriffsszenarien

5.3.1 Technische Angriffsszenarien im Überblick

Vor dem Hintergrund der fachlichen Anforderungen wird in diesem Abschnitt untersucht, welche Bedrohungen im Versicherungsabschlussprozess bestehen. Beim Entwurf sicherheitsrelevanter Systeme hat sich die frühe Entwicklung eines *Bedrohungsmodells* (engl. *threat model*) bewährt [Sch97]. Folgende zentrale Fragen sind dabei zu klären:

- Wovor ist das System zu schützen?
- Wer sind die potenziellen Angreifer?
- Wie lange muss ein Schutz aufrechterhalten werden?

An dieser Stelle werden mögliche Angriffsflächen identifiziert. Geeignete Gegenmaßnahmen werden zunächst nur angedeutet, eine detaillierte Beschreibung folgt im Kapitel 5.4. Die Frage, *wie* der Angreifer konkret vorgeht, soll hier nur insofern behandelt werden, als dass gezeigt wird, *dass* ein Angriff möglich ist. Auf eine konkrete Aufzählung bekannter Angriffstechniken wird bewusst verzichtet (eine Zusammenfassung findet sich beispielsweise bei Ernst [GMP+04, Rdn 28-80]). Unterstellt wird für die Untersuchungen in diesem Abschnitt ein Musterprozess, in dem Antragsdaten elektronisch erfasst und mit einer digitalisierten Unterschrift versehen an den Versicherer übermittelt werden.

In den folgenden Abschnitten soll dann beschrieben werden, welche potenziellen Angreifer in der Lage sind, die Schwächen auszunutzen und aus welcher

Motivation heraus solche Schritte denkbar wären. Wie lange der Schutz auf-rechterhalten werden muss, hängt von der Art des zu Grunde liegenden An-trages ab. Es wird davon ausgegangen, dass der Schutz über mehrere Jahre, für Lebens-, Berufsunfähigkeits- und Krankenversicherungen möglicherweise auch Jahrzehnte, bestehen soll.

Zunächst wäre es möglich, eine Ausfertigung des Versicherungsantrags zu ma-nipulieren. Ohne Fälschung der Unterschriften wird der veränderte Antrag nur oberflächlichen Überprüfungen standhalten. Pordesch [Por93, S. 567] be-richtet von einem Fall, in dem es gelang, in einem mehrfach unterzeichneten Dokument einzelne Signaturen zu deaktivieren. Das Prüfprogramm meldete keine Fehler, da nur die verbliebenen Signaturen erkannt und geprüft wur-den. Nach diesem Muster können vermutlich auch modernere Programme angegriffen werden. In der Regel bestehen Signaturen aus einem Sichtvermerk und für den menschlichen Betrachter unsichtbaren Signaturdaten. Der Sicht-vermerk kann leicht durch einfaches Einfügen eines Bildes vorgetäuscht wer-den. Signaturprüfprogramme werden solche Bilder nicht weiter betrachten. Sofern noch weitere „echte" und gültige Signaturen im Dokument sind, wird die Prüfung „alle Signaturen gültig" ergeben. Der Angreifer könnte nach der Manipulation des Dokumentes die Signaturen, die in seinem Einflussbereich liegen, erneut tätigen und jene, über die er keine Macht hat, einfach durch Bilder ersetzen. Er könnte auch versuchen, ein Dokument zu erstellen, in dem der angezeigte Text nicht mit dem gültig signierten übereinstimmt. Solche und ähnliche Angriffe zielen darauf ab, den Betrachter, der ohne Computerunter-stützung nicht in der Lage ist, die elektronischen Signaturen zu prüfen, zu täuschen. Das Prüfprogramm meldet keine Fehler, da es „irgendwo" gültige Signaturen findet. Um diesem Problem zu begegnen, müssen die Dokumente so strukturiert sein, dass ein Prüfprogramm auch das Fehlen einer Signatur be-merkt. Es muss definiert sein und geprüft werden, auf welchen Teilbereich des Dokumentes sich eine Signatur bezieht. Möglicherweise kann das Einfügen von Bildern an bestimmten Stellen oder sogar dokumentenweit unterbunden werden.

Wenn die Manipulation des Dokumentes mit Fälschungen der Signaturen ein-hergeht, wird die Entlarvung schwerer, unter Umständen sogar unmöglich. Denn anders als nachgemachte Handunterschriften können die Fälschungen elektronischer Signaturen perfekt sein, falls der Angreifer den Schlüssel kennt oder die zu Grunde liegenden mathematischen Verfahren beziehungsweise ih-re Implementierungen gebrochen werden. Es muss daher versucht werden, solche Angriffe durch die Verwendung sicherer Verfahren und zuverlässiger Implementierungen zu verhindern oder zumindest erheblich zu erschweren. Unterschieden werden muss zwischen Angriffen auf den Hashalgorithmus und Angriffen auf die Verschlüsselung.

Bei einem *Angriff auf den Hashalgorithmus* wird versucht, ein zweites Dokument zu finden, das bei anderem Inhalt denselben Hashwert hat wie das Original [WS05]. Die Signatur des einen Dokuments kann dann auf das andere übertragen werden und bleibt dabei gültig. Jüngere Forschungen [WYY05] haben ergeben, dass beispielsweise der international weit verbreitete [Bun06b, S. 3] SHA-1 Algorithmus gegen einen solchen Angriff weniger resistent ist, als zuvor vermutet. Um gegen diese Bedrohung gewappnet zu sein, sollte der eingesetzte Algorithmus innerhalb überschaubarer Zeiträume ausgetauscht werden können [Sch05].

Durch einen erfolgreichen *Angriff auf die Verschlüsselung* kann der Angreifer an kryptografische Schlüssel gelangen, mit denen die biometrischen Daten einer Unterschrift entschlüsselt werden und weitere Signaturen erstellt werden können. Der Angreifer befindet sich dann in derselben Situation wie ein Angreifer, der auf anderem Wege Zugang zu den Schlüsseln und der Biometrie hat, insofern ist der Angriff auf die Verschlüsselung nur eine vorbereitende Maßnahme.

Die erfolgreiche *Analyse* eines modernen Hash- oder Verschlüsselungsalgorithmus ist sehr aufwändig, und so erscheint es zunächst ausgesprochen unwahrscheinlich, dass dadurch ein Versicherungsantrag bedroht ist. Es sollte jedoch bedacht werden, dass die Analyse nicht notwendig durch den Betrüger selbst erfolgen muss. Wenn ein kryptografisches Verfahren gebrochen wird, finden sich im Internet oft Tools, mit denen auch ein Laie die Schutzmaßnahmen überwinden kann [Sch01a, S. 42].

Neben dem signierten Antrag können unsignierte Nachrichtenströme, sofern sie im Prozess vorkommen, manipuliert werden. Der Betrug wird offensichtlich, wenn der Datenstrom mit dem signierten Antrag verglichen wird. Üblicherweise werden lediglich die Anträge archiviert, nicht aber die kompletten Datenströme des Prozesses. Ein späterer Vergleich ist dann nicht mehr möglich, folglich kann eine Prüfung nur im Rahmen des Prozesses stattfinden. Effektiver könnte es sein, den gesamten Prozess nur mit signierten Daten ablaufen zu lassen. In der Praxis werden heute oft die Daten aus dem Dokument, die zur Weiterverarbeitung bestimmt sind, unabhängig von dem eigentlichen signierten Dokument behandelt. Diese Trennung ist technisch nicht mehr unbedingt erforderlich, aber aus Gründen der Praktikabilität verbreitet. Das Programm, das die Antragsdaten aufnimmt und auch an die nächste Stelle in der Prozesskette weiterleitet, nimmt die Signatur dabei nicht selbst auf, sondern leitet eine fertige Ausfertigung des Antrages an ein separates Signaturprogramm weiter. Die Programme kommunizieren dabei beispielsweise über eine Druckerschnittstelle. Dadurch kann eine vorhandene Auftragssoftware mit geringen oder sogar ganz ohne Anpassungen weiter verwendet werden, die Signatursoftware auf der anderen Seite kann nahezu universell eingesetzt werden (siehe Abbildung 22). Allerdings können nach dem Signaturprozess die

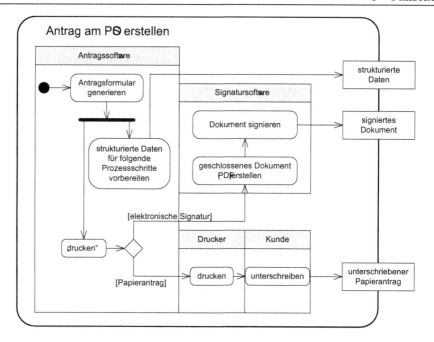

Abbildung 22: Einbindung einer Signatursoftware per Druckertreiber

Daten aus dem ursprünglichen Antrag nicht mehr ohne weiteres automatisch extrahiert werden. Sie werden von dem Signaturprogramm nicht als strukturierte Antragsdaten, sondern eher wie ein Bild behandelt. Damit ist nicht sicher, dass die Daten, die weiterverarbeitet werden, mit dem Antrag, der archiviert wird, übereinstimmen.

Ein Angriff auf das Signaturprüfsystem erfordert profunde Einblicke in die Funktionsweise, über die wahrscheinlich nur wenige Insider verfügen. Der Angreifer muss weiterhin Zugriff auf das System haben. Der Zugang braucht dabei nicht unbedingt direkt am Zielcomputer zu bestehen, stattdessen könnte auch versucht werden, durch speziell präparierte Dokumente – beispielsweise durch Pufferüberläufe (etwa [Ado05] siehe auch [Sch01a, S. 200]) – die nötige Kontrolle zu erlangen. Das setzt voraus, dass im System eine Schwachstelle existiert, die dem Angreifer bekannt ist. Ist der Angriff jedoch erfolgreich, können auf diese Weise beliebige Dokumente unbeanstandet durch den Prozess geschleust werden.

Ähnlich verhält es sich mit Angriffen auf die Datenbanken des Unternehmens. Auch hier ist der Kreis der potenziellen Angreifer klein, da nur sehr wenige das nötige Wissen und die Zugriffsmöglichkeit haben. Auch hier ist dafür das

Schadenpotenzial enorm, da die Veränderungen lange Zeit unbemerkt vonstatten gehen können.

Schließlich könnte der vorgesehene Prozess durch einen *Denial-of-Service*-Angriff (*DoS*) gestört werden (siehe auch [Sch01a, S. 35ff]). Folgende zwei Beispiele sollen die Funktionsweise verdeutlichen:

- Das System wird dazu gebracht, große Mengen an Anträgen zu prüfen. Das können unsinnige Anträge sein, die zu Fehlern führen oder vernünftige Anträge, die künstlich aufgestaut wurden. Es kann sogar ein natürliches Mehraufkommen sein, wie es beispielsweise aufgrund von Gesetzesänderungen im Jahresendgeschäft für Lebensversicherungen 2004 auftrat [Lie05].
- Das System wird dazu gebracht, sämtliche Eingaben zurückzuweisen. Dazu kann am Prüfalgorithmus manipuliert werden oder es kann erreicht werden, dass in einem Schritt vor der Prüfung Manipulationen an den Dokumenten vorgenommen werden.

Als fehlerhaft zurückgewiesene Anträge benötigen in der Regel eine besondere Behandlung, beispielsweise könnte eine manuelle Nachprüfung erforderlich werden. Das bindet zusätzliche Ressourcen und ist den Erfolgschancen des Angriffes zuträglich. Wenn die Blockade der Prüfsysteme über einen längeren Zeitraum anhält, dann kann der Angreifer, ohne Verdacht zu erregen, verlangen, dass einige Anträge nun endlich – nötigenfalls eben ungeprüft – bearbeitet werden. Er kann sich dabei auf das angebliche Drängen der Zeit und eine zu befürchtende, erhebliche Stornogefahr berufen. Falls diesem Ansinnen gefolgt wird, werden Anträge mit ungeprüften Signaturen in den Bestand aufgenommen. Diese Situation ist nicht vorgesehen, daher werden die Anträge mit hoher Wahrscheinlichkeit auch später, wenn das Prüfsystem im normalen Betrieb ist, nicht geprüft, sondern vergessen. Gegen solche Angriffe kann ein Notfallplan schützen, in dem genau definiert ist, wie im Falle eines Systemausfalls der Prozess weiterlaufen kann. Ob es wirtschaftlich tragbar ist, einen solchen Plan für einen eher unwahrscheinlichen Angriff vorzubereiten, kann an dieser Stelle nicht beantwortet werden.

Abbildung 23 zeigt die Angriffsarten noch einmal im Überblick. Als Darstellungsform wurde ein *Angriffsbaum* (auch *Bedrohungsbaum* in Anlehnung an [Eck04, S. 163ff]) gewählt. Die Aktivitäten stellen dabei Angriffsarten beziehungsweise vorbereitende Maßnahmen für Angriffe dar. Objektknoten (Rechtecke) symbolisieren für den jeweiligen Angriff erforderliche Daten. Wenn mehrere Aktivitäten in einem Verbindungsknoten (Symbol: Raute) zusammenlaufen, kann die nachfolgende Aktivität gestartet werden, sobald mindestens eine der vorbereitenden Maßnahmen erfolgreich abgeschlossen wurde. Die Aktivitäten sind dann durch ein *logisches oder* verknüpft. Laufen mehrere Aktivitäten in einem Synchronisationsknoten (Symbol: Balken) zusammen, so müssen sie alle abgeschlossen sein, bevor der darauf aufbauende Angriff beginnen kann. Dieser Zusammenhang entspricht dem *logischen und.*

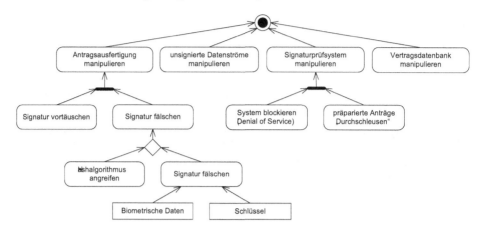

Abbildung 23: Klassifizierung der Angriffsarten gegen den Versicherungsabschluss

Nicht nur absichtliche Verfälschung, sondern auch technische Fehler, beispielsweise Übertragungsfehler, können eine Signatur ungültig werden lassen. Anders als bei einem Papierdokument, dessen Beweiskraft durch kleinere Risse, Löcher, Wasserflecken oder dergleichen nicht unbedingt leidet, wird ein elektronisch signiertes Dokument durch ein einziges falsch übertragenes Bit wertlos. Wird so ein Dokument erst im Streitfall, möglicherweise erst durch ein Gericht, als ungültig erkannt, besteht keine Möglichkeit mehr, den Schaden zu beheben. Eine Prüfung der Signaturen, bevor sie als Beweismittel in einem Prozess eingebracht werden, ist anzuraten [HB93, S. 691].

5.3.2 Der Kunde als Angreifer im Versicherungsantragsprozess

Die Motive des Kunden, seinen eigenen Versicherungsantrag zu manipulieren, werden im Wesentlichen darin bestehen, Versicherungsschutz zu genießen, ohne die angemessene Prämie zahlen zu müssen, mit einem Spargeschäft höhere Erträge zu erzielen, als vorgesehen (siehe zu Spargeschäft und Prämienkalkulation beispielsweise [Far00, S. 53f, 57ff]) oder Deckung für einen bereits eingetretenen Schaden zu erhalten (für eine differenziertere Untersuchung der Motive siehe [Fet98, S. 95ff]). Die Möglichkeiten sind allerdings begrenzt, da grundsätzlich nicht der Antrag, sondern der Versicherungsschein (die Police) über Art und Umfang der Versicherung entscheidet. Bei der Police muss es sich bislang um ein physisches Dokument handeln, das mindestens die Nachbildung der Unterschrift eines Bevollmächtigten des Unternehmens trägt [Bund, § 3]. Künftig werden auch Versicherungsscheine in *Textform* zulässig sein [Bun06a, § 3]. Weicht der Inhalt des Scheins vom Antrag ab, so muss der Versicherer die Abweichungen im Einzelnen kenntlich machen und den Kunden über dessen *Widerspruchsrecht* belehren. Die Frist für den Widerspruch beträgt einen Monat ab Zugang der Police [Ter04, § 2 Rdn 84ff]. Fehlt eine angemessene Belehrung, „so ist die Abweichung für den Versicherungsnehmer unverbindlich und der Inhalt des Versicherungsantrags insoweit als vereinbart anzusehen" [Bund, § 5 Abs. 3] (sowie sinngemäß auch in [Bun06a, § 5]).

Auf die Abweichungen des Versicherungsscheins zu manipulierten Antragskopien kann der Versicherer naturgemäß nicht hinweisen. Wenn der Versicherungsnehmer im Rechtsstreit glaubhaft machen kann, bei der manipulierten Kopie handele es sich um den Originalantrag, so würde tatsächlich der Antrag und nicht die Police verbindlich sein. Nach Einschätzung des Verfassers kann sich dabei die rechtliche Bewertung von elektronischen Anträgen ganz erheblich von der Bewertung von Anträgen auf Papier unterscheiden, wie folgende Beispiele deutlich machen sollen:

Beispiel 1: Der Versicherer verfügt über ein vom Kunden unterschriebenes Antragsdokument, das inhaltlich mit dem Versicherungsschein übereinstimmt. Der Versicherungsnehmer kann den ebenfalls von ihm unterschriebenen Durchschlag eines Antrages vorweisen, der allerdings erheblich von dem Dokument des Versicherers und der Police abweicht, und zwar zugunsten des Versicherungsnehmers. Ganz offensichtlich wäre es für den Versicherungsnehmer ein leichtes, sich ein leeres Antragsformular zu beschaffen, es entsprechend auszufüllen und zu unterschreiben. Der Versicherer dagegen müsste die Unterschrift des Kunden aufwändig fälschen. Damit erscheint die Darstellung des Kunden wenig glaubwürdig.

Beispiel 2: In einer ähnlichen Konstellation verfügen beide Parteien über ein elektronisches Antragsdokument. Es trägt eine elektronische Signatur, in die die biometrischen Daten der Unterschrift des Kunden eingebunden sind. Die Signatur ist mit der Technik des Versicherungsunternehmens erstellt, die kryptografischen Schlüssel befinden sich im Machtbereich des Versicherers (siehe Kapitel 5.4.4 sowie Kapitel 5.4.5). Die Glaubwürdigkeit des Kunden ist im Vergleich zum ersten Beispiel ungemein höher.

Die Beispiele sind idealisiert. Schon heute archivieren die Unternehmen oft nicht mehr den Antrag, sondern nur noch ein gescanntes Bild oder eine Mikroverfilmung davon, das leicht durch das Unternehmen zu manipulieren wäre und vor Gericht als Beweis kaum geeignet ist [o.V00]. Das zweite Beispiel setzt voraus, dass der Kunde die Verschlüsselung brechen kann. Schließlich wird sich der Kunde bei jeder deutlichen Abweichung von Vertrag und Antrag unabhängig des bereits zitierten Paragraphen 5 [Bund] die Frage gefallen lassen müssen, wieso er die möglicherweise offensichtliche Unstimmigkeit nicht viel früher reklamiert hat.

Eine weitere Betrugsmöglichkeit besteht im Verschleiern *gefahrenerheblicher Umstände.* „Erheblich sind die Gefahrumstände, die geeignet sind, auf den Entschluss des Versicherers, den Vertrag überhaupt oder zu dem vereinbarten Inhalt abzuschließen, einen Einfluss auszuüben. Ein Umstand, nach welchem der Versicherer ausdrücklich und schriftlich gefragt hat, gilt im Zweifel als erheblich." [Bund, § 16 Abs. 1] (zukünftig leicht verändert, siehe [Bun06a, § 19]). Erhebliche Umstände sind beispielsweise Vorerkrankungen bei Berufsunfähigkeits-, Kranken- oder Lebensversicherungen und Vorschäden bei Sachversicherungen. Verschweigt der Versicherungsnehmer derartiges absichtlich, dann kann der Versicherer von dem Vertrag zurücktreten [Ter04, § 2 Rdn 95ff]. Ein böswilliger Versicherungsnehmer könnte relevante Umstände in dem Antrag, den er an die Versicherung schickt, verschweigen oder sogar Falschaussagen treffen, um bei späteren Unstimmigkeiten eine manipulierte Kopie vorweisen zu können, in denen sie wahrheitsgemäß und ausführlich beschrieben sind. Dem Versicherungsschein kommt dabei keine Bedeutung zu, da das Fehlen der fraglichen Angaben in der Police keine Auskunft darüber gibt, ob die Angaben bei Vertragsabschluss gemacht wurden.

Soweit der betrügerische Kunde keinen Komplizen im Unternehmen hat, wird der Antrag seine einzige Angriffsfläche sein. Der unwahrscheinliche Fall, dass der Kunde durch die Hilfe eines Insiders oder auf anderem Wege die internen Abläufe des Unternehmens beeinflussen kann, unterscheidet sich nur wenig von einer Situation, in der der Insider selbst der Angreifer ist. Darauf wird in den nächsten Abschnitten eingegangen.

Für den Angriff auf den Antrag steht ihm zunächst seine Antragskopie zur Verfügung. Er verfügt grundsätzlich über die biometrischen Daten seiner eigenen Unterschrift, er benötigt lediglich ein Erfassungsgerät, das er jederzeit kaufen kann. Über den Signaturschlüssel verfügt er normalerweise nicht. Das bedeutet, dass, sofern die verwendeten Algorithmen sicher sind, zuverlässig implementiert wurden und der Signaturschlüssel sorgfältig verwahrt ist, ein erfolgreicher Angriff des Kunden sehr unwahrscheinlich ist. Eine Manipulation des Antrags ohne Fälschung der Signatur ist für den Kunden ohne Nutzen, da im Streitfall mit Sicherheit entsprechende Überprüfungen durchgeführt werden.

5.3.3 Der Vermittler als Angreifer im Versicherungsantragsprozess

Der Vermittler hat, im Gegensatz zum Kunden, tiefere Einblicke in den Prozess. Das Motiv, den Antragsprozess zu manipulieren, wird der Versuch sein, einen Provisionsanspruch zu begründen oder Verkaufsziele zu erreichen. Er könnte auch als Komplize eines Kunden zu dessen Vorteil in den Prozess eingreifen, beispielsweise um einen Antrag noch vor ein Schadensereignis zu datieren. Derartige Fälle sind aktenkundig [Bunb]. Anders als der Kunde, der die gesamte Vertragslaufzeit für einen Angriff nutzen kann, sind die Möglichkeiten des Vermittlers auf die Zeit vor und während des Abschlussprozesses begrenzt.

Ein anderer Angriff könnte darauf abzielen, die biometrischen Daten der Kundenunterschrift unverschlüsselt zu erhalten, um damit später beliebige Anträge signieren zu können. Dazu braucht er nicht unbedingt die Verschlüsselung einer gültigen Signatur zu brechen, er kann auch einfach eine manipulierte Software zur Erfassung verwenden, die eine Verschlüsselung gar nicht erst vornimmt.

Der betrügerische Vermittler könnte entweder versuchen, nur sehr kleine Änderungen vorzunehmen, in der Hoffnung, die gefundene Schwachstelle über einen längeren Zeitraum auszunutzen oder er versucht, einmalig einen sehr großen Betrag zu erzielen und sich damit abzusetzen. Dabei birgt der erste Ansatz die Gefahr, vorzeitig entdeckt zu werden, während im zweiten Fall schon der plötzliche, ungewöhnliche Erfolg des betroffenen Vermittlers einen Verdacht wecken und genauere Nachforschungen nach sich ziehen könnte. Allgemeine Boomphasen, wie die durch bevorstehende Gesetzesänderungen überdurchschnittlich gesteigerten Lebensversicherungsabschlüsse in den Jahren 1999 und 2004 [Lie05], können diese Auffälligkeit allerdings kaschieren. Vermittler, die ihre Kunden für sehr kurzfristige eigene Vorteile hintergehen, mögen selten sein, aber sie existieren [Sch01b].

Jede Manipulation mit Auswirkungen auf die Provision wird eine deutliche Veränderung des Vertrages beinhalten. Ist die Veränderung zum Nachteil des Kunden, insbesondere höhere Prämien, so wird jener die Veränderung höchst wahrscheinlich umgehend reklamieren. Ähnliches gilt für Versicherungen, die der Kunde überhaupt nicht abgeschlossen hat oder für das Erfinden von Kunden. So etwas wird vom Kunden oder der Versicherung schnell bemerkt werden und der Vermittler wird zur Rechenschaft gezogen werden, noch bevor eine Provision ausgezahlt ist. Ohnehin hat das Erfinden von Anträgen kaum Bezug zur elektronischen Signatur.

Möglich wäre es, mit den vorhandenen biometrischen Daten eines Antragstellers nach dessen Tod rückwirkend einen anderen Antrag zu erstellen. Je nach Art des Vertrages kann das zum Vorteil des Versicherers sein, falls durch den Tod ein Schadensereignis unmöglich ist oder auch zum Vorteil der Erben des Versicherten, beispielsweise durch eine Risikolebensversicherung mit sofortiger Deckung. Dabei darf der Originalantrag, aus dem die biometrischen Daten stammen, noch nicht bei dem Versicherer eingegangen sein, sonst ist durch die vollständige Übereinstimmung beider Unterschriften der Betrug erkennbar. Außerdem kann dieser Angriff nicht wiederholt durchgeführt werden. Ein Vermittler, der ausschließlich Anträge von bereits Verstorbenen einreicht, wird schnell auffallen.

Erfolgversprechender wäre es, eine Veränderung zuungunsten der Versicherung unerkannt durch den Prozess zu bringen. Mögliche Manipulationen wurden bereits mit Blick auf den Kunden als Angreifer angesprochen (siehe Abschnitt 5.3.2).

Eine Angriffsfläche für den Vermittler besteht, wenn die Verarbeitung des elektronischen Antrages unabhängig von der Verarbeitung des elektronisch signierten Dokumentes erfolgt (siehe Abbildung 22 in Abschnitt 5.3.1). Ein betrügerischer Vermittler könnte einen ungeschützten Datenstrom vor der Weiterleitung an die Vertriebsorganisation nach seinen Wünschen verändern, während ein unveränderter, signierter Antrag mit anderem Inhalt zur Archivierung weitergeleitet wird.

Die Signaturhardware, die Antrags- und die Signatursoftware befinden sich dauerhaft im Einflussbereich des Vermittlers. Er hat die Möglichkeit, alles sorgfältig zu untersuchen und seinen Angriff ungestört vorzubereiten.

5.3.4 Die Vertriebsorganisation als Angreifer im Versicherungsantragsprozess

Die Absatzorgane stehen zwischen dem Kunden und dem Versicherungsunternehmen. Je nach wirtschaftlicher und rechtlicher Stellung sind sie eher der Einflusssphäre des Versicherungsunternehmens zuzuordnen, wie Unternehmensfilialen und konzerneigene Strukturvertriebe oder aber der Sphäre des Kunden, zum Beispiel Maklerorganisationen und Captive Broker [Far00, S. 682ff]. Entsprechend können sie ein Interesse am Vorteil der ihnen jeweils näher stehenden Partei haben, daneben stehen die Interessen der Organisation selber. Letztere sind denen der Vermittler recht ähnlich: Um wirtschaftlich erfolgreich zu sein, muss ein Vertriebsorgan Provisionsansprüche erwerben, unter Umständen müssen Verkaufsziele erreicht werden.

Unabhängige Vertriebsorganisationen sind an einer langfristigen Zusammenarbeit mit Versicherungsunternehmen interessiert, konzern- oder unternehmenseigene Vertriebsorganisationen haben endgültig kein Interesse daran, der Mutter- oder Schwestergesellschaft zu schaden. Langfristig ist zu erwarten, dass Manipulationen auffallen. Zumindest müsste erkennbar sein, dass die Verträge, die von dieser Organisation stammen, einen unterdurchschnittlich geringen oder sogar negativen Ertrag erwirtschaften. Unter dieser Prämisse scheint es für ein Absatzorgan wenig rational, den Antragsprozess zu stören. Es ist allerdings nicht auszuschließen, dass Angestellte eines solchen Betriebes versuchen, einen persönlichen, möglicherweise nur kurzfristigen Vorteil durch einen Angriff zu erreichen. Daher muss auch dieser Teil des Prozesses untersucht werden.

Der Vertriebsorganisation bieten sich die gleichen Angriffsflächen wie dem Vermittler. Alle Datenströme, die durch die Organisation laufen, können dort auch manipuliert werden, insbesondere wenn sie nicht signiert sind. Anders als der Vermittler kommt die Vertriebsorganisation nicht an die biometrischen Daten der Kundenunterschrift, sofern sie durch den Signaturprozess zuverlässig verschlüsselt wurden. Es besteht aber unter Umständen die Möglichkeit, die Vermittler mit manipulierten Erfassungssystemen auszustatten, um die gewünschten Daten zu erhalten.

Die große Anzahl von Verträgen, die üblicherweise von einer Organisation verarbeitet wird, könnte auch ausreichende Daten für eine *Kryptoanalyse* bereitstellen. Eine Kryptoanalyse, also das Brechen eines geheimen Schlüssels oder Verfahrens, wird einfacher, je mehr Daten zur Verfügung stehen (siehe beispielsweise [Mil03, S. 18ff, 188], ausführlich für bestimmte Verfahren [FS03, S. 79ff]).

5.3.5 Das Versicherungsunternehmen als Angreifer des Versicherungsantragsprozesses

Genau wie bei der Vertriebsorganisation sollte davon auszugehen sein, dass ein Versicherungsunternehmen als Ganzes kein Interesse an Betrug zuungunsten der Kunden haben kann. Jedoch kommen auch hier einzelne Mitarbeiter aus persönlichen Motiven, vielleicht getrieben von Absatzzielen, durch Bestechung von außen oder sogar aus purer Böswilligkeit als Angreifer in Frage. Mitarbeiterkriminalität kann ein ernstzunehmender Faktor sein: Bei einer branchenübergreifenden Studie US-Amerikanischer Unternehmen berichtete die Hälfte der befragten Unternehmen mit einem Umsatz über einer Milliarde US-$ von Vertrauensschäden im Jahr 2003 [Kre04, S. 1838]. Vertrauensschäden sind durch Vertrauenspersonen wie Angestellte, Zeitarbeitskräfte oder externes Servicepersonal verursachte Schäden, etwa Diebstahl und Unterschlagung aber auch Zweckentfremdung von Kundendaten, Betrug und vieles mehr. Für das Jahr 2005 rechneten drei Viertel der Unternehmen mit solchen Schäden, immerhin 40 Prozent sehen darin „das Potenzial, ernsthaften Schaden für das Unternehmen zu verursachen" [Kre04, S. 1839]. Daneben kann schon ein plausibler Vorwurf, das Unternehmen manipuliere die Anträge, nachhaltigen Schaden anrichten. Ein dahingehendes Gerücht wird potenzielle Kunden abschrecken. Wenn es gelingt nachzuweisen, dass das Unternehmen zumindest theoretisch in der Lage ist, signierte Anträge unbemerkt zu verändern, verschlechtert sich automatisch die Beweissituation in Gerichtsverfahren zuungunsten des Versicherers.

Der Bundesgerichtshof hat entschieden, dass „den Versicherer die Beweislast für die Fälschung der Unterschrift" trifft, wenn er „die Originale der Versicherungsanträge nach Mikroverfilmung vernichtet." [Bunb]. Zwar wird dem Versicherer diese Rationalisierungsmaßnahme ausdrücklich zugestanden, jedoch dürfe der Versicherer nicht die Rationalisierungsvorteile nutzen und gleichzeitig die „durch dieses Verfahren erzeugten Beweisnachteile auf die Versicherungsnehmer abwälzen" [Bunb, Ziffer 10 der Urteilsbegründung]. Es kann äquivalent davon ausgegangen werden, dass Zweifel an der Echtheit eines elektronisch signierten Dokumentes gegen die Versicherung ausgelegt werden, die schließlich das Signaturverfahren ausgewählt hat. Allerdings bleibt anzumerken, dass auch im schlimmsten Fall, wenn der Signatur überhaupt keine Authentifizierungseigenschaft zugestanden werden kann, die Versicherungsunternehmen immerhin nicht schlechter gestellt sind als bei der bisher verbreiteten Praxis der Mikroverfilmung oder nachträglichen Digitalisierung.

Auch im Versicherungsunternehmen bieten sich verschiedene Angriffsflächen. Ein Angriff unsignierter Datenströme, wie bereits aus Sicht des Vermittlers und der Vertriebsorganisation beschrieben, ist möglich. Allerdings wird dieser Angriff auf lange Sicht immer zum Nachteil des Unternehmens führen. Denn sobald die Abweichungen vom Antrag auffallen, wird das Unternehmen im Sinne des Antrages leisten müssen. Die Manipulation wirkt sich dann also nur vorübergehend im EDV-System des Versicherers aus. Diese Methode ist nur für Insider sinnvoll, die kurzfristige Interessen verfolgen und langfristige Nachteile für das Unternehmen in Kauf nehmen oder sogar beabsichtigen. Dasselbe gilt für Manipulationen an den Unternehmensdatenbanken nach Abschluss des eigentlichen Prozesses sowie den Signaturprüfsystemen im Unternehmen.

Genau wie alle anderen Inhaber einer signierten Antragsausfertigung kann auch das Versicherungsunternehmen beziehungsweise ein Angestellter des Unternehmens, versuchen, den Antrag zu verändern. Im Unternehmen steht nicht nur die Soft- und Hardware zur Verfügung, die zur Signierung eingesetzt wird, sondern das Unternehmen verfügt unter Umständen auch über die kryptografischen Schlüssel. Denn um die biometrischen Unterschriftsdaten prüfen zu können, müssen sie entschlüsselt werden. Dieser Umstand führt zu einigen Schwierigkeiten, die im Kapitel 5.4.4 näher untersucht werden müssen.

Durch manipulierte Anträge könnte versucht werden, einem Kunden einzelne Vertragsklauseln oder ganze Verträge aufzunötigen. Einzelne Vertragsklauseln wird der Kunde eventuell in der Police übersehen, wenn er tatsächlich eine ähnliche Versicherung abschließen will. Unerwartete Policen werden normalerweise nicht unbeanstandet vom Kunden akzeptiert und bezahlt werden. Um überhaupt einen Nutzen daraus ziehen zu können, darf der Kunde kein *Widerrufs*- oder *Rücktrittsrecht* haben. Das ist bei vielen Verträgen mit kurzer Laufzeit möglich oder indem „der Versicherer auf besonderen Antrag des Versicherungsnehmers sofortigen Versicherungsschutz" [Bund, § 5a Abs. 3, sowie gleichbedeutend § 8 Abs. 4] gewährt (siehe auch Kapitel 5.1.1). Eine besonders makabere Variante wäre es, den Erben eines bereits Verstorbenen die Rechnung für eine angeblich noch vor dem Tod abgeschlossene Versicherung zu schicken.

5.3.6 Außenstehende als Angreifer des Versicherungsantragsprozesses

Auch Außenstehende kommen als Angreifer gegen den Versicherungsantragsprozess in Frage. Dabei muss unterschieden werden zwischen Angreifern, die mit einer der bereits beschriebenen Interessensgruppen zusammenarbeiten und solchen, die ihre eigenen Interessen verfolgen.

Komplizen einer anderen Interessensgruppe können beispielsweise Techniker oder Entwickler aus dem Umfeld der Hard- oder Software für die Signaturerfassung oder -prüfung sein. Sie können ihren Mittätern die Möglichkeiten für deren Angriffe verschaffen.

Andere könnten bewusst versuchen, dem Versicherungsunternehmen Schaden zuzufügen, beispielsweise um aus einem veränderten Börsenwert Nutzen zu ziehen. Wenn ein Großschaden des Versicherungsnehmers durch die Manipulation zu Unrecht gedeckt ist oder eben gerade nicht, könnte der Angreifer relativ unverdächtig durch Börsenspekulation Gewinne erzielen – eine Börsennotierung des Versicherungsunternehmens oder des gewerblichen Kunden vorausgesetzt. Nach einer Studie aus dem Jahr 2004 sahen sich 39 Prozent der deutschen Unternehmen als Opfer von Wirtschaftskriminalität. Der durchschnittlichen Schaden betrug zwei Millionen Euro [Kre04, S. 1838].

5.4 Maßnahmen zum Schutz des Antrags

5.4.1 Schutz durch Kryptographie

Dieser Abschnitt setzt sich mit Vorschlägen auseinander, die die im vorhergehenden Abschnitt beschriebenen Angriffe verhindern sollen. Die klassische *Kryptographie*, so wie sie im Kapitel 3 beschrieben ist, bildet die Grundlage vieler der im Folgenden vorgestellten Lösungsansätze. Einige Gefahren können durch Kryptographie direkt gelöst werden. In einigen Fällen genügt sie allein nicht. „Kryptographie ist kein Allheilmittel – man braucht viel mehr als Kryptographie, um Sicherheit zu erhalten – aber sie ist notwendig" [Sch01a, S. 79].

Kryptographie bewahrt die *Integrität*, wenn Nachrichten zwischen zwei Punkten über unsichere Kanäle transportiert werden sollen [FS03, S. 111]. Im Falle der Nachricht *Versicherungsantrag* würde der Kunde als Absender und das Versicherungsunternehmen als Empfänger fungieren. Vermittler und Vertriebsorganisation als Zwischenstationen stellen den – möglicherweise – unsicheren Kanal dar. In diesem besonderen Szenario sollen die Zwischenstationen die Nachrichten lesen, aber nicht verändern können. Gefordert wird demnach nur *Integrität*, keine *Vertraulichkeit*. Diese Herausforderung könnte durch eine *elektronische Signatur* zuverlässig gelöst werden. Allerdings wird erwartet, dass der Kunde weder über einen *Signaturschlüssel* verfügt, noch über Soft- oder gar

Hardware zur Durchführung kryptografischer Berechnungen (siehe Abschnitt 5). Tatsächlich ist die Integrität des Antrages folglich nur zwischen dem Vermittler und dem Versicherungsunternehmen wirksam durch Kryptographie geschützt. Positiv formuliert bedeutet das immerhin, dass Angriffe der Vertriebsorganisation verhindert werden können. Dabei sollte immer der gesamte Datenfluss signiert sein, gerade auch die Daten, die zur Weiterverarbeitung in den Prozess einfließen und nicht nur die Ausfertigung für das Archiv.

Die Signatur kann auch der sicheren Speicherung von Nachrichten dienen – gewissermaßen ein geschützter Transport aus der Vergangenheit in die Zukunft [FS03, S. 112]. Für Anträge bedeutet das, wenn sie zum Zeitpunkt der Signaturerstellung der Wahrheit entsprachen, werden sie es auch in der Zukunft. Dieser Schutz kann unter Umständen umgangen werden: Kryptographie kann nicht verhindern, dass ein Signaturschlüssel-Inhaber zusätzlich weitere Anträge mit anderem Inhalt signiert. Diese Maßnahme wirkt daher gegen alle Angreifer außer gegen die Schlüsselinhaber. Darauf wird in den Kapiteln 5.4.5 und 5.4.6 eingegangen.

5.4.2 Starke Kryptographie und staatlich geprüfte Algorithmen

Conditio sine qua non ist dabei, dass die Signatur ihren Zweck erfüllt. „With enough effort, any cryptographic system can be attacked successfully" [FS03, S. 36]. Um das zu verhindern, müssen zuverlässige Verfahren eingesetzt werden, sogenannte *starke Kryptographie*.

Zum heutigen Zeitpunkt wird davon ausgegangen, dass ein Verfahren für die kommenden Jahrzehnte sicher ist, wenn ein erfolgreicher Angriff mindestens 2^{128} Schritte benötigt [FS03, S. 37]. Dieser Wert, der nicht mit der tatsächlichen Schlüssellänge eines gegebenen Verfahrens verwechselt werden darf, beruht auf theoretischen Überlegungen zur zukünftigen Entwicklung von Soft- und Hardware. Bewertungen aktueller Verfahren vor diesem Hintergrund beruhen auf derzeit bekannten Angriffen. Die Prognosen können sich als falsch erweisen. Eine Archivierung über längere Zeiträume kann dennoch zuverlässig gewährleistet werden, indem die zu schützenden Dokumente regelmäßig mit einem dann aktuellen Verfahren neu signiert werden. Alle bisherigen Signaturen sind dabei mit einzubeziehen und werden dadurch zuverlässig geschützt. Die neue Signatur braucht nicht vom ursprünglichen Unterzeichner zu stammen, sie kann auch durch eine andere unabhängige Stelle gesetzt werden. Diese Aufgabe erfüllen Anbieter sogenannter *qualifizierter Zeitstempel*. Das Verfahren und die Anforderungen an die Zeitstempelanbieter sind im Signaturgesetz und in der Signaturverordnung beschrieben [Bunk, § 2 Nr. 14], [Bunl, § 17]. Der Vorgang ist mit der Beglaubigung eines Papierdokumentes vergleichbar.

Im Abschnitt 2.5.3 ist ausführlich beschrieben, welche Algorithmen für asymmetrische Signaturen geeignet sind. Symmetrische Signaturverfahren werden durch die *Computer Security Division* des US-amerikanischen *National Institute of Standards and Technology* (*NIST*) standardisiert [Nat05]. Der aktuelle Standard heißt *Advanced Encryption Standard* (*AES*), der zu Grunde liegende Verschlüsselungsalgorithmus trägt den Namen *Rijndael*. Er wurde in einem Wettbewerb ermittelt. Die zwei im Finale des Wettbewerbs konkurrierenden Algorithmen *Serpent* und *Twofish* gelten ebenfalls als sehr sicher (siehe ausführlich zu den Algorithmen und dem Wettbewerb [FS03, S. 55-64]).

Ausführliche Vorschläge zur Auswahl geeigneter kryptografischer Verfahren finden sich auch im IT-Grundschutzhandbuch des *Bundesamtes für Sicherheit in der Informationstechnik* [Bun04a, M 2.164], [Buna]. Allerdings wird dieses Werk nicht so regelmäßig aktualisiert wie die oben genannte Veröffentlichung [Bun06b].

5.4.3   Schutz durch das Signieren strukturierter Daten

Eine elektronische Signatur schützt nur das Dokument, auf das sie sich bezieht. Um die Einbindung in bestehende Prozesse zu vereinfachen, wird in der Praxis oft nicht der eigentliche Datenstrom signiert, sondern stattdessen ein zweiter, signierter Datenstrom hinzugefügt (siehe Kapitel 5.3.1, insbesondere Abbildung 22). Signiert wird dabei meist die Ausgabe des eigentlichen Programms an einen Druckertreiber, gewissermaßen ein Bild des eigentlichen Dokumentes. Die signierten Daten sind dabei *unstrukturiert*, das bedeutet, für ein Computerprogramm ist nicht offensichtlich, an welcher Stelle der Datei eine bestimmte Information zu finden ist. Aus *strukturierten Daten* dagegen kann gezielt die gewünschte Information gewonnen werden, da hier die Daten speziell gekennzeichnet sind oder in einer definierten Anordnung vorliegen.

Parallele Datenströme sind zu vermeiden, da die Gefahr besteht, dass sie durch Manipulation oder Fehler zueinander inkonsistent werden. Da der signierte, unstrukturierte Datenstrom nicht automatisiert ausgewertet wird, kann die Diskrepanz lange unbemerkt bleiben. Um diese Gefahr zu vermeiden, sollten jene Daten signiert werden, die auch wirklich in den späteren Prozess einfließen. Eine besondere Herausforderung ist das nicht. Das *Portable Document Format* (*PDF*), das vielfach zur Archivierung der signierten Dokumente eingesetzt wird, bietet die Möglichkeit, strukturierte Daten in Dokumente einzubinden und später auszulesen [Ado04, S. 812ff]. Softwarelösungen, die diese Funktionalität unterstützen, werden von mehreren Unternehmen angeboten (beispielsweise [Ado], [Int]). Ein anderes geeignetes Format ist die *Extensible Markup Language* (*XML*) [BPM$^+$04]. Es existiert bereits ein Standard zum Einbinden biometrischer Daten in XML-Dateien [ADG$^+$03]. Grundsätzlich kann auch jedes andere elektronische Format genutzt werden, da Signaturalgorithmen jede beliebige Bitfolge verarbeiten können.

Wenn innerhalb eines Dokumentes mehrere Unterschriften vorhanden sind (siehe Kapitel 5.1.1), kann bei strukturierten Dateien exakt festgelegt werden, auf welchen Dokumententeil sich jede einzelne Unterschrift bezieht (beispielsweise [Ado04, S. 684ff]). Hinterher kann automatisch geprüft werden, ob alle erforderlichen Unterschriften auch an der richtigen Stelle gesetzt wurden. Bei unstrukturierten Dokumenten kann eine automatische Prüfung lediglich feststellen, dass überhaupt gültige Signaturen im Dokument vorhanden sind. Ob sie an der richtigen Stelle sitzen, bedarf einer optischen Prüfung. Dabei kann der Betrachter getäuscht werden, indem an der fraglichen Stelle statt einer Signatur lediglich das Bild einer gültigen Signatur eingebunden wird.

5.4.4 Zusätzlicher Schutz durch den Einsatz von Biometrie

Im vorhergehenden Kapitel wurde beschrieben, wie Kryptographie die Kommunikation zwischen Versicherungsvermittler und Versicherungsunternehmen schützen kann. Um den sicheren Kommunikationspfad auf den Kunden auszudehnen, wird die Unterschrift des Kunden in die Signatur eingebunden (siehe Kapitel 3.4.1). Die biometrischen Daten einer Unterschrift sind ein Faktor, auf den der Vermittler keinen Einfluss hat.

Der Vorteil biometrischer Authentifikationsverfahren gegenüber anderen Verfahren besteht darin, dass die biometrischen Merkmale untrennbar mit dem Menschen verbunden sind – sie seien „schwer zu stehlen oder zu kopieren und können nicht vergessen werden" [LS04, S. 136]. Das stimmt jedoch nur, wenn die Daten direkt bei der Erfassung geprüft werden und dabei sichergestellt ist, dass sie von einem lebenden Menschen stammen, nicht von einem Abspielgerät. Sobald die Merkmale jedoch erfasst, digitalisiert und übertragen werden, geht ein deutlicher Teil der Sicherheit verloren [Jun02, S. 40f]. Der Empfänger kann dann nicht mehr wissen, in welchem Zusammenhang die Daten erfasst wurden und was zwischenzeitlich mit ihnen geschehen ist [Eck04, S. 490]. Deshalb kann es wichtig sein, weitere Schutzmechanismen einzusetzen.

Eine *Konsistenzprüfung* des unterzeichneten Dokumentes sollte auch ohne Entschlüsselung der biometrischen Daten möglich sein. Mit Konsistenzprüfung ist hier die Prüfung des Hashwertes des signierten Dokumentes gemeint, also die Prüfung, ob das Dokument nach seiner Unterzeichnung noch verändert wurde. Wenn asymmetrische Verfahren eingesetzt wurden, offenbart die Prüfung des Hashwertes nur die Unversehrtheit des Dokumentes, ein Verfälschen des Dokumentes wird dadurch nicht begünstigt (siehe Kapitel 3.1.1). Während die Prüfung der Konsistenz für jeden legitimen Besitzer einer Ausfertigung des Dokumentes interessant sein kann, ist die Prüfung der biometrischen Daten nur in besonderen Fällen möglich: Benötigt wird erstens eine Referenzunterschrift und weiterhin Expertenwissen auf dem Gebiet des Unterschriftenvergleichs – sei es nun das künstliche Wissen einer Software oder das natürliche Wissen eines Sachverständigen. Wann immer eine solche Prüfung durchgeführt wird, müssen die biometrischen Daten entschlüsselt werden. Aber unverschlüsselte biometrische Daten können missbraucht werden. Während also das Prüfen des Hashwertes grundsätzlich harmlos und für viele nützlich ist, bleibt das Prüfen der Biometrie wenigen vorbehalten und birgt potenziell Gefahren. Die Hinterlegung des kritischen Schlüssels bei einer vertrauenswürdigen Stelle, beispielsweise einem Notar, ist zu prüfen. Verständlicherweise dürfen dann auch keine Kopien des Schlüssels kursieren.

Illegal wäre es, die gewonnenen biometrischen Daten zu einem weiteren Zweck neben der Identifikation und Authentifizierung zu verwenden. So dürfen beispielsweise aus den biometrischen Daten keinerlei Rückschlüsse auf den gesundheitlichen Zustand des Unterzeichners gezogen werden [Eck04, S. 490]. Sofern das überhaupt möglich ist, bedarf es der ausdrücklichen Zustimmung des Betroffenen [Tel02, S. 32], [Bunk, § 14].

Datenmissbrauch

5.4.5 Vergleich symmetrischer und asymmetrischer Verfahren

In den vorangegangenen Abschnitten wurde wiederholt die Manipulationsgefahr angesprochen, die von dem Signaturschlüssel-Inhaber ausgeht. Diese Herausforderung soll nun genauer untersucht werden.

Viele Sicherheitsstrategien beruhen auf dem sogenannten *Prinzip des geringsten Privilegs*. Es besagt, dass jedes Subjekt nicht mehr Privilegien haben soll, als es zum Arbeiten benötigt [Sch01a, S. 358]. Privilegien können genauso Büroschlüssel wie Passwörter sein, Zugang zu vertraulichen Dokumenten und so weiter. Es ist ein sehr detailliertes Management der zu Grunde liegenden Privilegien erforderlich – Generalschlüssel zu verteilen ist einfacher als Raumnutzungspläne zu pflegen. Von den Betroffenen kann es als Schikane missverstanden werden, vor allem, wenn eine zu restriktive Privilegienvergabe die Tätigkeiten behindert.

Für elektronische Systeme ist dieses Prinzip von besonderer Bedeutung. Der geheime Schlüssel der DVD-Sicherheitssysteme ist in jedem DVD-Spieler enthalten. Und zwar gleichermaßen in relativ manipulationsgeschützten Hardware-Playern, wie in nahezu schutzlosen Software-Playern. Nachdem es einem Hacker gelang, einen dieser Player zu dekompilieren und den Schlüssel auszulesen, war mit einem Mal das ganze Sicherheitssystem gebrochen [Sch01a, S. 296]. Ähnlich verhält es sich mit vielen Pay-TV-Systemen und einigen nordamerikanischen Nahverkehrskartensystemen. Die Gefahr besteht überall dort, wo ein globales Geheimnis in Benutzersystemen verwahrt wird [Sch01a, S. 358]. Genau das ist auch bei vielen biometrischen Signaturverfahren der Fall (siehe dazu beispielsweise [Sof06] und [Ste06]).

Hier sollen zunächst die Möglichkeiten betrachtet werden, die zur Verschlüsselung zur Verfügung stehen.

– Symmetrische Verschlüsselung der biometrischen Daten,

– Asymmetrische Verschlüsselung, wobei der öffentliche Schlüssel zur Verschlüsselung und der private Schlüssel zur Prüfung verwendet wird,
– Asymmetrische Verschlüsselung, wobei der private Schlüssel zur Verschlüsselung und der öffentliche Schlüssel zur Prüfung verwendet wird.

Bei *symmetrischer Verschlüsselung* ist die Angriffsfläche maximal. Sowohl in der Software zur Unterzeichnung als auch in der Prüfsoftware muss der Schlüssel enthalten sein. Gelingt es, einen davon zu analysieren, ist das gesamte Verfahren kompromittiert.

Im Bereich der *asymmetrischen Verschlüsselung* scheinen, wie oben angedeutet, zwei Varianten zu existieren. Sofern es die Verschlüsselung der biometrischen Daten betrifft, ist das nicht unbedingt richtig. Öffentliche und private Schlüssel unterscheiden sich technisch gesehen gering: Was der eine verschlüsselt, kann nur der andere entschlüsseln und umgekehrt. Der einzige Unterschied besteht in der Veröffentlichung.

Für das untersuchte Szenario sind zwei Schlüsselpaare erforderlich. Das erste Schlüsselpaar ist für die Ver- und Entschlüsselung der biometrischen Daten, das zweite Schlüsselpaar wird für die Ver- und Entschlüsselung des Hashwertes gebraucht. Der Schlüssel zur Verschlüsselung der biometrischen Daten ist

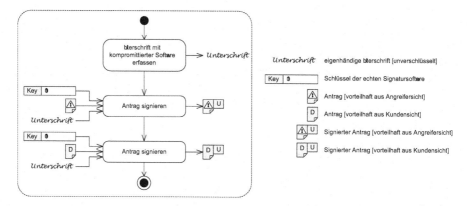

Abbildung 24: Skizze eines Replay Angriffs nach Kompromittierung der Verschlüsselung

in dem Erfassungssystem implementiert. Im betrachteten Szenario werden relativ viele Erfassungssysteme im Einsatz sein – jedes Vertriebsorgan muss über eines verfügen. Wenn es gelingt, den Schlüssel aus dem Erfassungssystem auszulesen, so ist damit nicht viel erreicht: Bereits vorhandene Dokumente können damit nicht verändert werden. Immerhin ist es mit diesem Schlüssel möglich, Verschlüsselungen unter Umgehung des dafür vorgesehenen Systems vorzunehmen. Gelingt es dem Angreifer zusätzlich, die biometrischen Daten

126

	Signatur / Verschlüsselung	Prüfung / Entschlüsselung
Biometrische Daten	*öffentlich*	*geheim*
Versicherungsantrag (Hashwert)	*geheim*	*öffentlich*

Tabelle 2: Vertraulichkeit der Schlüssel als Übersicht. Es liegt eine asymmetrische Verschlüsselung zu Grunde.

abzufangen, kann er sie verschlüsseln und an ein beliebiges Dokument anhängen (*Replay Angriff*, siehe Abbildung 24). Es können auch völlig andere Daten verschlüsselt werden, um Schwachstellen des Verschlüsselungsverfahrens zu finden. Die Methode ist als *Choosen Plaintext Angriff* bekannt, gute Verschlüsselungsverfahren sind dagegen resistent [FS03, S. 32], [Sch96, S. 6f]. Solange die Gefahr besteht, dass dieser Schlüssel ausgelesen werden kann, sollte er wie ein öffentlicher Schlüssel behandelt werden. Das bedeutet, ein Angriff darf auch dann nicht möglich sein, wenn der Angreifer diesen Schlüssel besitzt.

Der passende Schlüssel ist im Prüfungssystem hinterlegt. Wie im Kapitel 5.4.4 dargestellt, ist die Prüfung einer kleinen Gruppe vorbehalten. Solange zur Prüfung die biometrischen Daten entschlüsselt werden, besteht die Gefahr des Missbrauchs. Dieser Schlüssel muss folglich unbedingt geheim gehalten werden. So gesehen, ist das der *privatere* Schlüssel.

Die Verschlüsselung des Hashwertes muss genau anders herum erfolgen. Grundsätzlich hat jeder Inhaber einer Dokumentenausfertigung ein Interesse daran, dessen Unverfälschtheit zu prüfen. Dazu benötigt er den Prüfschlüssel. Eine Geheimhaltung des Prüfschlüssels scheint unnötig, denn die Information, dass ein Dokument *echt* ist, bringt einem Angreifer keinen Vorteil. Der Schlüssel kann also *öffentlich* sein. Die Verschlüsselung findet wieder in den Erfassungssystemen statt. Es hat eine weite Verbreitung und ist angreifbar. Dieser Schlüssel kann missbraucht werden: Er wird zusammen mit den biometrischen Daten für eine vollständige Fälschung benötigt. Ohne biometrische Daten kann dieser Schlüssel für minderwertige Fälschungen missbraucht werden, die immerhin solange halten, bis die Biometrie geprüft wird. Er ist also als *privat* zu behandeln. Die Tabelle 2 fasst die Anforderungen an die Geheimhaltung der unterschiedlichen Schlüssel noch einmal zusammen. In Kapitel 5.4.6 wird ein Weg beschrieben, der einen sehr guten Schutz dieses Schlüssels verspricht.

5.4.6 Schutz durch Gegenzeichnung des Vermittlers

Abbildung 24 hat gezeigt, dass auch beim Einsatz asymmetrischer Verschlüsselung für den oder die Schlüsselinhaber Möglichkeiten zur Manipulation bestehen. Diese Gefahr soll nun genauer betrachtet werden. Bisher wurde davon ausgegangen, dass für alle Signaturen derselbe Schlüssel verwendet wird, der in der Erfassungssoftware hinterlegt ist. Eine Alternative besteht darin, jeden Vermittler mit einem eigenen, persönlichen Schlüssel auszustatten. Gemeint ist der geheime Schüssel zur Signierung des Dokumentes, nicht jener öffentliche zur Verschlüsselung der biometrischen Daten (Siehe Tabelle 2). Durch diese Maßnahme kann bei jeder signierten Antragskopie die Herkunft nachgewiesen werden. Kursieren von einem Antrag Versionen mit unterschiedlichen Inhalten, so kommt als Angreifer nicht mehr pauschal jeder in Frage, der Zugang zu dem in der Erfassungssoftware gespeicherten Schlüssel hat. Vielmehr muss ein konkreter Vermittler die verschiedenen Versionen signiert haben. Er kann dazu befragt und gegebenenfalls zur Rechenschaft gezogen werden. Der Vermittler kann sich nicht mehr in einer anonymen Masse verstecken, sondern er muss damit rechnen, für Manipulationen belangt zu werden.

Die Generierung und Vergabe der *privaten Schlüssel* muss so erfolgen, dass keiner außer dem rechtmäßigen Schlüsselinhaber eine Kopie erhalten kann (siehe auch [Bun04a, M 2.46]). Alle, die die Integrität eines Antrages prüfen, benötigen eine Kopie des *öffentlichen Prüfschlüssels*. Für diese Aufgaben wird eine sogenannte *Public Key Infrastructure (PKI)* benötigt (siehe dazu ausführlich [FS03, S. 315ff]). Folgende Informationen können dort abgefragt werden:

- Der öffentliche Schlüssel für eine vorhandene Signatur,
- Daten zum Gültigkeitszeitraum des Schlüssels, insbesondere
- sie Information, ob der Schlüssel zum Zeitpunkt der Signierung gültig war,
- Daten über den Schlüsselinhaber.

Die Signatur des Vermittlers könnte *fortgeschritten* oder *qualifiziert* im Sinne des Signaturgesetzes sein (vgl. Kapitel 2.2). Die Kosten für eine qualifizierte Lösung sind vermutlich höher, dafür kann eine maximale Sicherheit garantiert werden. Qualifizierte Zertifizierungsdienstanbieter werden von staatlichen Stellen kontrolliert. In einem zivilrechtlichen Streit kommt einer qualifizierten Signatur ein besonders hoher Beweiswert zu [Bung, §§ 371a, 440] (vormals auch [Bunh, § 292a]). Soll stattdessen eine fortgeschrittene Lösung genutzt werden, so muss das Erreichen des gewünschten Sicherheitsniveaus durch das Versicherungsunternehmen kontrolliert und vor Gericht durch einen Gutachter bestätigt werden. Durch das Betreiben einer Public Key Infrastructure entstehen auf jeden Fall zusätzliche Kosten. Ob sie durch den zusätzlichen Schutz gerechtfertigt sind und welches Sicherheitsniveau das angemessenere oder günstigere ist, kann nicht allgemein beantwortet werden. Dafür ist eine detaillierte Betrachtung des konkreten Betrugsrisikos und des drohenden Verlustes für ein einzelnes Unternehmen erforderlich.

Bei einigen Unterschrifterfassungsgeräten (siehe [Ste06]) wird zusammen mit den biometrischen Daten eine *Seriennummer* des Gerätes übermittelt und in die Signatur aufgenommen. Diese Seriennummer kann einen ähnlichen Zweck erfüllen wie ein Gegenzeichnen. Wenn das Unternehmen die Nummer einem konkreten Vermittler zuordnen kann, ist nachvollziehbar, wer für eine Signatur verantwortlich ist. Das Unternehmen könnte dazu Buch über die verteilten Geräte führen oder durch einen Vergleich mit anderen Anträgen nach einer bestimmten Nummer suchen. Allerdings bestehen hier gewisse Einschränkungen: Die Erfassungsgeräte sind nicht so fest an einen Vermittler gebunden, wie eine Signaturkarte. Vermittler werden defekte Geräte zur Reparatur geben und zwischenzeitlich mit Austauschgeräten arbeiten. In Vermittlerbüros mit mehreren Angestellten können sich mehrere Personen ein Erfassungsgerät teilen. Solche Herausforderungen können noch organisatorisch gelöst werden. Technisch gesehen, ist durch die Seriennummer jedoch nur die Unterschrift einem Gerät zuzuordnen, nicht der Antrag. Gelingt es, die Unterschrift auf ein anderes Dokument zu übertragen, kann das nicht lückenlos dem Vermittler zugerechnet werden, auf dessen Gerät die ursprüngliche Erfassung der Daten stattfand. Die Seriennummer liefert dann nur ein Indiz, woher die Daten ursprünglich stammen. Hat der Vermittler einen Antrag dagegen selber signiert, ist das ein klarer Beweis. Schließlich wird die Seriennummer zusammen mit den biometrischen Daten an einen Computer geliefert, wo die endgültige Einbindung in die Signatur stattfindet. Zumindest theoretisch besteht die Gefahr, dass die Nummer dabei noch verfälscht werden kann.

5.4.7   Schutz durch sichere Hardware

Als momentan sicherste Art, einen kryptografischen Schlüssel zu verwahren, gilt das, was im Signaturgesetz als *sichere Signaturerstellungseinheit* [Bunk, § 2 Nr. 10] bezeichnet wird. Andere Quellen sprechen von einer *geschützten Hardware* (englisch *Secure Token*) [FS03, S. 353]. So ein Gerät verfügt über einen nicht-flüchtigen Speicher, in dem kryptografische Schlüssel abgelegt sind und einer Recheneinheit (Central Processing Unit, CPU), die kryptografische Berechnungen durchführen kann. Vor der Nutzung des Gerätes muss ein Passwort oder eine persönliche Identifikationsnummer (PIN) eingegeben werden. Einige Geräte prüfen stattdessen auch ein biometrisches Merkmal des Besitzers [Bunl, § 15] (vgl. Abschnitt 3.3.3). Alle Geräte sind sehr resistent gegen Manipulationen [FS03, S. 354]. Die gebräuchlichste Form ist wohl die *Smartcard*. Bisher existieren keine anderen Geräte, die für qualifizierte Signaturen zugelassen sind [Bun05g]. Diese Geräte sind auch für fortgeschrittene und einfache Signaturen uneingeschränkt geeignet.

Sofern der Vermittler die Anträge qualifiziert signieren soll (siehe Abschnitt 5.4.6), muss ohnehin solch ein Gerät eingesetzt werden. Sogar wenn auf die Vergabe persönlicher Schlüssel verzichtet wird, könnten geschützte Geräte nützlich sein.

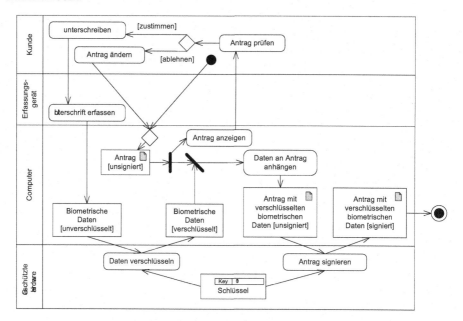

Abbildung 25: Signatur mit biometrischen Merkmalen und sicherer Hardware, unsichere Ausführung

Beispielhaft soll zunächst gezeigt werden, wie diese Geräte ohne einen persönlichen Schlüssel eingesetzt werden könnten. Der Einsatz geschützter Geräte muss sehr sorgfältig geplant werden. Die Abbildung 25 zeigt den möglichen Ablauf eines Signiervorgangs. Die Darstellung ist zur besseren Übersichtlichkeit vereinfacht, so wurde beispielsweise auf die nötigen Aktionen zur Bedienung der sicheren Hardware verzichtet. Der Ablauf ließe sich mit den am Markt verfügbaren Geräten (siehe [Bun05e]) einfach implementieren. Er ist jedoch nicht besonders sicher, denn Vorteile durch die sichere Hardware bestehen kaum. Immerhin sind die kryptografischen Schlüssel in dem Gerät geschützt. Aber sowohl der Antrag als auch die biometrischen Daten liegen ungeschützt im Speicher des Computers (siehe auch [Jun02, S. 41]). Sie können dort verändert werden – durch einen böswilligen Benutzer oder auch durch ein präpariertes Programm (*trojanisches Pferd*). Die geschützte Hardware würde auch einen veränderten Antrag unbeanstandet signieren.

Einen echten Sicherheitszuwachs bietet der in Abbildung 26 dargestellte Aufbau. Auch hier wurde für eine bessere Übersichtlichkeit auf die Darstellung

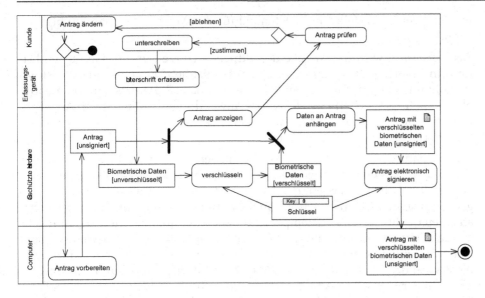

Abbildung 26: Signatur mit biometrischen Merkmalen und sicherer Hardware, sichere Ausführung

unbedeutender Details verzichtet. Bei diesem Aufbau übernimmt die sichere Hardware den überwiegenden Teil des Prozesses. Die biometrischen Daten verlassen den geschützten Bereich nicht. Da das sichere Gerät auch die Anzeige des Antrags übernimmt, wird sichergestellt, dass wirklich nur der vorgesehene Antrag signiert wird. Dieser Aufbau ist allerdings mit den derzeit angebotenen Geräten (siehe [Bun05f]) nicht möglich. Das Unterschrifterfassungsgerät muss direkt mit der sicheren Hardware kommunizieren – es könnte auch ein Teil der sicheren Hardware sein – und das Gerät muss in der Lage sein, umfangreiche Anträge zu verarbeiten und anzuzeigen.

Zusammengefasst bedeutet das: Unter Verwendung marktüblicher Geräte lohnt der Einsatz sicherer Hardware nicht, solange keine persönlichen Schlüssel verwendet werden. Wenn die Vermittler über persönliche Schlüssel verfügen, bietet auch der in Abbildung 25 gezeigte Ablauf einen Schutz. Da die Vermittler dann für ihre Signaturen haften müssen, sind Manipulationen an den Verträgen für sie schädlich.

5.4.8 Schutz durch einen Zeitstempel

Einige Produkte werden damit beworben, dass sie durch Einbindung eines Zeitstempels in die Signatur noch sicherer würden [Ste06]. In diesem Abschnitt soll zunächst erläutert werden, was das bedeutet und anschließend untersucht werden, welche Vorteile ein Zeitstempel für den Versicherungsantrag bringen kann.

Als *Zeitstempel* wird die Angabe der aktuellen Uhrzeit und des aktuellen Datums in einem elektronischen Dokument bezeichnet. Diese Information ist immer dann wichtig, wenn der zeitliche Verlauf eines Vorgangs nachvollziehbar bleiben soll. Bei sicherheitsrelevanten Anwendungen sollte es für Angreifer nicht möglich sein, die Uhrzeit zu verstellen, sonst verliert die Zeitangabe jegliche Verlässlichkeit [FS03, S. 300ff].

Das Signaturgesetz sieht vor, dass Zertifizierungsdienstanbieter *qualifizierte Zeitstempel* ausstellen können. Dabei wird dem Anbieter ein Dokument vorgelegt. Der Anbieter versieht das Dokument mit einer Datums- sowie Zeitangabe und signiert es anschließend qualifiziert. Die technischen Anforderungen an einen qualifizierten Zeitstempel sind denen der qualifizierten Signatur sehr ähnlich. Mit so einem Zeitstempel kann zuverlässig bewiesen werden, dass Daten zu einem bestimmten Zeitpunkt bereits vorgelegen haben und seitdem nicht verändert wurden [Gas03, S. 61]. Diese Information kann für eine Langzeitarchivierung sehr wichtig sein: Wenn sich abzeichnet, dass die bei der Signierung eingesetzten Verfahren in Zukunft keinen ausreichenden Schutz bieten werden, beweist der Zeitstempel, dass die Signatur bereits vorlag, als die Verfahren noch als sicher gelten konnten. Der Zeitstempel muss dabei auf neueren, zuverlässigeren Verfahren beruhen als die ursprünglichen Signaturen [Bunl, § 17].

Zeitstempel, die von Unterschrifterfassungssystemen gesetzt werden, gelten nicht als qualifiziert im Sinne des Signaturgesetzes. Sie können aber gewisse Plausibilitätsprüfungen ermöglichen. Anhand des Zeitstempels wird erkennbar, ob ein Antrag ‚rückwirkend' nach Eintritt eines Schadens gestellt wurde (wie im Fall [Bunb] vermutet). Solche Betrugsversuche werden ohnehin durch die wesentlich kürzere Bearbeitungszeit schwieriger, die ein elektronischer Antrag im Vergleich zum papiergebundenen Pendant bringen soll. Weit in der Vergangenheit liegende Datumsangaben deuten auf den Versuch hin, die Unterschrift eines zurückliegenden Antrages wiederzuverwenden. Dann kann der Zeitstempel sogar helfen, den passenden Originalantrag im Archiv zu finden, der offensichtlich denselben Zeitstempel tragen wird. Wenn viele Anträge innerhalb einer sehr kurzen Zeit signiert wurden oder wenn Anträge zu ungewöhnlichen Zeiten – beispielsweise vier Uhr morgens – gestellt wurden, können weitere Nachforschungen vernünftig sein. Möglicherweise hat der Vermittler diese Anträge selber signiert. Wenn mehrere Signaturen zum exakt gleichen Zeitpunkt gesetzt wurden, liegt definitiv ein Betrugsversuch oder ein technischer Fehler vor.

Wenn die Signaturen Zeitstempel tragen, ist es daher sinnvoll, routinemäßige Plausibilitätsprüfungen in den Prüfprozess einzubeziehen. Es ist darauf zu achten, dass der Zeitstempel, auch wenn er durch das Unterschrifterfassungssystem geliefert wird, nicht nur zusammen mit den biometrischen Daten verschlüsselt wird. Denn dann wäre zur Prüfung immer auch eine Entschlüsselung der biometrischen Daten erforderlich und das sollte vermieden werden (siehe Abschnitt 5.4.4).

5.4.9   Einbindung der biometrischen Daten in eine Referenzdatenbank

Die biometrischen Daten einer Unterschrift können nur dann geprüft werden, wenn eine Referenzunterschrift vorliegt. Bei Anwendungsfällen, in denen regelmäßig die Unterschriften eines weitgehend geschlossenen Benutzerkreises zu prüfen sind, werden die Referenzmuster in einer Datenbank hinterlegt [Sof06]. Ohne Referenzdatenbanken können beispielsweise Banken, die die Unterschriften auf Überweisungsträgern, Schecks und dergleichen prüfen oder Zugangskontrollsysteme, die biometrische Daten zur Authentifikation nutzen, nicht arbeiten. Versicherungsunternehmen unterscheiden sich in dieser Hinsicht sehr, da sie normalerweise nicht regelmäßig neue Dokumente von ihren Kunden bekommen. Es ist davon auszugehen, dass neue Anträge überwiegend von Interessenten kommen, über deren Unterschriftenmuster das Unternehmen nicht verfügt. „Der durchschnittliche Versicherungskunde hat 6,6 Verträge bei 2,4 Versicherungsunternehmen" [JM05, S. 762], also weniger als drei Verträge bei einem Unternehmen. Selbst wenn der Interessent bereits als Bestandskunde geführt wird, kann die Referenzunterschrift leicht mehrere Jahre alt sein. Die natürliche Veränderung einer Unterschrift in dieser Zeit steigert das Risiko unberechtigter Zurückweisungen legitimer Unterschriften (vgl. Abschnitt 3.3.3).

In Kapitel 5.4.4 wurde gezeigt, dass die Prüfung der biometrischen Daten mit einem Risiko verbunden ist, da die Daten dazu unverschlüsselt vorliegen müssen und zumindest theoretisch missbraucht werden können. Vor diesem Hintergrund stellt eine Referenzdatenbank ein gewisses Risiko dar. Zweifellos könnte dieses Missbrauchsrisiko durch restriktive Zugangsbeschränkungen, ausführliche Dokumentation der Datenbankzugriffe und weitere Maßnahmen minimiert werden. Solange das System aber nur für wenige Anträge genutzt wird und dabei nicht einmal besonders zuverlässig funktionieren kann, erscheint eine Investition in dieser Richtung wenig sinnvoll.

5.4.10   Das Zusammenwirken der Maßnahmen zum umfassenden Schutz des Prozesses

Die Abbildung 27 zeigt einen Prozess, der die bisher identifizierten Schutzmöglichkeiten berücksichtigt. Dieses Modell ist vereinfacht, es werden nur Schritte dargestellt, die für eine sichere Kommunikation erforderlich sind. So fehlt beispielsweise die Kontrolle des Antrages durch den Kunden, die Erstellung einer Antragskopie für den Kunden sowie weiterführende Schritte wie die Policenerstellung und die Provisionszuteilung.

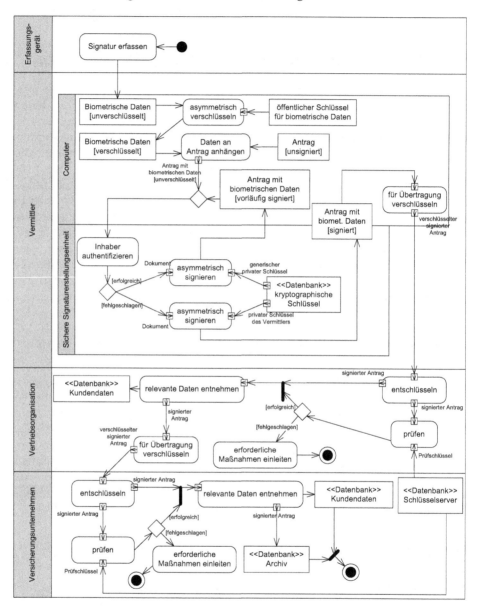

Abbildung 27: Durchführungsszenario

Die Unterschrift des Kunden wird erfasst und asymmetrisch verschlüsselt. Der Schlüssel für die biometrischen Daten wird als öffentlich betrachtet (Kapitel 5.4.5), dieser Vorgang braucht daher nicht in der geschützten Umgebung der sicheren Hardware durchgeführt zu werden. Die biometrischen Daten befinden sich zunächst unverschlüsselt im Speicher des Computers. Das ist nicht optimal, aber mit marktüblichen Geräten nicht vermeidbar (Kapitel 5.4.7). Allerdings existieren Unterschrifterfassungsgeräte, die eine Verschlüsselung vor der Übertragung der biometrischen Daten an den Computer vornehmen. Dabei handelt es sich um eine vorläufige Verschlüsselung, die nur die Übertragung zwischen Gerät und Software sichern soll [Ste06]. Eventuell können diese Geräte angepasst werden, damit sie die endgültige Verschlüsselung vornehmen.

Der Antrag kann auf drei Wegen mit einem Zeitstempel versehen werden. In der Abbildung 27 ist das nicht dargestellt. Die unsicherste Variante wäre es, die Uhr des Computers zu nutzen. Jeder Angreifer könnte sie nach Belieben verstellen. Etwas besser wäre die Nutzung eines Zeitstempels des Unterschrifterfassungssystems. Dieser Zeitstempel, der üblicherweise zusammen mit den biometrischen Daten verschlüsselt würde, sollte dann auch getrennt davon, unverschlüsselt auf das noch unsignierte Dokument gesetzt werden. Da sich dieser Vorgang im Speicher des Computers abspielt, besteht eine geringe Gefahr, dass ein Angreifer die Zeitangabe verändern kann. Die sicherste Variante wäre ein Zeitstempel durch die sichere Hardware. Die verfügbaren Geräte enthalten jedoch keine Uhren [Bun05f], so dass diese Option nicht besteht.

Die eigentliche Signierung des Antrages und der biometrischen Daten findet mit dem persönlichen Schlüssel des Vermittlers in der geschützten Umgebung einer sicheren Hardware statt. Der Vermittler muss sich dabei dem Gerät gegenüber authentifizieren. Ein fehlgeschlagener Authentifizierungsvorgang – beispielsweise wiederholte Falscheingabe der PIN – führt zur Sperrung des Gerätes und zum Abbruch des Vorgangs. Dieses restriktive Vorgehen wird möglicherweise auf Widerstände bei den Vermittlern stoßen, denn der Kunde wird wenig Verständnis dafür aufbringen, wenn er wegen der vergessenen PIN den Antrag nicht stellen kann. Um diese für sie unangenehme Situation zu vermeiden, werden viele Vermittler die PIN auf einem Zettel mit sich führen [FS03, S. 349]. Möglicherweise könnte in so einem Fall auch zunächst eine vorläufige Signierung mit einem Ersatzschlüssel vorgenommen werden, die später durch eine gültige Signatur des Vermittlers bestätigt werden muss. In der Abbildung 27 ist diese Variante bereits dargestellt. Durch die verzögerte Gegenzeichnung steigt die Manipulationsgefahr nur geringfügig. Der Antrag befindet sich während dieser Zeit auf dem Computer des Vermittlers. Der Vermittler selbst bürgt durch seine spätere Signatur dafür, die Daten in der Zwischenzeit nicht verändert zu haben. Falls der Computer kompromittiert sein sollte, ist die Gefahr dadurch nicht größer, als bei einer sofortigen Signierung.

Der fertig signierte Antrag wird verschlüsselt und an die Vertriebsorganisation gesandt. Die Verschlüsselung dient dem Schutz der Vertraulichkeit der personenbezogenen Daten des Kunden. Das Thema soll nachfolgend nicht vertieft untersucht werden, es sollte jedoch bei der Gestaltung des Systems beachtet werden, da auch der Gesetzgeber den Einsatz geeigneter technischer Maßnahmen für den Datenschutz fordert [Buni, § 9]. Wenn die Übertragung über ein geschütztes Unternehmensnetzwerk erfolgt, ist die Verschlüsselung nicht unbedingt erforderlich. Bei einem *Virtuellen Privaten Netzwerk* (*VPN*) ist sie ohnehin vorhanden (siehe [FS03, S. 317]). Soll die Übertragung über das Internet erfolgen, bietet sich beispielsweise die Verwendung von „*Transport Layer Security*" (*TSL*) [FS03, S. 369f] an. Für alle Signaturen und Verschlüsselungen sollte *starke Kryptographie* eingesetzt werden, wie sie im Kapitel 2.5.3 beschrieben ist.

Auf der Gegenseite muss der Antrag entsprechend wieder entschlüsselt werden. Es folgt die Prüfung der Signatur anhand des öffentlichen Prüfschlüssels des Vermittlers. Die öffentlichen Schlüssel aller Vermittler werden üblicherweise von einem speziellen Server verwaltet (siehe Kapitel 5.4.6). Symbolisch dargestellt ist der Server im Modell im Verantwortungsbereich des Versicherungsunternehmens. Genauso könnte er im Bereich der Vertriebsorganisation stehen oder von einer unabhängigen dritten Stelle, einem *Zertifizierungsdienstanbieter*, betrieben werden. Es können auch mehrere Server in unterschiedlichen Verantwortungsbereichen zum Einsatz kommen. An dieser Stelle wird weiterhin getestet, ob das Dokument alle nötigen Unterschriften trägt. Die Echtheit der biometrischen Daten kann an dieser Stelle nicht geprüft werden.

Wenn die Prüfung fehlschlägt, muss nach den Gründen geforscht werden. Es muss geklärt werden, ob ein Übertragungsfehler vorliegt, versehentlich eine falsche Version des Antrags übertragen wurde oder ob eine absichtliche Manipulation vorliegt. Gegebenenfalls muss der Kunde einen neuen Antrag signieren oder das Versicherungsunternehmen unterbreitet dem Kunden stattdessen ein Angebot für eine Versicherung, die auf dem vermuteten Inhalt des ungültigen Antrages beruht. Damit ein Vertrag zustande kommt, müsste der Kunde dann seinerseits dieses Angebot annehmen, zum Beispiel durch Überweisung der Prämie [KPK^{+}04, § 3 Rn 26, 30, § 5a Rn 22, § 8 Rn 44].

Ist die Prüfung erfolgreich, dann kann die Vertriebsorganisation dem signierten Antrag alle für sie erforderlichen Daten entnehmen. Es sei noch einmal betont, dass keinerlei parallele unsignierten Datenströme existieren, sondern alle Daten durch die Signatur geschützt sind.

Schließlich wird der Antrag von der Vertriebsorganisation erneut verschlüsselt und an das Versicherungsunternehmen geschickt, wo sich im Wesentlichen derselbe Vorgang wie bei der Vertriebsorganisation wiederholt. Im Modell ist dargestellt, dass der signierte Antrag durch das Versicherungsunternehmen, nicht aber durch die Vertriebsorganisation archiviert wird. Natürlich könnte auch schon bei der Vertriebsorganisation eine Archivierung erfolgen, falls das als nötig erachtet wird.

Eine Prüfung der biometrischen Daten wird nur im Streitfall durchgeführt. Die dazu benötigten Schlüssel sollten bei einer zuverlässigen Stelle, vorzugsweise bei einem Notar, hinterlegt sein, sodass auch das Versicherungsunternehmen keinen Zugriff darauf hat. Im Streitfall wird die umstrittene Unterschrift durch den Notar entschlüsselt und an einen Gutachter oder ein Prüfsystem weitergeleitet.

Unternehmen, die bereits eine digitalisierte Unterschrift im Versicherungsantragsprozess einsetzen, nutzen einen einfacheren Ablauf, der hier zum Vergleich kurz skizziert wird.[9] Dabei werden von dem Unterschrifterfassungsgerät die biometrischen Daten zusammen mit einer Seriennummer des Gerätes und einem Zeitstempel an den Computer des Vermittlers übertragen. Die Kommunikation zwischen Unterschrifterfassungsgerät und Signatursoftware erfolgt verschlüsselt nach einer wechselseitigen Authentifikation von Gerät und Software. Über Antrag und biometrische Daten werden Hashwerte gebildet, die in eine symmetrische Verschlüsselung der digitalisierten Unterschrift einfließen. Die verschlüsselten Daten werden dem Dokument beigefügt und das so signierte Dokument wird an das Unternehmen übermittelt. Parallel wird ein strukturierter Datensatz ohne Signatur an das Unternehmen gesandt. Das signierte Dokument wird ohne tiefgehende Prüfung archiviert, die strukturierten Daten fließen in den weiteren Prozess ein.

Die bisher identifizierten Angriffsmöglichkeiten (siehe Abbildung 23 in Kapitel 5.3.1) werden bei diesem Durchführungsszenario weitestgehend abgewehrt, wie nun noch einmal explizit demonstriert werden soll. Das Gegenzeichnen durch den Vermittler beschränkt wirkungsvoll die Möglichkeiten, manipulierte Antragsausfertigungen zu erstellen. Denn sämtliche Änderungen, seien sie mit oder ohne Fälschung digitalisierter Unterschriften, müssen durch die Signatur des Vermittlers abgeschlossen werden. Ohne die Hilfe des Vermittlers ist das nicht möglich und wissentlich wird der Vermittler kein gefälschtes Dokument signieren. Ein Angriff gegen Hash- oder Verschlüsselungsalgorithmen ist sehr unwahrscheinlich, solange geprüfte Verfahren eingesetzt werden. Auch Übertragungsfehler werden bei der Prüfung der Vermittlersignatur festgestellt. Das Vortäuschen von Unterschriften im Dokument – etwa durch Bilder – ist verhindert, da in dem strukturierten Antrag jede einzelne Unterschrift durch das System explizit geprüft wird.

Angriffe mit echten biometrischen Daten können nicht vollständig ausgeschlossen werden. Zum einen kann der Kunde als möglicher Angreifer jederzeit seine eigene Unterschrift setzen, zum anderen mag es durch Trickbetrug

---

[9] Diese Angaben stammen von Präsentationen der Versicherungsunternehmen und der Anbieter sowie aus Diskussionen mit Repräsentanten der Unternehmen. Exakte Angaben liegen dem Verfasser nicht vor.

möglich sein, den Kunden zur Abgabe einer Blankounterschrift zu bewegen. Im Verantwortungsbereich der Versicherung sind die Daten immerhin optimal geschützt, sodass dem Versicherungsunternehmen für einen wie auch immer gearteten Missbrauch keine Schuld zugerechnet werden kann. Für eine Manipulation des Antrages sind die biometrischen Daten alleine nicht ausreichend.

Unsignierte Datenströme sind nicht vorgesehen, diese Angriffsfläche besteht damit nicht mehr. Nachträgliche Veränderungen in der Vertragsdatenbank sind nicht mehr Teil des eigentlichen Antragsprozesses und wurden daher bisher nicht tiefergehend behandelt. Diese Gefahr besteht nicht erst durch den elektronischen Antrag. Der Autor geht davon aus, dass revisionssichere Datenbanken eingesetzt werden, bei denen lückenlos nachvollzogen werden kann, wer für die Veränderungen verantwortlich ist und wie der ursprüngliche Eintrag war.

Absichtliche oder zufällige Fehlfunktionen des Signaturprüfsystems können nicht endgültig ausgeschlossen werden [Jun02, S. 42]. Theoretisch besteht die Möglichkeit, das System durch das *Bundesamt für Sicherheit in der Informationstechnik* [Buna] oder eine unabhängige Prüfstelle [Bun05b] untersuchen zu lassen. Bisher wurden noch keine Zertifikate für biometrische Unterschriftprüfsysteme, wohl aber für herkömmliche Signaturprüfsysteme vergeben [Bun05a, Bun05c]. Gegen mutwillige Manipulationen an dem Prüfsystem ist eine Vertrauensschadenversicherung möglich [Kre04]. Ob eine Zertifizierung oder Versicherung anzuraten ist, hängt von der speziellen Risikosituation des Unternehmens ab und kann an dieser Stelle nicht allgemein beantwortet werden.

Auch *Denial-of-Service* Angriffe können nicht universell verhindert werden [Sch01a, S. 35ff]. Es wird immer möglich sein, mehr Anträge zu liefern, als das Unternehmen in gleicher Zeit verarbeiten kann. In einem solchen Fall gilt es, die Ursache möglichst schnell zu finden und nach Möglichkeit zu beseitigen. Sollte es nötig werden, Anträge ohne Signaturprüfung anzunehmen, muss diese Prüfung schnellstmöglich nachgeholt werden.

Schließlich besteht die Gefahr, dass der Computer des Vermittlers kompromittiert ist. Durch einen präparierten Computer kann ein Angreifer an die unverschlüsselten biometrischen Daten der Kundenunterschrift gelangen. Wie bereits gezeigt, genügen diese Daten alleine nicht für die Fälschung eines Antrages. Durch den präparierten Computer kann auch der Antrag vor der Unterzeichnung durch den Kunden verändert werden. Eine *sichere Signaturerstellungseinheit* wird vor der Signatur durch den Vermittler zwar den veränderten Antrag anzeigen, möglicherweise wird die Veränderung jedoch nicht wahrgenommen. Der in Abbildung 26 (Kapitel 5.4.7) gezeigte Aufbau würde Abhilfe schaffen, erfordert jedoch die Entwicklung spezieller Hardware. Der Autor vertritt die Auffassung, dass darauf verzichtet werden kann, da die Gefahr einer Kompromittierung des Vermittlercomputers gering eingeschätzt wird:

Um einen Vorteil aus dem Angriff zu ziehen, muss ein Angreifer mit profunden Kenntnissen des Erfassungssystems Zugriff auf den Computer eines speziellen Vermittlers erlangen.

Das Durchführungsszenario kann mit der aktuell vorhandenen Technik realisiert werden. An den Personalcomputer werden keine besonderen Anforderungen gestellt. Personalcomputer und Unterschrifterfassungsgerät können in einem sogenannten *Tablet PC* zusammengefasst sein. Zwar existieren bereits Softwareprodukte mit ähnlichen Ansätzen, sie müssen jedoch alle noch an den gewünschten Prozess angepasst werden. Einige Produkte unterstützen auch die Verarbeitung strukturierter Daten in *PDF*-Dateien, anderen Produkte müssten dahingehend noch erweitert werden. Die Verschlüsselung und Signierung kann durch Komponenten zur Erstellung qualifizierter Signaturen erfolgen (siehe [Bun05e]). Für die Übermittlung an die Vertriebsorganisation über das Internet stellt der Standard *„Transport Layer Security (TLS)*, der von den meisten Webservern und Webbrowsern unterstützt wird, die notwendige Verschlüsselung bereit. Die Prüfung und Datenentnahme auf Seiten der Vertriebsorganisation und später des Versicherungsunternehmens muss mit Produkten erfolgen, die zu den auf der Vermittlerseite eingesetzten Produkten kompatibel sind. Der weitere Verlauf wird durch die bereits vorhandenen Datenbanksysteme bestimmt.

6 Zusammenfassung und Ausblick

Die Potenziale, die Unternehmen durch den Einsatz der elektronischen Signatur erschließen können, sind oft sehr groß, werden aber vielfach unterschätzt. Gleichzeitig fehlt häufig das nötige Know-How für deren Umsetzung, die Unsicherheiten aufgrund der Komplexität des Themas sind groß.

In diesem Buch wurde gezeigt, dass die rechtlichen und technischen Grundlagen inzwischen geschaffen sind. Entscheider, Projektmanager, Prozessdesigner und viele mehr sind nun gefragt, die Ihnen zur Verfügung stehenden Möglichkeiten geschickt und sinnvoll für die bessere Gestaltung unternehmensinterner und -externer Abläufe zu nutzen. Dazu wurden in den vorangegangenen Kapiteln ausgewählte Aspekte aus einer prozessorientierten Sicht heraus beschrieben, die im Gegensatz zu den in der Literatur häufig anzutreffenden simplen „Spielzeug"-Beispielen die viel komplexeren Abläufe beschreiben, die ein echter Geschäftsprozess erforderlich macht.

Die notwendigen Hard- und Softwareprodukte zur Umsetzung der beschriebenen Szenarien sind am Markt weitgehend vorhanden. Aus dieser Menge muss die für jeweiligen Einsatzzwecke beste Lösung sorgfältig ausgewählt und gegebenenfalls angepasst werden.

Nach wie vor ist das Thema der elektronischen Signaturen jedoch noch mit Herausforderungen behaftet. Der Zweck und die Funktionsweise dieser technischen Lösung ist für Personen, die sich mit diesem Thema nicht mehr oder weniger intensiv auseinandergesetzt haben, nur schwer oder gar nicht nachvollziehbar. Dies resultiert in Akzeptanzproblemen dieser Technologie sowohl bei Entscheidern als auch in der breiten Öffentlichkeit. An dieser Stelle sind vor allem die Hersteller von entsprechenden Hard- und Softwareprodukten, aber auch der Gesetzgeber gefragt.

Hard- und Softwareprodukte zur Realisierung der elektronischen Signatur müssen möglichst einfach und selbsterklärend sein. Für den Anwender muss der Prozess der Signaturabgabe einfach, nachvollziehbar und möglichst nah an der „normalen" Unterschriftenabgabe auf Papier sein. Mit nicht nachvollziehbaren Abläufe, schlechten Dialoggestaltungen, kryptischen Bezeichnung für Algorithmen und Verschlüsselungstiefen darf er nicht konfrontiert werden.

Eine deutliche Akzeptanzerhöhung elektronischer Signaturen würde man sicherlich erreichen, wenn jedem Bundesbürger mit seinem Personalausweis auch eine qualifizierte Signatur zur Verfügung gestellt werden würde. Eine derartige Infrastruktur würde die Nutzung von kundenbezogenen Signaturen sehr viel einfacher machen. Darüber hinaus würde die Akzeptanz und das Wissen um die Funktionsweise der elektronischen Signatur in der Öffentlichkeit stark steigen.

Glossar

Asymmetrische Verschlüsselung Verfahren, bei dem zur Ver- und Entschlüsselung jeweils unterschiedliche → Schlüssel (Schlüsselpaar) eingesetzt werden.

Authentifikation Bezogen auf Personen der Beweis oder die Bestätigung einer Identifikation. Niemand außer der Person selbst darf dazu in der Lage sein. Bezogen auf Dinge wie z. B. Unterschriften und elektronische Signaturen eine Beglaubigung oder der Beweis der Echtheit (→ Authentizität).

Authentifizierung Vorgang zur Prüfung der Identität einer Person (→ Authentifikation).

Authentisierung Vorgang zum Nachweis der eigenen Identität (→ Authentifikation).

Authentizität Echtheit, Glaubwürdigkeit.

Autorisierung Vorgang der Zuweisung von Rechten an eine Person.

Bundesnetzagentur Führt die Aufsicht über → Zertifizierungsdienstanbieter (ZDA) [Bunk, § 19] sowie Prüf- und Bestätigungsstellen [Bunk, § 18]. Erstellt → Wurzelzertifikate für akkreditierte ZDA.

CA → certification authority.

certification authority → Zertifizierungsdienstanbieter.

Common Criteria for Information Technology Security Evaluation (CC) Gemeinsame Kriterien für die Prüfung und Bewertung der Sicherheit von Informationstechnik, siehe auch ISO/IEC 15408.

Identifikation Vorgang zur Feststellung der Identität einer Person.

False Acceptance Rate Diese Kennzahl zur Bewertung von Verfahren zur Überprüfung biometrischer Merkmale gibt das Risiko an, Fälschungen zu Unrecht als → authentisch zu akzeptieren.

FAR → False Acceptance Rate.

False Rejection Rate Diese Kennzahl zur Bewertung von Verfahren zur Überprüfung biometrischer Merkmale gibt das Risiko an, Originale zu Unrecht als nicht → authentisch abzulehnen.

FRR → False Rejection Rate.

Geheimtext Das Ergebnis einer Verschlüsselung wird als Geheimtext bezeichnet. Er sollte, ohne entschlüsselt zu werden, keine Rückschlüsse auf den zu Grunde liegenden → Klartext liefern.

Hybride Verschlüsselung Kryptographische Verfahren, bei denen zunächst der Klartext mit einem symmetrischen → Sitzungsschlüssel verschlüsselt wird und anschließend der Sitzungsschlüssel asymmetrisch verschlüsselt dem Geheimtext beigefügt wird. Diese Verfahren bieten bei gleicher Sicherheit eine höhere Performance als eine direkte → asymmetrische Verschlüsselung des Klartextes.

Integrität (hier:) Ist die Unversehrtheit und Korrektheit von Daten, Dokumenten, etc.

Klartext Unverschlüsselte Dokumente werden als Klartext bezeichnet.

OCSP → Online Certificate Status Protocol.

Online Certificate Status Protocol Das Online Certificate Status Protocol kann verwendet werden, um den Status eines Zertifikats abzufragen (→ Zertifikat).

Öffentlicher Schlüssel Ist einer Person oder Organisation zugeordnet. Nachrichten, die von dieser verschlüsselt wurden, können mit dem öffentlichen Schlüssel entschlüsselt werden. Nachrichten, die nur diese lesen soll, können vom Sender mit dem öffentlichen Schlüssel verschlüsselt werden.

Private Key → Privater Schlüssel.

Privater Schlüssel Ist einer Person oder Organisation zugeordnet. Diese kann mit diesem Schlüssel Nachrichten verschlüsseln, damit der Sender die Identität des Absenders bestimmen kann. Empfangene und mit dem zugehörigen → öffentlichen Schlüssel verschlüsselte Nachrichten können damit entschlüsselt werden.

Public Key → Öffentlicher Schlüssel.

RegTP Regulierungsbehörde für Telekommunikation und Post, Vorläufer der → Bundesnetzagentur.

Schlüssel kryptografische Schlüssel sind Parameter kryptografischer Verfahren. Durch den Einsatz von Schlüsseln ist Geheimhaltung auch bei Verwendung öffentlich bekannter Verschlüsselungsverfahren möglich.

SCVP → Standard Certificate Validation Protocol.

144

Standard Certificate Validation Protocol Das Standard Certificate Validation Protocol kann verwendet werden, um den Aufbau einer Zertifikatskette abzufragen ($\rightarrow$ Zertifikat).

Sichere Signaturerstellungseinheit Ist eine Hard- oder Softwareeinheit, die bestimmte gesetzliche Vorgaben erfüllen muss und die zur Abgabe einer qualifizierten elektronischen Signatur benötigt wird.

Signaturprüfschlüssel $\rightarrow$ Öffentlicher Schlüssel.

Sitzungsschlüssel $\rightarrow$ kryptografischer Schlüssel, der nicht dauerhaft einer Person zugeordnet ist, sondern spontan für eine einzige Anwendung („Sitzung") generiert wird. Sitzungsschlüssel kommen beispielsweise bei $\rightarrow$ hybrider Verschlüsselung zum Einsatz.

Symmetrische Verschlüsselung Verfahren, bei denen zur Ver- und Entschlüsselung derselbe $\rightarrow$ Schlüssel verwendet wird.

Trusted Third Party $\rightarrow$ vertrauter Dritter.

Vertraulichkeit Die Vertraulichkeit einer Nachricht bleibt gewahrt, wenn niemand außer dem vorgesehenen Empfänger den Inhalt erfahren kann.

Vertrauter Dritter In der Kryptographie eine unabhängige Stelle, die als Vermittler agiert, z. B. ein $\rightarrow$ Zertifizierungsdienstanbieter. Ein vertrauter Dritter kann Transaktionen zwischen Parteien ermöglichen, die sich gegenseitig nicht vertrauen.

Wurzelzertifikat Das erste $\rightarrow$ Zertifikat in einer Hierarchie. Es dient der Authentifizierung sämtlicher in der Hierarchie tiefer angesiedelten Zertifikate und Signaturen.

Zeitstempel Ist eine elektronische Signatur mit einer Zeitangabe.

Zertifikat (hier:) elektronisches Dokument, das der $\rightarrow$ Authentifikation elektronischer Signaturschlüssel, Signaturen oder anderer Zertifikate dient.

Zertifizierungsdienstanbieter (ZDA) Unabhängiger Dienstanbieter, der $\rightarrow$ Zertifikate zur Überprüfung von Signaturschlüsseln vergibt.

Abkürzungsverzeichnis

Abs.	Absatz
Anl.	Anlage
BGB	Bürgerliches Gesetzbuch
BSI	Bundesamt für Sicherheit in der Informationstechnik
CA	certification authority
CPU	Central Processing Unit
DOMEA	Dokumentenmanagement und elektronische Archivierung
DoS	Denial of Service
EER	Equal Error Rate
FAR	False Acceptance Rate
FMC	Fundamental Modeling Concept
f	folgende Seite
ff	folgende Seiten
GDPdUs	Grundsätze zum Datenzugriff und zur Prüfbarkeit digitaler Unterlagen
GoBS	Grundsätze ordnungsmäßiger DV-gestützter Buchführungssysteme
OCSP	Online Certificate Status Protocol
o.V.	ohne Verfasserangabe
PDF	Portable Document Format
PIN	Persönliche Identifikationsnummer
PKI	Public-Key-Infrastruktur
RAID	Redundant Array of Independent Disks
RegTP	Regulierungsbehörde für Telekommunikation und Post
Rdn	Randnummer, Randzahl
S.	Seite

SCVP   Standard Certificate Validation Protocol

TIFF   Tagged Image File Format

UNCITRAL   United Nations Commission on International Trade Law

WORM   Write Once Read Multiple (Times)

XML   Extensible Markup Language

ZDA   Zertifizierungsdienstanbieter

Abbildungs- und Tabellenverzeichnis

Abbildungen

1	Die Funktionen einer Unterschrift	17
2	Ablauf der symmetrischen Ver- und Entschlüsselung	28
3	Ablauf der asymmetrischen Ver- und Entschlüsselung	30
4	Prozessmodell für die Verwendung der fortgeschrittenen Signatur	34
5	Prozessmodell für die Verwendung von Zertifikaten (fortgeschrittene und qualifizierte Signatur)	37
6	Schematischer Aufbau eines Zertifikats	38
7	Prozessmodell für die Überprüfung des Zertifikats	39
8	Zusammenhang der Fehlerquoten (in Anlehnung an [Eck04, S. 486])	45
9	Prozessmodell für die Einbeziehung einer eigenhändigen Unterschrift in eine Elektronische Signatur – Prozessschritte des Absenders	48
10	Legende zu den Abbildungen 9 und 11	49
11	Prozessmodell für die Einbeziehung einer eigenhändigen Unterschrift in eine Elektronische Signatur – Prozessschritte des Empfängers	50
12	Überblick über die FMC-Notation	60
13	Mehrfachsignierung von Dokumenten	62
14	Gemeinsame Signatur	64
15	Zeitstempel für Dokumente	65
16	Struktur und Ablauf der Zeitspannensignatur	68
17	Automatisierte Massensignaturen	70
18	Bestimmter Verifizierer	72
19	Signatur von Datenströmen	74
20	Antragsprozess in der Versicherungswirtschaft	103
21	Antragsprozess am Point of Sale mit und ohne Unterschrift	105
22	Einbindung einer Signatursoftware per Druckertreiber	112
23	Klassifizierung der Angriffsarten gegen den Versicherungsabschluss	114

24 Skizze eines Replay Angriffs nach Kompromittierung der Verschlüsselung 126

25 Signatur mit biometrischen Merkmalen und sicherer Hardware, unsichere Ausführung 130

26 Signatur mit biometrischen Merkmalen und sicherer Hardware, sichere Ausführung 131

27 Durchführungsszenario 134

Tabellen

1 Überblick über die Anforderungen und Variationsmöglichkeiten für verschiedene Signaturklassen 24

2 Vertraulichkeit der Schlüssel als Übersicht. Es liegt eine asymmetrische Verschlüsselung zu Grunde. 127

150

Literatur

[ABCS06]   ANDERSON, Ross; BOND, Mike; CLULOW, Jolyon ; SKOROBOGATOV, Sergei: Cryptographic Processors – A Survey. In: *Proceedings of the IEEE* Bd. 94, IEEE, 02 2006, 357-369

[ADG+03]   AICHELEN, Tyky; DAY, Ed; GRIFFIN, Phillip H.; GÉRÔME, Paul; LARMOUTH, John; MARTIN, Monica; SCOTT, Bancroft; TRIGLIA, Alessandro; THORPE, Paul; RANDALL, Rick; MESSING, John; THOMPSON, Clifford; AERTS, John ; NGUYEN, Michael; LARMOUTH, John (Hrsg.): *XML Common Biometric Format.* Version: August 2003. http://www.oasis-open.org/specs/index.php, Abruf: 2005-11-05

[Ado]   ADOBE SYSTEMS INCORPORATED (Hrsg.): *Adobe.* http://www.adobe.com, Abruf: 2007-01-15

[Ado04]   ADOBE SYSTEMS INCORPORATED (Hrsg.): *PDF Reference.* Version: Fifth Edition, 1.6, 2004. http://partners.adobe.com/public/developer/en/pdf/PDFReference16.pdf, Abruf: 2005-10-28

[Ado05]   ADOBE SYSTEMS INCORPORATED (Hrsg.): *Security Advisory: Acrobat and Adobe Reader plug-in buffer overflow.* Version: 2005. http://www.adobe.com/support/techdocs/321644.html, Abruf: 2005-11-01

[Ber02]   BERTSCH, Andreas: *Digitale Signaturen.* Berlin, Heidelberg, New York: Springer, 2002. – ISBN 3540423516

[BGK04]   BRUMME, Sabine; GUSTMANN, Ulf ; KREBS, Friedhelm: *Erfolgreiche Einführung elektronischer Archive.* Stuttgart: Deutscher Sparkassen Verlag, 2004. – ISBN 3093061393

[Biz92]   BIZER, Johann: Das Schriftformprinzip im Rahmen rechtsverbindlicher Telekooperation. In: *DuD – Datenschutz und Datensicherung – Recht und Sicherheit der Informations- und Kommunikationssysteme* 16. Jahrgang (1992), Nr. 4, S. 169ff

[BP03]   BRANDNER, Ralf; PORDESCH, Ulrich: Konzept zur signaturgesetzkonformen Erneuerung qualifizierter Signaturen. In: *Datenschutz und Datensicherheit* 27 (2003), Nr. 6, S. 354–359

[BPM+04]   BRAY, Tim (Hrsg.); PAOLI, Jean (Hrsg.); MALER, Eve (Hrsg.); FRANÇOIS, Yergeau (Hrsg.) ; SPERBERG-MCQUEEN, C. M. (Hrsg.): *Extensible Markup Language (XML) 1.1.* Version: Februar

2004. http://www.w3.org/TR/2004/REC-xml11-20040204/, Abruf: 2005-10-29

[BPRS02]   BRANDNER, Ralf; PORDESCH, Ulrich; ROSSNAGEL, Alexander ; SCHACHERMAYER, Joachim: Langzeitarchivierung qualifizierter elektronischer Signaturen. In: *Datenschutz und Datensicherheit* 26 (2002), Nr. 2, S. 97–103

[BRSS03]   BORGHOFF, Uwe M.; RÖDIGER, Peter; SCHEFFCZYK, Jan ; SCHMITZ, Lothar: *Langzeitarchivierung – Methoden zur Erhaltung digitaler Dokumente*. Heidelberg: dpunkt-Verlag, 2003. – ISBN 3898642453

[BSW04]   BEUTELSPACHER, Albrecht; SCHWENK, Jörg ; WOLFENSTETTER, Klaus-Dieter: *Moderne Verfahren der Kryptographie – Von RSA zu Zero-Knowledge*. 5. Auflage. Wiesbaden: Vieweg & Sohn Verlag, 2004. – ISBN 3528465905

[BT04]   BUNDESAMT FÜR SICHERHEIT IN DER INFORMATIONSTECHNIK (Hrsg.); TÜV INFORMATIONSTECHNIK GMBH (Hrsg.): *Common Criteria Protection Profile for Biometric Verification Mechanisms*. Version: Dezember 2004. http://www.bsi.de/cc/pplist/Biometric_PP_final103.pdf, Abruf: 2005-10-31

[Buc04]   BUCHMANN, Johannes: *Einführung in die Kryptografie*. 2. Auflage. Berlin: Springer Verlag, 2004. – ISBN 3540405089

[Buna]   BUNDESAMT FÜR SICHERHEIT IN DER INFORMATIONSTECHNIK (Hrsg.): *Bundesamt für Sicherheit in der Informationstechnik (BSI)*. http://www.bsi.bund.de, Abruf: 2005-10-01

[Bunb]   BUNDESGERICHTSHOF (BGH): *Urteil vom 21. 6. 2000 - IV ZR 157/99; OLG Koblenz; LG Mainz*. http://Lexetius.com/2000,1534, Abruf: 2007-01-15

[Bunc]   BUNDESMINISTERIUM DER JUSTIZ (Hrsg.): *Bürgerliches Gesetzbuch*. http://bundesrecht.juris.de/bundesrecht/bgb/gesamt.pdf. – in der Fassung vom 5. September 2006

[Bund]   BUNDESMINISTERIUM DER JUSTIZ (Hrsg.): *Gesetz über den Versicherungsvertrag*. http://bundesrecht.juris.de/bundesrecht/vvg/gesamt.pdf. – in der Fassung vom 2. Dezember 2004

[Bune]   BUNDESMINISTERIUM DER JUSTIZ (Hrsg.): *Handelsgesetzbuch*. http://bundesrecht.juris.de/bundesrecht/hgb/gesamt.pdf. – in der Fassung vom 12. Juli 2006

152

[Bunf]   BUNDESMINISTERIUM DER JUSTIZ (Hrsg.): *Strafgesetzbuch*. `http://bundesrecht.juris.de/bundesrecht/stgb/gesamt.pdf`. – in der Fassung vom 24. Oktober 2006

[Bung]   BUNDESMINISTERIUM DER JUSTIZ (Hrsg.): *Zivilprozessordnung*. `http://bundesrecht.juris.de/bundesrecht/zpo/gesamt.pdf`. – in der Fassung vom 19. April 2006

[Bunh]   BUNDESMINISTERIUM DER JUSTIZ (Hrsg.): *Zivilprozessordnung*. `http://bundesrecht.juris.de/bundesrecht/zpo/gesamt.pdf`. – in der Fassung vom 15. Dezember 2004

[Buni]   BUNDESMINISTERIUM DES INNEREN (Hrsg.): *Bundesdatenschutzgesetz*. `http://bundesrecht.juris.de/bundesrecht/bdsg_1990/gesamt.pdf`. – in der Fassung vom 5. September 2005

[Bunj]   BUNDESMINISTERIUM DES INNEREN (Hrsg.): *Gesetz über das Aufspüren von Gewinnen aus schweren Straftaten (Geldwäschegesetz)*. `http://bundesrecht.juris.de/bundesrecht/gwg/gesamt.pdf`. – in der Fassung vom 15. Dezember 2003

[Bunk]   BUNDESMINISTERIUM FÜR WIRTSCHAFT UND ARBEIT (Hrsg.): *Gesetz über Rahmenbedingungen für elektronische Signaturen (Signaturgesetz)*. `http://bundesrecht.juris.de/bundesrecht/sigg_2001/gesamt.pdf`. – in der Fassung vom 7. Juli 2005

[Bunl]   BUNDESMINISTERIUM FÜR WIRTSCHAFT UND ARBEIT (Hrsg.): *Verordnung zur elektronischen Signatur (Signaturverordnung)*. `http://bundesrecht.juris.de/bundesrecht/sigv_2001/gesamt.pdf`. – in der Fassung vom 4. Januar 2005

[Bun91]   BUNDESAMT FÜR SICHERHEIT IN DER INFORMATIONSTECHNIK (Hrsg.): *Kriterien für die Bewertung von Systemen der Informationstechnik (ITSEC)*. Version: 1.2. Köln: Bundesanzeiger, 1991. – ISBN 3887843444

[Bun95]   BUNDESMINISTERIUM FÜR FINANZEN: Grundsätze ordnungsmäßiger DV-gestützter Buchführungssysteme (GoBS). In: *Bundessteuerblatt Teil I* (1995), 07. November, Nr. IV A 8 – S 0316 – 52/95, 738. `http://www.bundesfinanzministerium.de/lang_de/DE/Service/Downloads/Abt__IV/BMF__Schreiben/015,templateId=raw,property=publicationFile.pdf`

[Bun99]   BUNDESAMT FÜR SICHERHEIT IN DER INFORMATIONSTECHNIK (Hrsg.): *Common Criteria for Information Technology Security Evaluation – Gemeinsame Kriterien für die Prüfung und Bewertung der Sicherheit von Informationstechnik*. Version: 2.1, August 1999. `http://www.bsi.bund.de/cc`, Abruf: 2005-08-18

[Bun01a]   BUNDESMINISTERIUM DER JUSTIZ (HRSG.): Gesetz zur Anpassung
             der Formvorschriften des Privatrechts und anderer Vorschriften
             an den modernen Rechtsgeschäftsverkehr. In: *Bundesgesetzblatt*
             35 (2001), 18. Juli, S. 1542–1549

[Bun01b]   BUNDESMINISTERIUM FÜR FINANZEN: Grundsätze zum Datenzu-
             griff und zur Prüfbarkeit digitaler Unterlagen (GDPdU). In: *Bun-
             dessteuerblatt Teil I* (2001), 16. Juli, Nr. IV D 2 – S 1542 – 136/01,
             415. http://www.project-consult.net/Files/gdpdu.pdf

[Bun02]   BUNDESMINISTERIUM DES INNEREN (Hrsg.): *Entwurf eines Dritten
             Gesetzes zur Änderung verwaltungsverfahrenstechnischer Vorschrif-
             ten.* Version: Mai 2002. http://dip.bundestag.de/btd/14/090/
             1409000.pdf, Abruf: 2007-01-15. – Drucksache 14/9000

[Bun04a]   BUNDESAMT FÜR SICHERHEIT IN DER INFORMATIONSTECHNIK
             (Hrsg.): *IT-Grundschutzhandbuch.* Version: 2004. http://www.
             bsi.bund.de/gshb/index.htm, Abruf: 2005-11-01

[Bun04b]   BUNDESAMT FÜR SICHERHEIT IN DER INFORMATIONSTECHNIK
             (Hrsg.): *Verschlüsselung und Signatur.* Version: 2004. http:
             //www.E-Government-Handbuch.de, Abruf: 2005-10-12

[Bun05a]   BUNDESAMT FÜR SICHERHEIT IN DER INFORMATIONSTECHNIK
             (Hrsg.): *Deutsche IT-Sicherheitszertifikate – Sicherheit von IT-
             Produkten und -Systemen.* Version: August 2005. http://www.
             bsi.bund.de/zertifiz/zert/7148.pdf, Abruf: 2005-11-08

[Bun05b]   BUNDESAMT FÜR SICHERHEIT IN DER INFORMATIONSTECHNIK
             (Hrsg.): *Liste anerkannter Prüfstellen.* Version: 2005. http:
             //www.bsi.bund.de/zertifiz/zert/pruefst.htm, Abruf: 2005-
             10-04

[Bun05c]   BUNDESAMT FÜR SICHERHEIT IN DER INFORMATIONSTECHNIK
             (Hrsg.): *Neue Zertifikate.* Version: 27. Oktober 2005. http:
             //www.bsi.bund.de/zertifiz/zert/aktuell.htm, Abruf: 2005-
             11-08

[Bun05d]   BUNDESNETZAGENTUR (Hrsg.): *Bundesnetzagentur.* Version: 2005.
             http://www.bundesnetzagentur.de, Abruf: 2005-10-18

[Bun05e]   BUNDESNETZAGENTUR (Hrsg.): *Produkte für qualifizierte elektroni-
             sche Signaturen.* Version: 2005. http://www.bundesnetzagentur.
             de/enid/0,0/Elektronische_Signatur/Produkte_pi.html,
             Abruf: 2005-10-24

[Bun05f]   BUNDESNETZAGENTUR (Hrsg.): *Produkte für qualifizierte elektronische Signaturen – Chipkartenleser.* Version: 2005. `http://www.bundesnetzagentur.de/enid/0,0/Produkte/Chipkartenleser_w0.html`, Abruf: 2005-10-25

[Bun05g]   BUNDESNETZAGENTUR (Hrsg.): *Produkte für qualifizierte elektronische Signaturen – Sichere Signaturerstellungseinheiten.* Version: 2005. `http://www.bundesnetzagentur.de/enid/0,0/Produkte/Sichere_Signaturerstellungseinheiten_vt.html`, Abruf: 2005-10-19

[Bun06a]   BUNDESMINISTERIUM DER JUSTIZ (Hrsg.): *Entwurf eines Gesetzes zur Reform des Versicherungsvertragsrechts.* Version: Oktober 2006. `http://dip.bundestag.de/brd/2006/0707-06.pdf`, Abruf: 2006-12-11. – Drucksache 707/06

[Bun06b]   BUNDESNETZAGENTUR: Bekanntmachung zur elektronischen Signatur nach dem Signaturgesetz und der Signaturverordnung (Übersicht über geeignete Algorithmen). In: *Bundesanzeiger* 58 (2006), 23. März, 1913-1915. `http://www.bundesnetzagentur.de/media/archive/5951.pdf`

[BW03]   BALFANZ, Judith; WENDENBURG, Jan: *Digitale Signaturen in der Praxis.* Eschborn: AMV-Verlag, 2003. – ISBN 3931193470

[Cam02]   CAMPHAUSEN, Ingmar: Elektronische Rechnungen – zuverlässig nur mit akkreditierter Signatur. In: *Datenschutz und Datensicherheit* 26 (2002), Nr. 8, S. 458–463

[CBZ99]   CREUTZIG, Christopher; BUHL, Andreas ; ZIMMERMANN, Philip: *PGP Pretty Good Privacy – Der Briefumschlag für Ihre elektronische Post.* 4. Art d'Ameublement, 1999. – ISBN 3980218295

[Das00]   DAS PARLAMENT UND DER RAT DER EUROPÄISCHEN GEMEINSCHAFT: Richtlinie 1999/93/EG vom 13. Dezember 1999 über gemeinschaftliche Rahmenbedingungen für elektronische Signaturen. In: *Amtsblatt der Europäischen Gemeinschaft* 19. 1. 2000 (2000), Januar, S. L13/12 – L13/20

[Eck04]   ECKERT, Claudia: *IT-Sicherheit.* 3. Auflage. München, Wien: Oldenbourg Wissenschaftsverlag GmbH, 2004. – ISBN 3486576763

[Far00]   FARNY, Dieter: *Versicherungsbetriebslehre.* 3. Auflage. Karlsruhe: Verlag Versicherungswirtschaft, 2000. – ISBN 3884878581

[Far04]   FARNBACHER, Wolfgang: Vom Posteingang bis in das Archiv - Technische und organisatorische Konzepte des ArchiSig-Projekts. Version: 2004. `http://cmslib.rrz.uni-hamburg.de/`

`hamburg-up/servlets/MCRFileNodeServlet/hupcontainer_`
`derivate_00000028/Schaefer_Archivieren.pdf`. In: HERING,
Rainer (Hrsg.); SCHÄFER, Udo (Hrsg.): *Digitales Verwalten –
Digitales Archivieren*. Hamburg: Hamburg University Press, 2004.
– ISBN 3937816097, 51-66

[FD03]   FISCHER-DIESKAU, Stefanie: Der Referentenentwurf zum Justiz-
kommunikationsgesetz aus Sicht des Signaturrechts. In: *Multi-
Media und Recht* 11 (2003), Nr. 6, S. 701–705

[FD04]   FISCHER-DIESKAU, Stefanie: Elektronisch signierte Dokumen-
te – Anforderungen und Maßnahmen für ihren dauerhaften
Erhalt. Version: 2004. `http://cmslib.rrz.uni-hamburg.de/`
`hamburg-up/servlets/MCRFileNodeServlet/hupcontainer_`
`derivate_00000028/Schaefer_Archivieren.pdf`. In: HERING,
Rainer (Hrsg.); SCHÄFER, Udo (Hrsg.): *Digitales Verwalten –
Digitales Archivieren*. Hamburg: Hamburg University Press, 2004.
– ISBN 3937816097, 33-50

[FDKSV05]   FISCHER-DIESKAU, Stefanie; KUNZ, Thomas; SCHMIDT, Andreas ;
VIEBEG, Ursula: Grundkonzepte rechtssicherer Transformation
signierter Dokumente. In: FEDERRATH, Hannes (Hrsg.); Gesell-
schaft für Informatik e.V. (Veranst.): *Sicherheit 2005 (Sicherheit-
Schutz und Zuverlässigkeit)* Bd. P-62. Darmstadt: Bonner Koellen
Verlag, 2005 (Lecture Notes in Informatics). – ISBN 3885793911,
401-412

[FDRS04]   FISCHER-DIESKAU, Stefanie; ROSSNAGEL, Alexander ; STEIDLE, Ro-
land: Beweisführung am seidenen Bit-String? – Die Langzeit-
aufbewahrung elektronischer Signaturen auf dem Prüfstand. In:
MultiMedia und Recht (2004), Nr. 7, S. 451–455

[Fet98]   FETCHENHAUER, Detlef: *Versicherungsbetrug – Eine theoretische und
empirische Analyse betrügerischen Verhaltens gegenüber einem anonymen Geschädigten*. Baden-Baden: Nomos Verlagsgesellschaft, 1998
(Universitätsschriften Soziologie Bd. 1). – ISBN 3789054968

[Fre]   FREE SOFTWARE FOUNDATION (Hrsg.): *GNU Privacy Guard*. `http:`
`//www.gnupg.org`, Abruf: 2007-01-15

[FS03]   FERGUSON, Niels; SCHNEIER, Bruce: *Practical Cryptography*. India-
napolis: Wiley Publishing, 2003. – ISBN 0471223573

[Gas03]   GASSEN, Dominik: *Digitale Signaturen in der Praxis*. Köln: Verlag
Dr. Otto Schmidt, 2003 (Schriften der Deutschen Notarrechtlichen
Vereinigung Bd. 15). – ISBN 3504651172

156

[gdp]   *Grundsätze zum Datenzugriff und zur Prüfbarkeit digitaler Unterlagen (GDPdU).* – (BMF-Schreiben vom 16. Juli 2001 - IV D 2 - S 0316 - 136/01)

[Gei03]   GEIS, Ivo (Hrsg.): *Recht und Praxis des elektronischen Geschäftsverkehrs.* AWV-Eigenverlag, 2003. – ISBN 3931193403

[Gei04]   GEIS, Ivo: *Rechtssicherheit des elektronischen Geschäftsverkehrs.* Heidelberg: Verlag Recht und Wirtschaft, 2004. – ISBN 3800513161

[GMP+04]   GRZEBIELA, Torsten; MANKOWSKI, Peter; PIERROT, Olivier; REICHENBACH, Martin; SCHORR, Michael ; SCHULTIS, Klaus; ERNST, Stefan (Hrsg.): *Hacker, Cracker & Computervieren.* Köln: Verlag Dr. Otto Schmidt, 2004 (Recht und Praxis der Informationssicherheit). – ISBN 3504560436

[GMW05]   GASSON, Mark (Hrsg.); MEINTS, Martin (Hrsg.) ; WARWICK, Kevin (Hrsg.): *A study on PKI and biometrics.* Version: 2005. http://www.fidis.net/fileadmin/fidis/deliverables/ fidis-wp3-del3.2.study_on_PKI_and_biometrics.pdf, Abruf: 2007-01-15

[GoB]   *Grundsätze ordnungsmäßiger DV-gestützter Buchführungssysteme (GoBS).* – IV A 8 - S 0316 - 52/95- BStBl 1995 I S. 738

[Gri03]   GRIMM, Rüdiger: Hilft XML der Signatur auf die Beine? In: *Datenschutz und Datensicherheit* 27 (2003), Nr. 12, S. 726

[HB93]   HAMMER, Volker; BIZER, Johann: Beweiswert elektronisch signierter Dokumente. In: *DuD – Datenschutz und Datensicherung – Recht und Sicherheit der Informations- und Kommunikationssysteme* 17. Jahrgang (1993), Dezember, S. 689–699

[HKJ+04]   *Kapitel* Willenserklärung. In: HERTEL, Christian; KNOTHE, Hans-Georg; JICKELI, Joachim; SINGER, Reinhard ; STIEPER, Malte: *J. von Staudingers Kommentar zum Bürgerlichen Gesetzbuch mit Einführungsgesetz und Nebengesetzen.* Bd. 1 Allgemeiner Teil 3 und Beurkundungsverfahren. Neubearbeitung 2004. Berlin: Sellier, de Gruyter, 2004. – ISBN 3805909187, S. 423–1144

[HKP99]   HENSTORF, Karl-Georg; KAMPFFMEYER, Ulrich ; PROCHNOW, Jan: *Grundsätze der Verfahrensdokumentation nach GoBS.* Darmstadt: VOI Verband Optischer Informationssysteme e.V., 1999. – ISBN 3932898044

[HM06]   HOPT, Klaus; MERKT, Hanno: *Handelsgesetzbuch.* 32. Auflage. München: Verlag C.H. Beck, 2006 (Beck'sche Kurz-Kommentare). – ISBN 3406539300

[Hoe06]   HOEREN, Thomas: *Internetrecht.*   Version: Juni 2006.
            `http://www.uni-muenster.de/Jura.itm/hoeren/material/`
            `Skript/skript_Juni2006.pdf`, Abruf: 2007-01-15

[IM]   ISIS-MTT: *Spezifikation v1.1.* `http://www.isis-mtt.org/`, Abruf:
            2007-01-15

[Inf99]   INFORMATIONSTECHNIK, Bundesamt für Sicherheit in d. (Hrsg.):
            Funktionalitätsklassen und Evaluationsmethodologie für deterministi-
            sche Zufallszahlengeneratoren, samt mathematisch-technischem An-
            hang.   Version: Dezember 1999.   `http://www.bsi.bund.de/`
            `zertifiz/zert/interpr/aisitsec.htm`, Abruf: 2006-12-13

[Int]   INTARSYS CONSULTING GMBH (Hrsg.): *Intarsys.* `http://www.`
            `intarsys.de`, Abruf: 2007-01-15

[JBS05]   JUSTINO, Edson J. R.; BORTOLOZZI, Flávio ; SABOURIN, Ro-
            bert: A Comparison of SVM and HMM Classifiers in the
            Off-Line Signature Verification.   In: *Pattern Recognition Let-*
            ters (2005). `http://www.livia.etsmtl.ca/publications/2005/`
            `Justino_PRL_2005.pdf`

[JM05]   JÄNSCH, Norbert; MÜHLBAUER, Karl-Heinz: Sechs ist „Drei mal
            Zwei" und nicht „Sechs mal Eins" – Neue Erkenntnisse über das
            Cross-Sellung Verhalten aus Kundensicht. In: *Versicherungswirt-*
            schaft 10 (2005), 15. Mai, S. 762–765

[Jun02]   JUNGERMANN, Sebastian: *Der Beweiswert elektronischer Signaturen.*
            Frankfurt am Main: Peter Lang, 2002. – ISBN 3631501455

[Jun03]   JUNGERMANN, Sebastian: Der Beweiswert elektronischer Signatu-
            ren. In: *Datenschutz und Datensicherheit* 27 (2003), Nr. 2, S. 69–72

[KGT06]   KNÖPFEL, Andreas; GRÖNE, Bernhard ; TABELING, Peter: *Funda-*
            mental Modeling Concepts: Effective Communication of IT Systems.
            Wiley, 2006. – ISBN 0–470–02710–X

[Kla01]   KLAU, Peter: *Verschlüsseln mit PGP.* Düsseldorf: Data Becker, 2001

[Kna02]   KNAUS, Andreas: *Versicherungsbetrug aus vertragstheoretischer Sicht*
            und Aspekte von „Costly State Verification" Modellen. Berlin: disser-
            tation.de - Verlag, 2002. – ISBN 3898254127

[Koo04]   KOORDINIERUNGS- UND BERATUNGSSTELLE DER BUNDESREGIERUNG
            FÜR INFORMATIONSTECHNIK IN DER BUNDESVERWALTUNG (Hrsg.):
            DOMEA - Konzept Organisationskonzept 2.0, Erweiterungsmodul
            zum Organisationskonzept 2.0, Technische Aspekte der Archivierung

elektronischer Akten. Version: 10 2004. `http://www.kbst.bund.de/DOMEA-Konzept`, Abruf: 2006-09-20. – KBSt-Schriftenreihe Band 67

[Koo05] KOORDINIERUNGS- UND BERATUNGSSTELLE DER BUNDESREGIERUNG FÜR INFORMATIONSTECHNIK IN DER BUNDESVERWALTUNG (Hrsg.): *Standards und Architekturen für E-Government-Anwendungen SAGA.* Version: 2.1, Oktober 2005. `http://www.kbst.bund.de`. – KBSt-Schriftenreihe Band 82

[KPK⁺04] KNAPPMANN, Ulrich; PRÖLSS, Jürgen; KOLLHOSSER, Helmut; VOIT, Wolfgang ; ARMBRÜSTER, Christian: *Prölss / Martin – Versicherungsvertragsgesetz.* 27. Auflage. München: Verlag C.H. Beck, 2004 (Beck'sche Kurz-Kommentare). – ISBN 3406498442

[KPS03] KUNZ, Thomas; PORDESCH, Ulrich ; SCHMIDT, Andreas: XML-Signaturen Anwendungsprofile als Weg zur Lösung des Präsentationsproblems. In: *Datenschutz und Datensicherheit* 27 (2003), Nr. 12, S. 740–745

[Kre04] KREMER, Ulrich: Die Mitarbeiterkriminalität ist nicht zu unterschätzen. In: *Versicherungswirtschaft* 23 (2004), 1. Dezember, S. 1838–1840

[KSV05] KUNZ, Thomas; SCHMIDT, Andreas ; VIEBERG, Ursula: Konzept für rechtssichere Transformationen signierter Dokumente. In: *Datenschutz und Datensicherheit* 29 (2005), Nr. 5, S. 279–285

[Lie05] LIER, Monika: Produktoffensive gegen Katerstimmung – Kreativitätsschub durch das Alterseinkünftegesetz. In: *Versicherungswirtschaft* 3 (2005), 1. Februar, S. 233–235

[LS04] LENZ, Jörg-Matthias; SCHMIDT, Christiane: *Die elektronische Signatur.* 2. Aufl. Stuttgart: Sparkassen-Verlag, 2004. – ISBN 3093057051

[LV03] LONIEN, Sabine; VOLLMER, Jürgen: Die digitale Patenakte. In: BALFANZ, Judith (Hrsg.); WENDENBURG, Jan C. E. (Hrsg.): *Digitale Signaturen in der Praxis.* Eschborn: AWV-Verlag, 2003. – ISBN 3931193470, S. 299–317

[Mil03] MILLER, Michael: *Symmetrische Verschlüsselungsverfahren, Design, Entwicklung und Kryptoanalyse klassischer und moderner Chiffren.* Stuttgart, Leipzig, Wiesbaden: Verlag Teubner, 2003. – ISBN 3519023997

[MMC⁺02] MOORE, Simon W.; MULLINS, Robert D.; CUNNINGHAM, Paul A.; ANDERSON, Ross J. ; TAYLOR, George S.: Improving Smart Card Security Using Self-Timed Circuits. In: *8th International Symposium on Advanced Research in Asynchronous Circuits and Systems (ASYNC 2002), 9-11 April 2002, Manchester, UK*, IEEE Computer Society, 2002. – ISBN 0769515401, 211-219

[MOV96] MENEZES, Alfred J.; OORSCHOT, Paul C. v. ; VANSTONE, Scott A.: *Handbook of Applied Cryptography.* CRC Press, 1996 www.cacr. math.uwaterloo.ca/hac. – ISBN 0849385237

[Nat05] NATIONAL INSTITUTE OF STANDARDS AND TECHNOLOGY (NIST) COMPUTER SECURITY DIVISION (Hrsg.): *Computer Security Resource Center.* Version: 2005. http://csrc.nist.gov, Abruf: 2005-10-18

[Nis01] NISSEL, Reinhard: *Neue Formvorschriften bei Rechtsgeschäften: elektronische Form und Textform im Privatrechtsverkehr ; Erläuterungen, Texte, Materialien.* Köln: Bundesanzeiger-Verlag, 2001. – ISBN 3898170411

[o.V00] o.V.: Beweislast des Versicherers für Unterschriftsfälschung auf Versicherungsantrag, BGH, Urt. v. 21.6.2000 – IV ZR 157/99. In: *Monatsschrift für Deutsches Recht, Zeitschrift für die Zivilrechts-Praxis* 21 (2000), November, S. 1247

[PGP] PGP CORPORATION (Hrsg.): *Pretty Good Privacy.* http://www. pgp.com, Abruf: 2007-01-15

[PK04] PAHLKE, Ulrich; KOENIG, Ulrich: *Abgabenordnung.* München: Verlag C.H. Beck, 2004 (Beck'sche Steuerkommentare). – ISBN 3406445977

[Por93] PORDESCH, Ulrich: Risiken elektronischer Signaturverfahren. In: *DuD – Datenschutz und Datensicherung – Recht und Sicherheit der Informations- und Kommunikationssysteme* 17. Jahrgang (1993), Oktober, S. 561–569

[Por03] PORDESCH, Ulrich: *Die elektronische Form und das Präsentationsproblem.* Baden-Baden: Nomos Verlagsgesellschaft, 2003. – ISBN 3832900691

[Por05] PORDESCH, Ulrich: *Das „ArchiSig"-Konzept: Grundsätze der beweiskräftigen Archivierung und Verifikationsdatenbeschaffung.* Version: 12 2005. http://www.informatik.hs-mannheim. de/FachkonferenzBMWA/vortraege/pordesch_grundsaetze_ archisig.pdf, Abruf: 2005-12-23

[Rad05]   RADFORD, Tim: *Fraudsters show how to beat chip and pin.* Version: 5.
            September 2005. http://www.guardian.co.uk/crime/article/
            0,2763,1562681,00.html, Abruf: 2005-09-07

[RE03]   RANKL, Wolfgang; EFFING, Wolfgang: *Smart Card Handbook.* 3.
            Auflage. Chichester: John Wiley & Sons, 2003. – ISBN 0470856688

[RFDPB03]   ROSSNAGEL, Alexander; FISCHER-DISKAU, Stefanie; PORDESCH, Ul-
            rich ; BRANDNER, Ralf: Erneuerung elektronischer Signaturen. In:
            Computer und Recht 4 (2003), Nr. 4, S. 301–306

[RL03]   RÖMER, Wolfgang; LANGHEID, Theo: *Versicherungsvertragsge-
            setz VVG mit Pflichtversicherungsgesetz (PflVG) und Kraftfahrzeug-
            Pflichtversicherungsverordnung (KfPflVV) Kommentar.* 2. Auflage.
            München: Verlag C.H. Beck, 2003. – ISBN 3406493033

[RMBA+04]   *Kapitel* Zustandekommen und Beendigung des Versicherungsver-
            trags. In: REIFF, Peter; MATUSCHE-BECKMANN, Annemarie; ARM-
            BRÜSTER, Christian; HERMANNS, Monika; JOHANNSEN, Katharina ;
            DÖRNER, Heinrich: *Versicherungsrechts-Handbuch.* München: Ver-
            lag C.H. Beck, 2004. – ISBN 3406520170, S. 169–417

[RS05]   ROSSNAGEL, Alexander; SCHMÜCKER, Paul: *Beweiskräftige elektroni-
            sche Archivierung - Bieten elektronische Signaturen Rechtssicherheit?*
            Heidelberg: Economica Verlag, 2005. – ISBN 3–87081–427–6

[Säc03]   SÄCKER, Franz J.: *Münchener Kommentar zum Bürgerlichen Gesetz-
            buch.* 4. Auflage. München: Verlag C.H. Beck, 2003. – ISBN
            3406496350

[Sch96]   SCHNEIER, Bruce: *Applied Cryptography.* 2nd Edition. New York,
            Chichester, Brisbane, Toronto, Singapore: John Wiley & Sons,
            1996. – ISBN 0471117099

[Sch97]   SCHNEIER, Bruce: *Why Cryptography Is Harder Than It Looks.*
            Version: 1997. http://www.schneier.com/essay-037.html, Ab-
            ruf: 2005-11-04

[Sch01a]   SCHNEIER, Bruce: *Secrets & Lies – IT Sicherheit in einer vernetzten
            Welt.* Heidelberg, Weinheim: dpunkt.verlag, Wiley-VCH Verlag,
            2001. – ISBN 3527501282

[Sch01b]   SCHÖNFELS, Rüdiger v.: Die Chancen sind gering. In: *Wirtschafts-
            woche* 44 (2001), 25. Oktober, S. 152

[Sch02]   SCHLAURI, Simon: *Elektronische Signaturen.* Zürich, Basel, Genf:
            Schulthess Juristische Medien AG, 2002. – ISBN 3725543933

[Sch03a] SCHNEIDER, Ralf: Neusignatur – Anforderungen und Praxis. In: *Datenschutz und Datensicherheit* 27 (2003), Nr. 2, S. 91–94

[Sch03b] SCHREIBER, Lutz: *Elektronisches Verwalten*. Baden-Baden: Nomos Verlagsgesellschaft, 2003. – ISBN 3789083771

[Sch03c] SCHULZE, Reiner: *„Bürgerliches Gesetzbuch"*, *Handkommentar*. 3. Auflage. Baden-Baden: Nomos Verlagsgesellschaft, 2003. – ISBN 3832901582

[Sch03d] SCHWEITZER, Niko: *Digitale Signaturen für Datenströme*. Aachen: Shaker, 2003. – ISBN 3832214178

[Sch04a] SCHILLER, Jörg: Versicherungsbetrug als ökonomisches Problem: Eine vertragstheoretische Analyse. In: *Zeitschrift für die gesamte Versicherungswissenschaft* 4 (2004), S. 835–851

[Sch04b] SCHNEIDER, Ralf: Erhalt der Beweiskraft elektronischer Signaturen durch Neusignierung. In: HORSTER, Patrick (Hrsg.): *D.A.CH Security 2004*. Klagenfurt: Syssec, 2004. – ISBN 300013137X, S. 33–50

[Sch04c] SCHNEIER, Bruce: *Secrets and Lies: Digital Security in a Networked World*. New York: John Wiley & Sons, 2004. – ISBN 0471453803

[Sch05] SCHNEIER, Bruce: *NIST Hash Workshop Liveblogging*. Version: Oktober 2005. `http://www.schneier.com/blog/archives/2005/10/nist_hash_works_3.html`, Abruf: 2005-11-01

[SL04] SCHWENS, Ute; LIEGMANN, Hans: Langzeitarchivierung digitaler Ressourcen. Version: 5. Auflage, 2004. `http://nbn-resolving.de/urn:nbn:de:0008-2005110800`. In: KUHLEN, Rainer (Hrsg.); SEEGER, Thomas (Hrsg.) ; STRAUCH, Dietmar (Hrsg.): *Grundlagen der praktischen Information und Dokumentation*. 5. Auflage. München: Saur, 2004, 567-570

[Sof06] SOFTWARE PROFESSIONAL GMBH & CO. KG (Hrsg.): *Softpro*. Version: 2006. `http://www.softpro.de`, Abruf: 2006-08-03

[SP02] SHELFER, Katherine M.; PROCACCINO, J. D.: Smart card evolution. In: *Communications of the ACM* 45 (2002), Nr. 7, S. 83–88. `http://dx.doi.org/http://doi.acm.org/10.1145/514236.514239`. – DOI http://doi.acm.org/10.1145/514236.514239

[Sta05] STAUDT, Olaf; STEPOVER GMBH (Hrsg.): *Gutachten eines unabhängigen, vor Gericht zugelassenen Schriftsachverständigen*. Version: 19. September 2005. `http://www.stepover.de/index.php?id=43&backPID=1&tt_news=15`, Abruf: 2005-11-10

[Ste06]   StepOver GmbH (Hrsg.): *Stepover*. Version: 2006. http://www.
            stepover.de, Abruf: 2006-04-18

[Tel02]   TeleTrusT Deutschland e.V. (Hrsg.):   *Bewertungskriterien
            zur Vergleichbarkeit biometrischer Verfahren* .   Version: 2.0, Juli
            2002.   http://www.teletrust.de/down/kritkat_2-0.zip, Ab-
            ruf: 2005-11-06

[Ter04]   Terbille, Michael (Hrsg.): *Münchener Anwalts Handbuch Versiche-
            rungsrecht*. München: Verlag C.H. Beck, 2004. – ISBN 3406507433

[Tie04]   Tielemann, Michael: Beweiskräftige und sichere Langzeitarchi-
            vierung elektronisch signierter Dokumente. In: Horster, Patrick
            (Hrsg.): *D.A.CH Security 2004*. Klagenfurt: Syssec, 2004. – ISBN
            300013137X, S. 273–287

[UNC98]   UNCITRAL (Hrsg.):   *Model Law on Electronic Commerce with
            Guide To Enactment*.   New York: United Nations Publicati-
            on, 1996, 1998 http://www.uncitral.org/pdf/english/texts/
            electcom/05-89450_Ebook.pdf. – ISBN 9211336074

[UNC02]   UNCITRAL (Hrsg.):   *Model Law on Electronic Signatu-
            res*.   New York, Wien: United Nations Publication, 2002
            http://www.uncitral.org/pdf/english/texts/electcom/
            ml-elecsig-e.pdf. – ISBN 9211336538

[Ver]   http://www.gdv-online.de/vaa/

[Woh01]   Wohlmacher, Petra: *Digitale Signaturen und Sicherheitsinfrastruk-
            turen*. Höhenkirchen: IT-Verl. für Informationstechnik, 2001

[WS05]   Wobst, Reinhard; Schmidt, Jürgen: *Konsequenzen der erfolgrei-
            chen Angriffe auf SHA-1*. Version: 2005. http://www.heise.de/
            security/artikel/56555, Abruf: 2005-11-01

[WYY05]   Wang, Xiaoyun; Yin, Yiqun L. ; Yu, Hongbo: *Finding Collisi-
            ons in the Full SHA-1*. Version: 2005. http://www.infosec.sdu.
            edu.cn/paper/sha1-crypto-auth-new-2-yao.pdf, Abruf: 2005-
            11-01

[ZZT05]   Zhuang, Li; Zhou, Feng ; Tygar, J. D.: Keyboard Acoustic Ema-
            nations Revisited. In: *CCS '05: Proceedings of the 12th ACM confe-
            rence on Computer and communications security*. New York: ACM
            Press, 2005. – ISBN 1595932267, 373–382

Autorenverzeichnis

Prof. Dr. Volker Gruhn

Prof. Dr. Volker Gruhn ist Inhaber des Lehrstuhls für Angewandte Telematik / e-Business an der Universität Leipzig. Der Stiftungslehrstuhl der Deutschen Telekom AG befasst sich mit Forschung im Bereich der Entwicklung mobiler, verteilter Softwaresysteme.

Anfang der 90er Jahre war Volker Gruhn am Fraunhofer-Institut für Software- und Systemtechnik tätig und später Mitglied der Geschäftsführung bei einem Softwarehaus der Veba AG. Anschließend war er Professor für Praktische Informatik am Fachbereich Informatik der Universität Dortmund mit Forschungsschwerpunkten in den Bereichen Entwicklung von e-Business-Anwendungen und komponentenbasierten Software-Architekturen. Er ist Gründer und Vorsitzender des Aufsichtsrates der Dortmunder adesso AG. Volker Gruhn ist Autor und Co-Autor von rund 120 nationalen und internationalen Veröffentlichungen.

Vincent Wolff-Marting

Vincent Wolff-Marting ist wissenschaftlicher Mitarbeiter und Doktorand am Lehrstuhl für Angewandte Telematik / e-Business an der Universität Leipzig. Zuvor studierte er Wirtschaftsinformatik an der Universität Leipzig und an Limburgs Universitair Centrum (Belgien). Seine Forschungsschwerpunkte sind elektronische Signaturen sowie Software Retirement im Rahmen einer wertbasierten Softwareentwicklung.

André Köhler

André Köhler ist wissenschaftlicher Mitarbeiter und Doktorand am Lehrstuhl für Angewandte Telematik / e-Business an der Universität Leipzig. Zuvor studierte er Wirtschaftsinformatik an der Universität Leipzig, an der Ecole supérieure de commerce Marseille-Provence (Frankreich) und am Fraunhofer Institut für Software- und Systemtechnik in Berlin. An der Universität Leipzig ist André Köhler verantwortlich für die Durchführung von Forschungs- und Drittmittelprojekten mit Fokus auf den Branchen Versicherungen und Telekommunikation. Sein Forschungsschwerpunkt liegt mit dem Mobile Process Landscaping in der Entwicklung einer Methode zur Modellierung und Analyse von verteilten, mobilen Prozessen.

Christian Haase

Christian Haase ist als IT-Berater bei der Steria Mummert Consulting AG beschäftigt. Zuvor studierte er Wirtschaftsinformatik an der Universität Leipzig und dem Dublin Institute of Technology (Irland). Bei der Steria Mummert Consulting AG konzeptioniert und entwickelt Christian Haase Lösungen für den liberalisierten Gasmarkt. Sein Schwerpunkt bildet dabei die Unterstützung von Netzbetreibergesellschaften bei der Implementierung neuer Abwicklungs- und Abrechnungsprozesse für den Gastransport. Darüberhinaus beschäftigt er sich intensiv mit der Optimierung von Software-Prozessen auf der Basis von CMMI und SPICE.

Torsten Kresse

Torsten Kresse ist als Berater bei der Steria Mummert Consulting AG im Bereich Insurance beschäftigt. Die Schwerpunkte seiner Projekttätigkeit liegen in der IT-Strategie-, Prozess- und Organisationsberatung mit dem Fokus auf Integrationsthemen. Zuvor studierte er Wirtschaftsinformatik an der Universität Leipzig.

Index

Abbuchungsvollmacht............97
Abgabenordnung.................77
Advanced Encryption Standard .. 123
AES............................123
akkreditierte Signatur 10
Algorithmen.....................20
Analyse 111
Anerkennungsfunktion...........13
Angriff auf den Hashalgorithmus 111
Angriff auf die Verschlüsselung .. 111
Angriffsbaum 113
Antragsmodell 96
ArchiSig...................82, 87, 90
Archivzeitstempel 87
ASCII 84
Asymmetrische Verschlüsselung. *siehe*
 Verschlüsselung
Auflösung.................22, 49, 51
Authentifikation 28, 45
Authentifizierung 19

Bedrohungsbaum 113
Bedrohungsmodell 109
behauptete Sicherheit............10
Besitz als Identifikationsmerkmal.. 45
Beweisfunktion 14, 76
Biometrie als Identifikationsmerkmal
 ....42, 44
Brute Force Angriff..............41
BSI...........................10, 20
Bundesamt für Sicherheit in der
 Informationstechnik. 10, 20, 123, 138
Bundesnetzagentur.......9, 10, 20, 79

CA 9
certification authority..............9
Chiffrat..........................27
Choosen Plaintext Angriff........127
Common Criteria for Information
 Technology Security Evaluation .. 10

Computer Security Division......122

Datenschutzerklärung.............96
Denial-of-Service 113, 138
digitalisierte eigenhändige
 Unterschrift....................100
Dokumentabschlussfunktion 14
DOMEA..........................84
DoS 113
Druckstufen...............22, 49, 51
DSA 20

Echtheitsanschein 19
EER 44
einfache Zeitstempel..............11
Einwegfunktion 31
elektronische Form 5, 6, 18
elektronische Signatur............121
 einfach................7, 18, 52
 fortgeschritten 7, 18, 128
 qualifiziert 8, 19, 52, 128
elliptische Kurven 20
equal error rate...................44
Extensible Markup Language.....123

false acceptance rate 44, 51
false rejection rate..............44, 51
FAR 44
Formanpassungsgesetz...........76
Formfreiheit 5
FRR 44

GDPdUs..........................78
gefahrenerhebliche Umstände 116
Geheimtext......................27
Geldwäschegesetz 98
Gemeinsame Kriterien für die
 Prüfung und Bewertung der
 Sicherheit von Informationstechnik
10
geschützte Hardware............129

Gleichfehlerquote.................44
GNU Privacy Guard 8
GoBS...........................78
Grundsätze ordnungsmäßiger
　DV-gestützter
　Buchführungssysteme...........78
Grundsätze zum Datenzugriff und
　zur Prüfbarkeit digitaler Unterlagen
　...............................78
Grundschutzhandbuchs 92

Handelsgesetzbuch...............76
Hashbaum 87
Hashfunktion....................31
Hashverfahren...................20
Hashwert........................31

Identifikation....................28
Identifikator.....................86
Informationsfunktion..............16
Inhaltsklarheitsfunktion 16
Inhaltstreue 91
Integrität....................28, 121
Inversion 31
ISIS-MTT-Spezifikation 82

Kollisionsfreiheit 31
Konsistenzprüfung 124
Kontrollfunktion 16
Konvertierungsphase..............91
Kriterien für die Bewertung der
　Sicherheit von Systemen der
　Informationstechnik..............10
Kryptoanalyse...................119
Kryptographie 121

Langzeitarchivierung..............80
Lebensversicherungen 96
logisches oder...................113
logisches und 114

Magnetbänder....................93
magneto-optische.................92
Metadaten.......................85

Model Law on Electronic Commerce
　...............................13
Model Law on Electronic Signatures
　...............................13

National Institute of Standards and
　Technology 123
Nichtanerkennung.................29
NIST 123
Normalisierung 46
notarielle Beurkundung 6

öffentliche Beglaubigung 6
öffentlicher Schlüssel .. *siehe* Schlüssel

Passwort 52
PDF....................84, 123, 139
Perpetuierungsfunktion 14
Person des Erklärenden.............5
PIN.............................52
PKI 9, 128
Policenmodell 97
Portable Document Format.......123
Prüfprotokoll 79
Prüfsumme.......................31
Prüfungsphase 91
Pretty Good Privacy 8
Prinzip des geringsten Privilegs .. 125
privater Schlüssel ..... *siehe* Schlüssel
Prozessanalyse 57
Public Key Infrastructure 9, 128

qualifizierte Zeitstempel...........11

Rücktrittsrecht 96, 97, 120
RAID...........................93
Referenzdatenbank...............133
Referenzmodell Versicherungsanwen-
　dungsarchitektur
　...............................103
Referenzunterschrift 22, 50
Regelsatz........................90
RegTP 9
Regulierungsbehörde für
　Telekommunikation und Post 9

Replay Angriff 127
Replay Attacken 23
Rijndael 123
RIPEMD-160 20
RSA 20

Schlüssel 27
   öffentlich 29, 127, 128
   privat 29, 127, 128
Schriftform 5, 17
Schriftsachverständiger 52
Schutzprofile 11
Secure Token 129
Seriennummer 129
Serpent 123
SHA 20
sichere Signaturerstellungseinheit
   .... 8, 42, 129, 138
Sicherheitseignung 79
Siegelungsphase 91
Signaldichte 22, 49, 51
Signaturgesetz 80
Signaturprüfung 79
Signaturrichtlinie 12
Signaturschlüssel 121
Signaturschlüssel-Inhaber 100
Signaturverfahren 20
Signaturverordnung 80
Sitzungs-Schlüsselpaar 47
Smartcard 8, 129
Sperrlisten 85
Standards und Architekturen für
   eGovernment Anwendungen 84
starke Kryptographie 122, 136
strukturierte Daten 123
Symmetrische Verschlüsselung .. *siehe*
   Verschlüsselung

Tablet PC 139
Textform 5, 7, 17, 114
threat model 109
TIFF 84
TLS 139
Transformation 90

Transformationsbericht 91
Transformationssiegel 91
TransiDoc 90
Transport Layer Security 136, 139
trojanisches Pferd 130
Trusted Third Party 9
TSL 136
Twofish 123

Übereilungsschutz 15
UNCITRAL 13
unstrukturierte Daten 123
unternehmensexterne
   Kommunikation 57
unternehmensinterne
   Kommunikation 59
Urheberschaft 28

VAA 103
vereinbarte elektronische Form 6
vereinbarte Form 6
vereinbarte Schriftform 6
vereinbarte Textform 6
Verhandlungsabschlussfunktion ... 16
Verifikationsdaten 85
Verschlüsselung
   asymmetrisch 29, 47, 126
   symmetrisch 28, 47, 126
Verschlüsselungsalgorithmen 27
Versicherungsantrag 95, 121
Vertraulichkeit 28, 121
vertrauter Dritter 9
Virtuelles Privates Netzwerk 136
Vorbereitungsphase 90
VPN 136
VwVfÄG 83

Wörterbuchangriff 41
Warnfunktion 15
Widerrufsrecht 96, 97, 120
Widerspruchsrecht 115
WORM 93

XML 85, 123

Zeitstempel 11, 32, 132
   qualifiziert 122, 132
Zeitstempeldienstanbieter 32
Zertifikat 85
   qualifiziert 9

Zertifizierungsdienstanbieter
   .... 9, 85, 136
Zertifizierungsstelle 9
Zivilprozessordnung 76